21世纪高等院校教材

分子生物学

基本技能和策略

周俊宜　编著

罗超权　审校

科学出版社

北京

内 容 简 介

本书以分子生物学理论为指导，以基因工程技术流程为主导路线，系统介绍了基因克隆、基因表达、蛋白质分析等经典理论和实用技术，既包括简明扼要的纲领性技术原理，又覆盖了生物化学与分子生物学领域最常见和最实用的技术方法和实验方案。

本书适合于高等院校生命科学专业的师生和从事生命科学研究的工作者使用。

图书在版编目(CIP)数据

分子生物学基本技能和策略/周俊宜编著.—北京:科学出版社，2003.8

(21世纪高等院校教材)

ISBN 978-7-03-011302-3

Ⅰ.分… Ⅱ.周… Ⅲ.分子生物学—高等院校—教材 Ⅳ.Q7

中国版本图书馆CIP数据核字(2003)第019160号

责任编辑:刘 丹/责任校对:陈丽珠

责任印制:张 伟/封面设计:陈 敬

科学出版社出版

北京东黄城根北街16号

邮政编码: 100717

http://www.sciencep.com

北京凌奇印刷有限责任公司 印刷

科学出版社编务公司编辑制作

科学出版社发行 各地新华书店经销

*

2003年8月第 一 版 开本:B5(720×1000)

2023年4月第五次印刷 印张:15

字数:282 000

定价:59.80 元

(如有印装质量问题，我社负责调换)

前　言

任何事物都有其成功之道。如果你有志于生命科学，生化与分子生物学技术便是你开启这扇科技之门必备的钥匙。然而，面对这门融艰涩深奥的基础理论和错综复杂的操作技术于一体的综合性学科，尚未入门的学子们常常会望而生畏，不知所措；初涉此道的研究者也往往因其日新月异的研究方法和浩如烟海的技术资料而无所适从，难以把握。怎样才能以更快捷的方式、更高的效率获取这把金钥匙，使自己在那些堪称扑朔迷离、变化多端的实验流程中应对自如、游刃有余，是每一位学子渴望达到的境界，也是作者编写本书的主要宗旨。

涉足一门新的学科，首先必须领略其整体的特性。如果你把生化与分子生物学技术当作一门单纯的操作技能来对待，那么，你最多也只能是一个只会“依葫芦画瓢”、不断重复简单劳动的“工匠”，难以心领神会其中的奥妙和机理；如果你把自己当作一个可以兼收并蓄的“聚宝盆”，幻想能把那包罗万象、让人眼花缭乱的技术方法都网罗其中，那么，你永远会被那些繁文缛节的技术细节所羁绊，忙忙碌碌而又不得要领。其实，任何事物都有其核心所在，所谓“万变不离其宗”。生化与分子生物学技术作为一门在严格、系统的基础理论指导下的技能性学科，尤其对于初学者来说，纲领性理论原理的掌握和主导性技术路线的梳理，是迈向成功之路最关键的一步。它能使你在整个学习或研究过程中，始终保持清晰的思路、敏锐的感觉，由浅入深，由简而繁，以不变应万变。本手册力求以最简洁的语言、最形象的图表，为你描绘一幅覆盖了生化与分子生物学技术最关键环节的全景性蓝图，帮助你在最短的时间内获得本学科的精髓和要领。

作者愿以自己涉足本学科十余年的经验和教训，与大家共同切磋，相互勉励，不断成长，在各自的学习和研究领域中开辟出一片崭新的天地。

周俊宜

2003年3月于广州

本 书 说 明

生物化学与分子生物学技术是一门实践性和应用性极强的新型学科，完整、系统的理论知识和全面、实用的操作技能相结合，是这一学科的主要特点，也是学习者学习过程的必由之路。它的理论和技术是不可分割的统一体。两者相互融合、相互渗透，形成一门集实验设计与实验技术于一体的综合性学科。

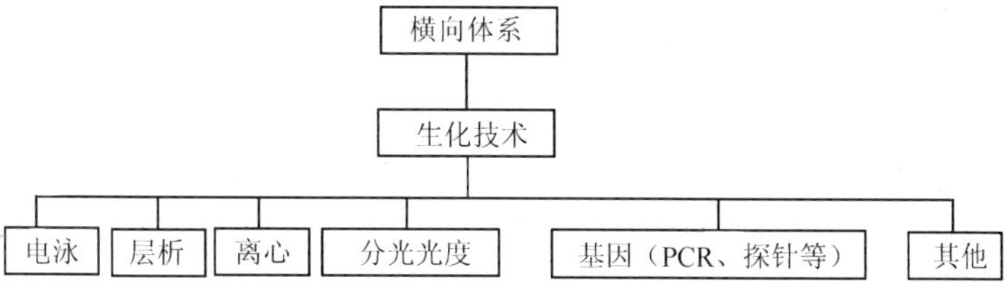

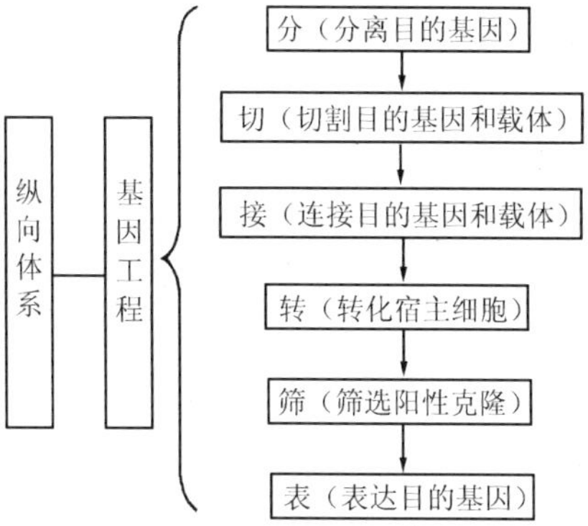

针对这一学科综合性和复杂性的特点，根据本学科的学科特征和学习者心理接受能力，本书在整体思路上进行了科学化的编排和设计。

第一篇　基因工程原理

系统介绍基因工程的整体思路和各环节的实验设计原理

↓

第二篇　常用生化技术原理

全面阐述基因工程各环节的实验原理、经典实验、技术原理、技术实例

↓

第三篇　分子生物学常用技术

精选能训练各项生化技术的代表性实验操作

↓

第四篇　分子生物学实验室基本操作和数据

编辑了分子生物学实验室中常用的数据资料，包括基本数据、试剂配制、质粒图谱、常规操作等

目　　录

第一篇　基因工程原理

第二篇 常用生化技术原理

第三篇 分子生物学常用技术

第一篇　基因工程原理

概　　论

0.1　分子生物学概述

分子生物学是研究核酸、蛋白质等生物大分子的形态、结构、功能及其规律性和相互关系的科学(图 1-0-1)。它意味着人类从分子水平揭示生命的奥秘,从而由被动地适应自然界到主动地改造和重组自然界的科学过程。

从总体上,分子生物学的研究内容主要包括以下三个方面。

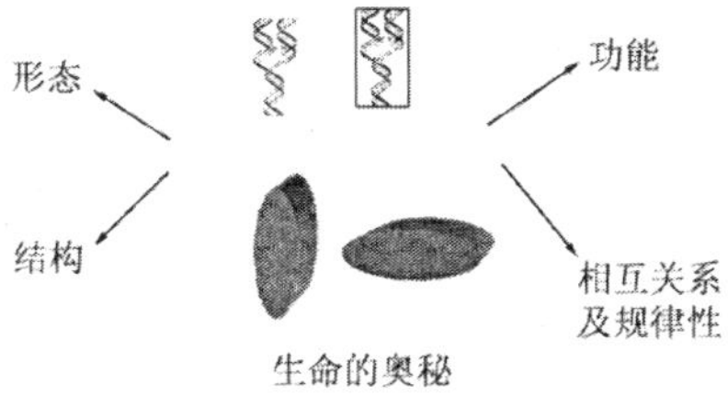

图 1-0-1　分子生物学概况

1. 生物大分子的结构功能研究

生物大分子特定的空间结构及结构的动态变化与其生物学功能的关系。

2. 基因表达调控

在遗传信息的传递过程中,复制、转录和翻译水平所进行的表达调控过程(图 1-0-2)。

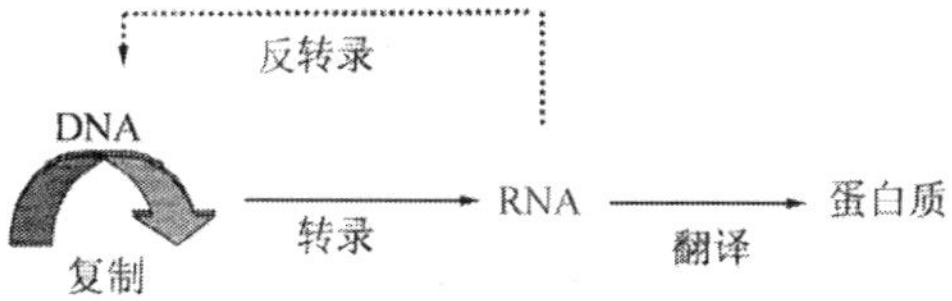

图 1-0-2　生物学的中心法则

3. 基因重组技术(基因工程)

对 DNA 大分子上的遗传单元(基因)进行体外操作,与载体系统形成新的基因组(即重组体),再把它引入特定的受体细胞并在细胞内进行复制和表达,产生新的遗传性状(图 1-0-3)。

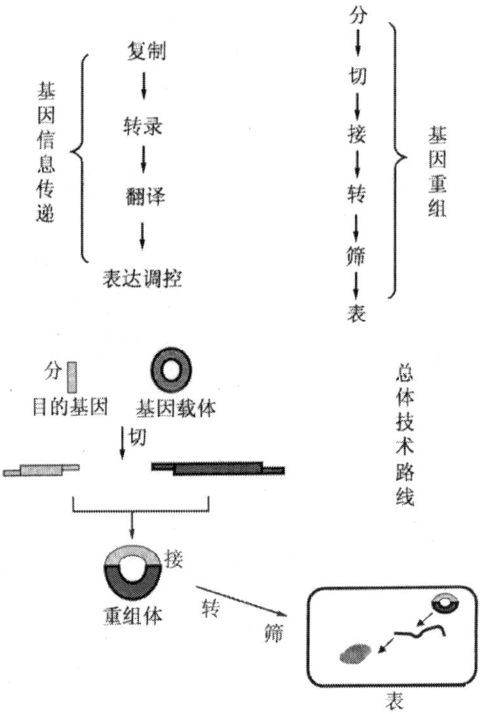

图 1-0-3　基因工程

0.2　基因工程概述

基因工程是使外源基因和载体系统所组成的重组体在一定的受体细胞或宿主体内复制和表达的过程。它是分子生物学的一个重要领域,为生命科学的研究提供了崭新的技术手段。基因工程包括以下主要步骤(简称六字方针)(图 1-0-4)。

(1) 分(分离目的基因)。从生物体复杂的基因组中,分离出所需要的 DNA 片段,即目的基因。

(2) 切(切割目的基因和基因载体)。用限制性内切核酸酶切割目的基因和基因载体,以利于将两者连接形成重组体。

(3) 接(连接目的基因和基因载体)。在体外,将目的基因连接到能够自我复制的载体 DNA 分子上,形成重组 DNA(重组体)。

(4) 转(转化至宿主细胞)。将重组体引入(转化或转染)到宿主细胞(受体细胞)中。转化后的细胞进行扩增繁殖,获得大量的细胞繁殖群体。

(5) 筛(筛选阳性细胞克隆)。从大量的细胞繁殖群体中,筛选出转化成功(带有重组体)的阳性细胞克隆。

(6) 表(表达目的蛋白质)。重组体在宿主细胞中表达目的蛋白质。广义的基因工程还包括下游纯化及应用技术。

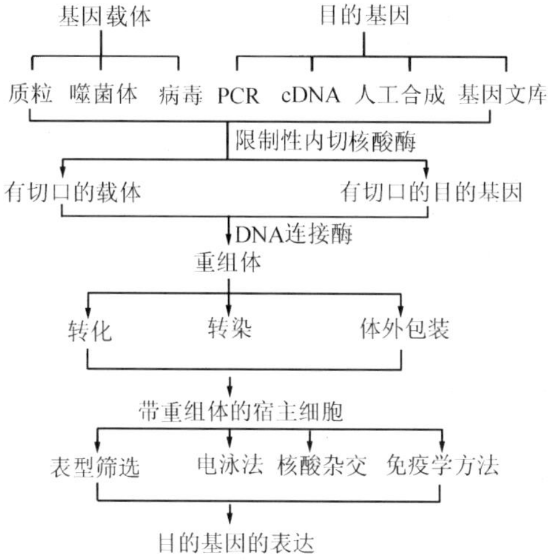

图 1-0-4 基因工程主要步骤

0.3 基因重组技术的应用前景

分子生物学及其技术是以生物学、遗传学、物理学及化学等学科为理论和实验基础发展起来的新型学科,广泛应用于生命科学各个领域(图 1-0-5)。

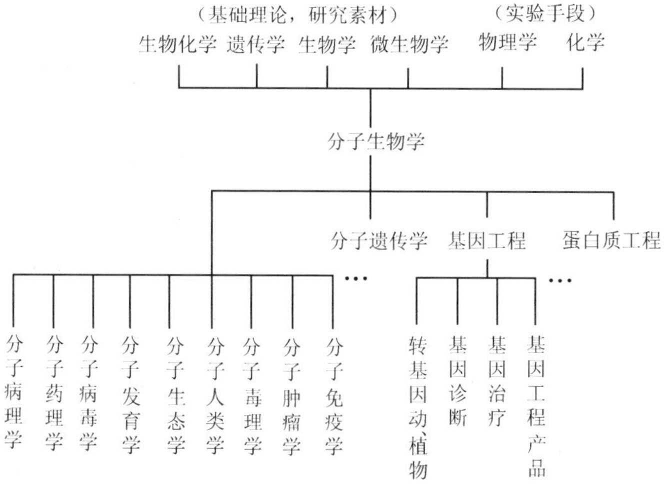

图 1-0-5 分子生物学与其他学科的关系

(1) 大量生产具有实用意义和应用价值的基因工程产物，如酶类、抗生素、抗体、激素等。

(2) 定向改造某些动植物的遗传特征，使之经济价值大大提高。

(3) 应用于生物学的基础研究，探讨基因信息传递的机制与调控过程。

(4) 应用于人类疾病的发病机制及基因诊断、治疗和预防的研究。

第 1 章　分离目的基因和基因载体

基因重组的第一步是要获取特定的目的基因和选择合适的基因载体。方法有多种,应根据具体情况进行选择。

1.1　目的基因的获取

目的基因,即需要克隆的 DNA 片段,是基因工程研究的主要目的和因素。目前主要有以下几种来源:化学合成法、基因文库、聚合酶链式反应(图 1-1-1)。操作时应按具体实验要求和实验条件选用既简便易行又能达到目的的途径。

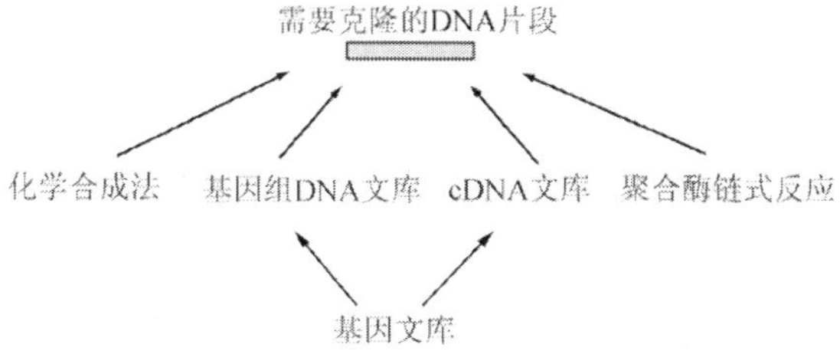

图 1-1-1　目的基因的获取方法

1.1.1　化学合成法

已知基因序列,利用 DNA 合成仪通过化学合成原理直接合成目的基因。一般用来合成数十个核苷酸长度的寡核苷酸片段。

用途:PCR 引物、测序引物、定点突变、杂交探针等的合成。

1.1.2　基因文库

基因文库如图 1-1-2 所示。

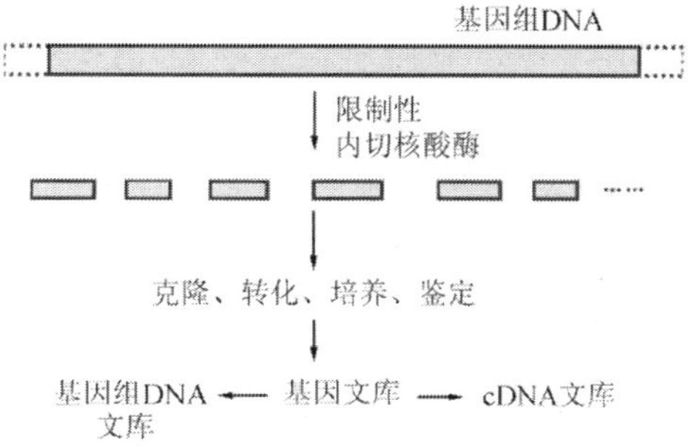

图 1-1-2　基因文库

1. 基因组 DNA 文库

真核生物基因组 DNA 的结构基因被称为断裂基因，由内含子和外显子组成(图 1-1-3)。分离提纯生物体的染色体 DNA，用限制性内切核酸酶随机切割成许多片段，将它们与适当的载体连接成重组体，然后全部转化入宿主菌中保存，即为基因组 DNA 文库(G-文库)(图 1-1-4)。

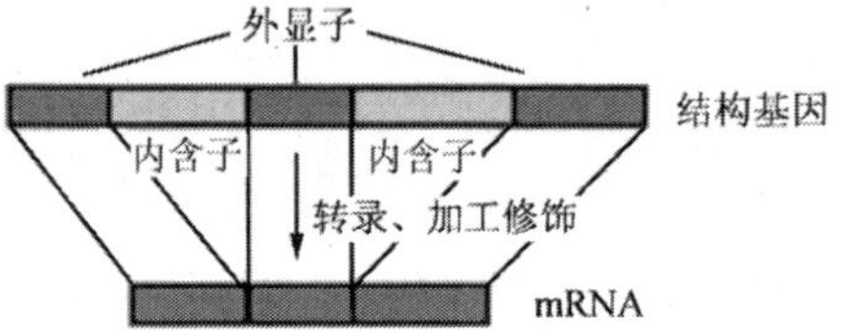

图 1-1-3　断裂基因

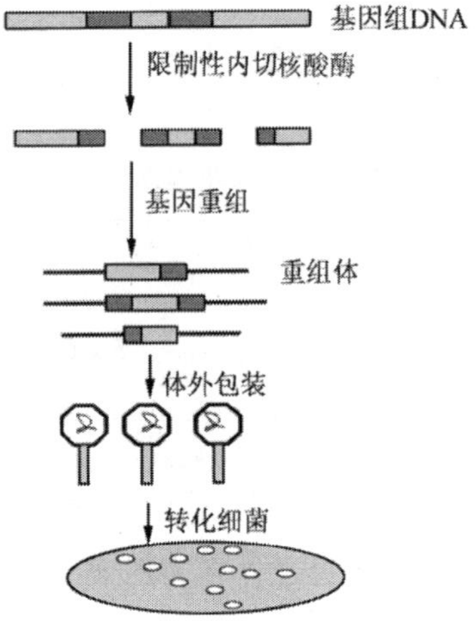

图 1-1-4　基因组 DNA 文库

2. cDNA 文库

反转录酶能利用 RNA 为模板合成 DNA 片段(图 1-1-5)。细胞全部 mRNA 经反转录制备成 cDNA 后建立的基因文库，称为 cDNA 文库(C-文库)。采用适当的方法如探针技术可从文库中把所需要的目的基因筛选出来(图 1-1-6)。

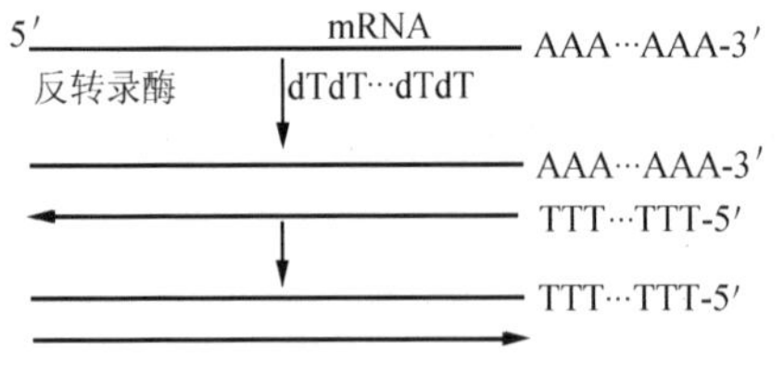

图 1-1-5　反转录酶催化的反应

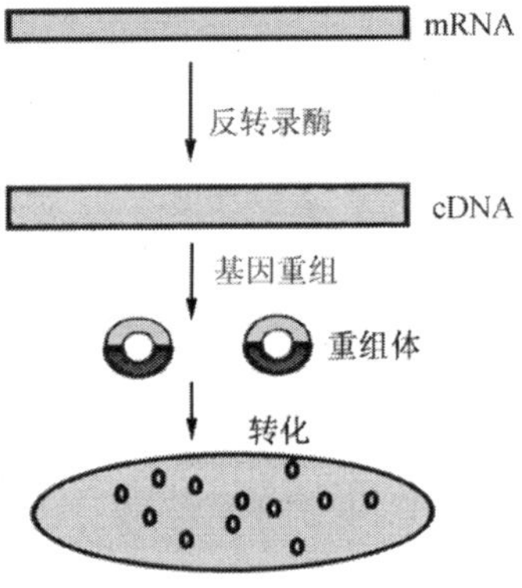

图 1-1-6　cDNA 文库的建立

3. 基因文库的筛选

制备了基因文库以后，需从文库中筛选到所需目的基因的阳性克隆。常用的筛选方法有：

1）核酸杂交

不同来源的DNA变性后，当有互补序列存在时，可相互结合形成杂化双链（图1-1-7）。

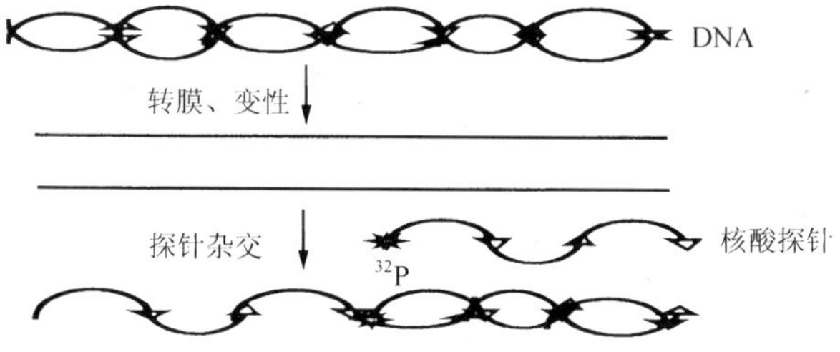

图 1-1-7　核酸杂交

利用DNA探针，根据碱基互补的原则进行核酸杂交，鉴别出阳性克隆（图1-1-8）。

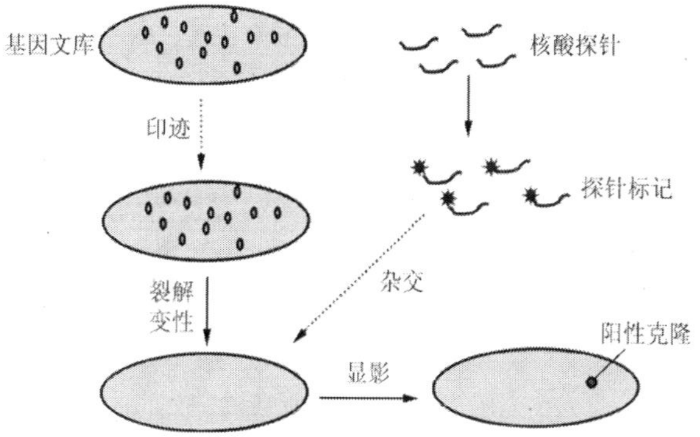

图 1-1-8　核酸杂交筛选阳性克隆

DNA探针的来源主要有三种：一是已知基因序列，可直接获取；二是异源探针，即根据同源序列获取；三是已知氨基酸序列，根据遗传密码系统，通过简并性序列获取。

一般来说，核酸杂交过程中，稳定的结合需要在至少50个核苷酸的片段里有80％的碱基完全配对。

2）蛋白免疫杂交

此法是检测基因表达产物，利用抗原抗体反应的原理进行鉴定。

3）蛋白活性鉴定

根据表达产物的生物活性特点，采用相应的方法进行活性鉴定。

1.1.3 聚合酶链式反应(PCR)

PCR 的最大特点是其扩增产物的特异性、扩增效率的灵敏性、扩增程序的简便性。引物序列及其与模板结合的特异性是决定 PCR 反应结果的关键(图 1-1-9)。

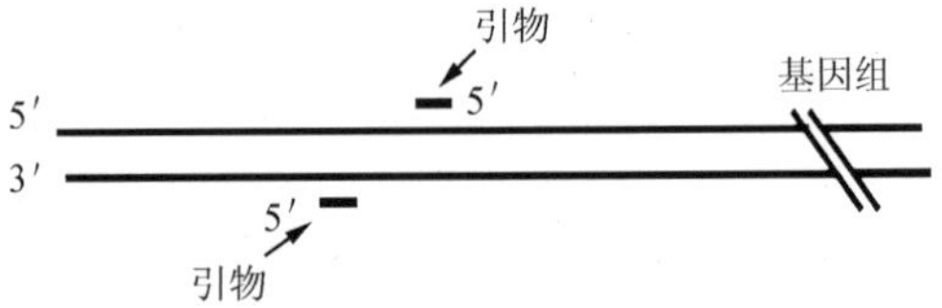

图 1-1-9 PCR 的引物特异性

通过人工合成的特异引物和 *Taq* DNA 聚合酶,从模板 DNA 中扩增出所需的 DNA 片段(图 1-1-10)。

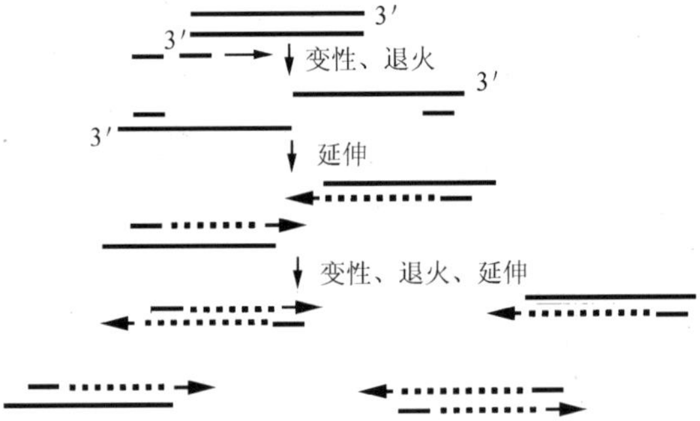

图 1-1-10 PCR 原理图

1.2 基因载体的选择

基因工程的目的是使外源目的基因到宿主细胞中去复制、转录、表达。基因载体即“携带”目的基因进入宿主细胞,实现无性繁殖或表达有意义的蛋白质的一些 DNA 分子。

1.2.1 基因载体的作用

1) 为目的基因提供进入受体细胞的转移能力

目的基因进入宿主细胞内是实现其复制和表达的先决条件。

2）为目的基因提供在受体细胞中的复制(或整合)能力和表达能力

在生物体内的基因组 DNA 中,要实现基因信息的传递过程,每一个结构基因都有一套相应的基因调控系统,包括复制起始点和基因调控区等(图 1-1-11)。

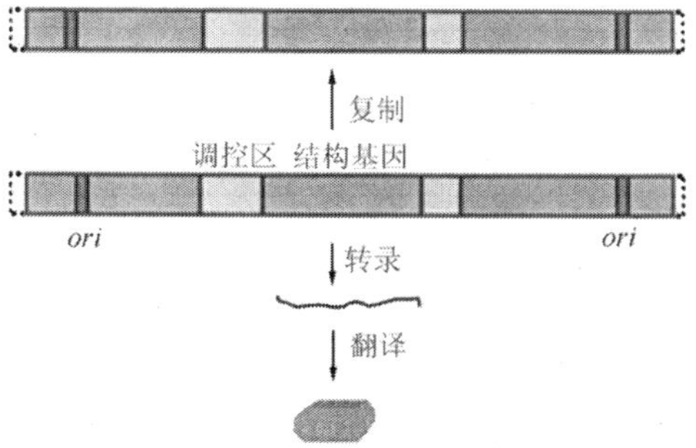

图 1-1-11 基因信息传递

外源基因要在宿主细胞内获得扩增和表达,同样需要相应的调控系统。这是基因载体的又一重要作用。

基因载体在与目的基因重组获得重组体以后,重组体进入宿主细胞,有两条主要去路:一是作为独立于染色体以外的复制子存在;二是整合至宿主细胞的染色体 DNA 中,利用染色体 DNA 中的基因表达调控系统(图 1-1-12)。

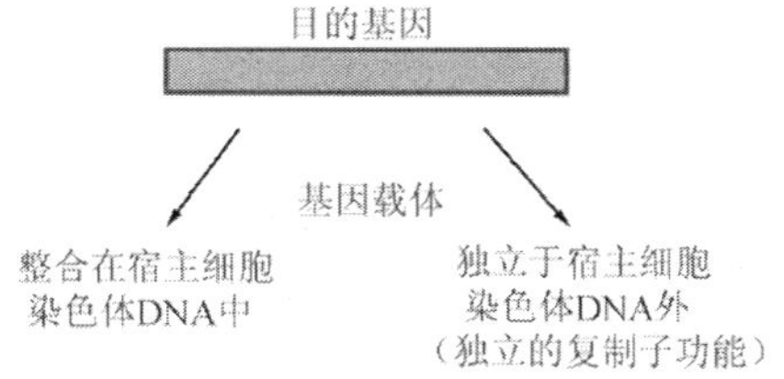

图 1-1-12 重组体进入宿主细胞后的去路

1.2.2 基因载体应具备的特点

(1) 在宿主细胞内具有独立的自我复制能力,这样才能使目的基因在细胞中大量繁殖。

(2) 载体在细胞中能大量繁殖,从而使目的基因得以大量扩增。

(3) 具有适当的限制性内切核酸酶识别和切割位点,便于目的基因的插入。

(4) 具有供筛选用的遗传标记。

(5) 作为表达载体者还能利用宿主的酶系统,表达目的基因。

(6) 载体的相对分子质量要小,以利于容纳较大片段的目的基因和提高重组体的转化率。

(7) 在细胞内稳定性要高，以保证重组体的稳定遗传。

(8) 可转移性，即为目的基因提供进入受体细胞的转移能力。

1.2.3 常用的载体

常用的载体有质粒、噬菌体和病毒 DNA，以及从这三者中分离出的原件组装而成的载体。具体操作时应根据实验的目的，即是为了克隆、测序还是表达，是原核表达还是真核表达等，来选择合适的载体。

1. 质粒载体

质粒是一类存在于细菌细胞中，能独立于染色体 DNA 外而自主复制的共价封闭式环状 DNA 分子(图 1-1-13)。质粒的大小通常在 1～500 kb，其基本特点如下。

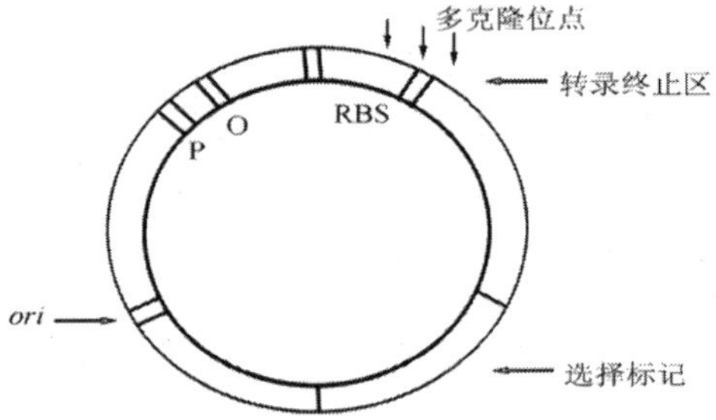

图 1-1-13 质粒载体的基本结构

(1) 自主复制性。能独立于染色体 DNA 外自主复制。

(2) 可扩增性。依据在细胞内拷贝数的多少，质粒在细菌中的复制一般有两种形式，即严紧型复制和松弛型复制。严紧型复制为较低拷贝数(复制 1～5 个拷贝)的复制；松弛型复制为较高拷贝数(复制数十个拷贝)的复制。

(3) 可转移性。通过细菌接合作用从一个宿主细胞转移到另一个宿主细胞。

(4) 不相容性。具有相似复制子结构特征的两种不同质粒，不能稳定地存在于同一受体细胞内。

2. 噬菌体载体

噬菌体是一类细菌病毒的总称，依赖于细菌生长和复制。常用于基因重组的噬菌体载体主要有两类，即 λ 噬菌体和 M13 单链噬菌体。

噬菌体主要有 DNA 分子和外壳蛋白质两部分(图 1-1-14)。其 DNA 部分最常见的是双链线状 DNA,含有复制起始点和编码多种蛋白质的基因。

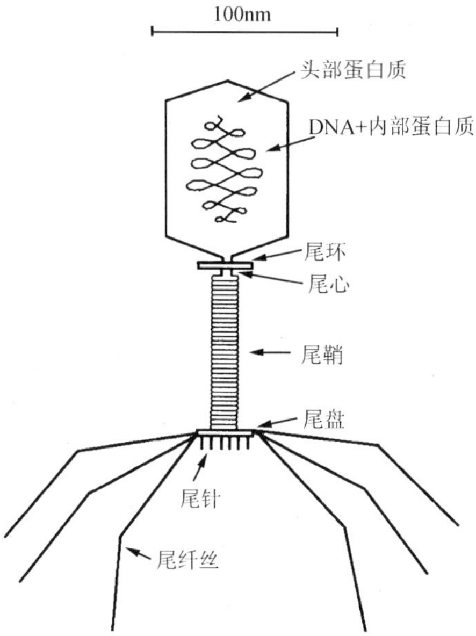

图 1-1-14　噬菌体结构示意图

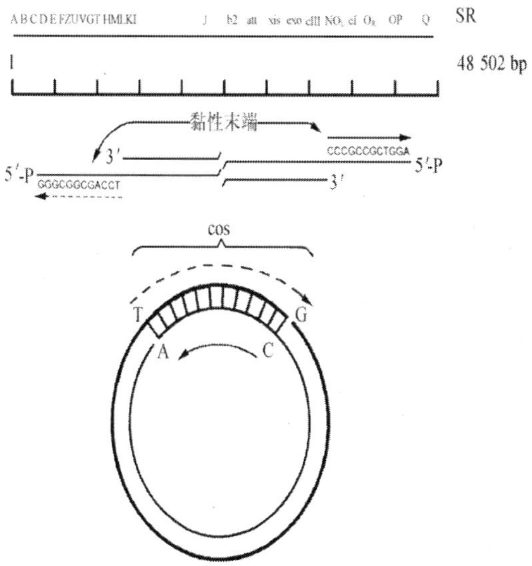

图 1-1-15　λ 噬菌体的基因图谱

1) λ 噬菌体

λ噬菌体是大肠杆菌温和型噬菌体。由外壳蛋白和 48.5 kb 的双链线性 DNA 组成。在分子两端各有互补黏性末端，在寄主细胞内，可连接形成环形双链 DNA 分子(图 1-1-15)。从野生型 λ 噬菌体改造成 λ 噬菌体载体，要去除多余的限制性内切核酸酶位点和非必要区段。λ噬菌体载体常用的有插入型和置换型两种(图 1-1-16、图 1-1-17)。

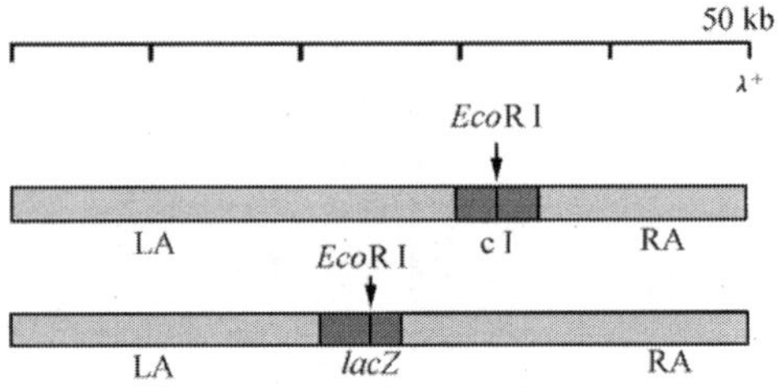

图 1-1-16 λ噬菌体插入型载体

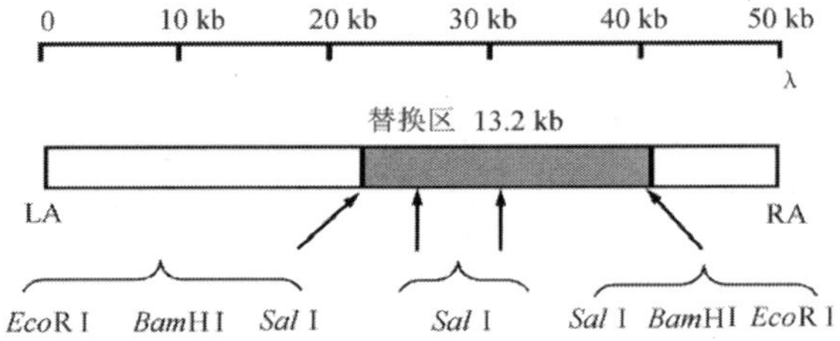

图 1-1-17 λ噬菌体置换型载体

2) 单链 DNA 噬菌体——M13 噬菌体

M13 噬菌体属丝状大肠杆菌噬菌体，含有 64 kb 的单链环状 DNA。成熟的 M13 噬菌体只含有单链 DNA(ssDNA)，称为 DNA 正链，感染细菌以后，在细菌酶的作用下，以正链为模板，合成出互补的 DNA 负链，从而形成双链的 M13 DNA，称为复制型 DNA(RF DNA)。

由于其单链 DNA 的特点，M13 噬菌体在克隆载体 DNA 测序、定点突变等方面有重要意义。

第 2 章 限制性内切核酸酶的应用

获取了目的基因和基因载体以后，必须在体外把目的基因重组到基因载体上，构建重组 DNA 分子。要达到这一目的，首先需要利用限制性内切核酸酶分别切割目的基因和基因载体，以形成相应的黏端或平端切口（图 1-2-1）。

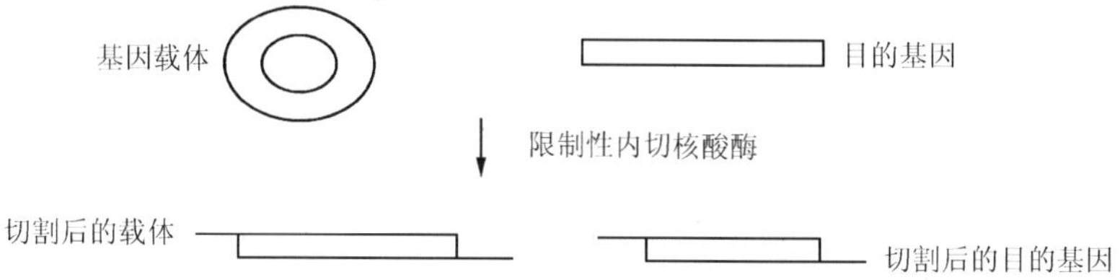

图 1-2-1 限制性内切核酸酶的作用

2.1 概 念

1. 定义

限制性内切核酸酶是来源于原核生物的一类能识别 DNA 的特异序列，并可在此位点或周围切割双链 DNA 的内切核酸酶。

2. 来源及命名

此类酶主要存在于细菌体内。根据酶来源的生物名称缩写命名：属名—种名—株名—发现先后次序。

3. 类别

根据酶的组成、作用方式等，可分为三种类型。重组 DNA 技术中所用者主要为Ⅱ类酶。

4. 功能特征

（1）在 DNA 分子双链特异性部位（识别序列）切断 DNA 分子。

（2）两个单链断裂点常常不直接相对，从而产生具有互补性的单链延伸末端（黏端）；也有直接相对的，产生平末端（图 1-2-2）。

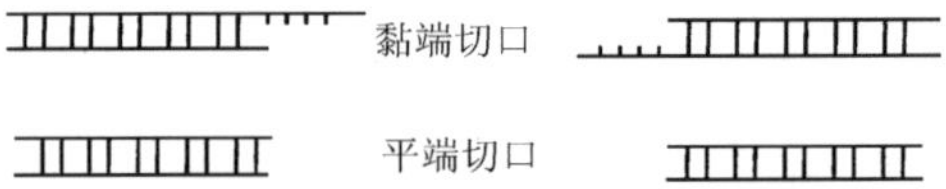

图 1-2-2　限制性内切核酸酶的切口

2.2　序列特征

识别序列通常是 4～8 个核苷酸长短的特定序列，常见的为四、六或八核苷酸序列（表 1-2-1）。

表 1-2-1　常用的限制性内切核酸酶

名　称	识别序列及切割位点
切割后产生 5′突出末端：	
*Bam*HⅠ	5′…G▼GATCC…3′
*Bgl*Ⅱ	5′…A▼GATT…3′
*Eco*RⅠ	5′…G▼AATTC…3′
*Hind*Ⅲ	5′…A▼AGCTT…3′
*Hpa*Ⅱ	5′…C▼CGG…3′
*Mbo*Ⅰ	5′…▼GATC…3′
*Nde*Ⅰ	5′…CA▼TATG…3′
切割后产生 3′突出末端：	
*Apa*Ⅰ	5′…GGCCC▼C…3′
*Hoe*Ⅱ	5′…PuGCGC▼Py…3′
*Kpn*Ⅰ	5′…GGTAC▼C…3′
*Pst*Ⅰ	5′…CTGCA▼G…3′
*Sph*Ⅰ	5′…GGATG▼C…3′
切割后产生平末端：	
*Ahs*Ⅰ	5′…AG▼CT…3′
*Eco*RⅤ	5′…GAT▼ATC…3′
*Hoe*Ⅲ	5′…GG▼CC…3′
*Pas*Ⅱ	5′…CAG▼CTG…3′
*Sma*Ⅰ	5′…CCC▼GGG…3′

识别序列大多呈回文结构，即核苷酸序列呈二元旋转对称。

【举例】

*Eco*RⅠ的识别序列：

5′- GAATTC-3′

3′-CTTAAG-5′

*Bam*HⅠ的识别序列：

5′-GGATCC-3′

3′-CCTAGG-5′

2.3 作用方式

限制性内切核酸酶要求严格的识别序列和切割位点,其切割方式主要有两种:一种产生黏端切口,一种产生平端切口。

2.3.1 黏端切口

大多数限制性内切核酸酶在识别序列相对两链之间切口错开数个核苷酸,产生黏端切口。

【举例】 *Eco*RⅠ(图 1-2-3)

5′-NNNNNNNGAATTGNNNNNNNN-3′
3′-NNNNNNNCTTAAGNNNNNNNN-5′

⇓

5′-NNNNNG　　　　pAATTCNNNNNN-3′
3′-NNNNNCTTAAp　　　　GNNNNNN-5′

图 1-2-3　*Eco*RⅠ切割 DNA 片段

2.3.2 平端切口

一部分限制性内切核酸酶在识别序列相对两链的同一水平切断 DNA 双链,产生平头末端。

【举例】 *Hpa*Ⅰ(图 1-2-4)

5′-NNNNNNGTTAACNNNNN-3′
3′-NNNNNNCAATTGNNNNN-5′

⇓

5′-NNNNNGTT　　pAACNNNNN-3′
3′-NNNNNCAAp　　TTGNNNNN-5′

图 1-2-4　*Hpa*Ⅰ切割 DNA 片段

2.4 同裂酶和同尾酶

同裂酶是指来源不同的限制酶具有同样的识别序列，切割 DNA 后产生同样的末端。

【举例】 *Hpa* Ⅱ和 *Msp* Ⅰ的识别序列

5′-CCGG-3′

同尾酶是指来源不同、识别序列也不同的限制酶产生出相同的黏性末端。同尾酶产生的 DNA 片段，相互间能通过其黏性末端的互补作用连接起来，产生所谓的“杂种位点”。

【举例】 *Bam*HⅠ、*Bcl*Ⅰ、*Bgl*Ⅱ、*Sau*AⅠ、*Xho*Ⅱ切割 DNA 产生的黏性末端

5′-GATC-3′

2.5 影响酶切活性的主要因素

1. DNA 底物

(1) DNA 底物的纯度。DNA 本身的纯度直接影响酶切效率。DNase、蛋白质、EDTA、SDS、高浓度的盐离子、酚、氯仿、乙醇等均有可能影响到限制性内切核酸酶的活性。

(2) DNA 底物的结构。DNA 的空间结构、识别位点的侧翼序列、DNA 来源、识别位点种类等对酶切活性均有不同程度的影响。

(3) DNA 识别序列的甲基化。限制性内切核酸酶不能切割甲基化的核苷酸序列。

2. 酶切体系

(1) 酶切缓冲液(限制性内切核酸酶标准缓冲液)组分。

氯化镁：酶活性及特异性需合适浓度的二价阳离子。

氯化钠或氯化钾：酶活性及特异性需合适浓度的氯化钠或氯化钾。

Tris-HCl：稳定反应体系的 pH(pH7.4)。

β-巯基乙醇或二硫苏糖醇(DTT)：维持酶活性的稳定。

牛血清白蛋白(BSA)：维持酶活性的稳定。

(2) 酶切温度。大多数限制性内切核酸酶的标准反应温度是 37℃，但也有许多例外。

第 3 章　目的基因和基因载体的体外连接

3.1　DNA 连接酶

3.1.1　DNA 连接酶所催化的反应

能够催化两条链间磷酸二酯键的形成，用于将两段或数段 DNA 连接起来的酶，即 DNA 连接酶（图 1-3-1）。

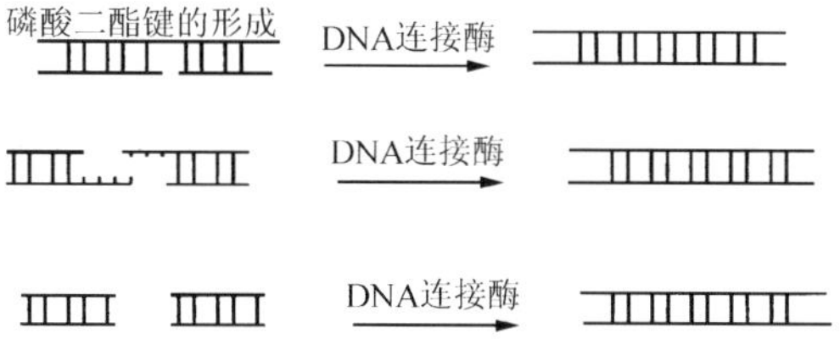

图 1-3-1　DNA 连接酶催化的反应

3.1.2　DNA 连接酶作用机制

DNA 连接酶所催化的 DNA 片段之间的连接本质上是一个酶促生物化学过程。最常用的是来自大肠杆菌 T4 噬菌体的 T4 DNA 连接酶和来自大肠杆菌染色体编码的大肠杆菌 DNA 连接酶，两类酶的作用机制类似，只是辅助因子不同（表 1-3-1、图 1-3-2）。

表 1-3-1　DNA 连接酶的类型和作用特点

特点	T4 DNA 连接酶	大肠杆菌 DNA 连接酶
作　用	形成磷酸二酯键，连接两个 DNA 片段	形成磷酸二酯键，连接两个 DNA 片段
辅助因子	ATP	NAD^+
反应类型	黏端连接；平端连接	黏端连接
最适温度	12～16℃	12～16 ℃

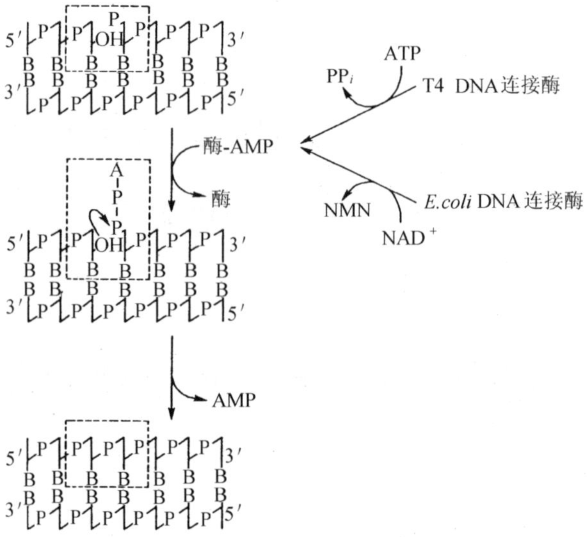

图 1-3-2　DNA 连接酶作用的分子机制

3.1.3　连接反应的影响因素

连接反应常用的缓冲系统：

Tris-HCl(pH7.5)	50～100 mmol/L
$MgCl_2$	10 mmol/L
DTT	5 mmol/L
ATP	≤1 mmol/L

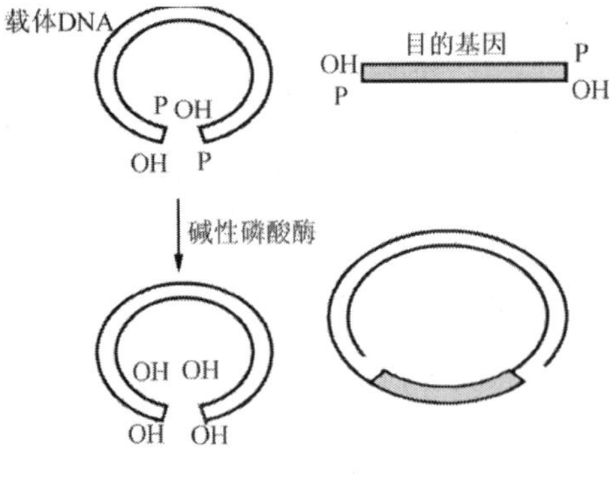

图 1-3-3　碱性磷酸酶处理载体 DNA

连接反应的温度：4～15℃（以不高于黏性末端的熔点温度为宜）。

影响因素：反应温度，缓冲液，DNA 的浓度、纯度、片段大小及末端的性质，反应时间等。

提高重组率的方法：目的基因片段/载体 DNA＝2/1～10/1；碱性磷酸酶处理载体 DNA（图 1-3-3）；核苷酸转移酶（TdT）处理载体分子的 3′-羟基末端（图 1-3-4）。

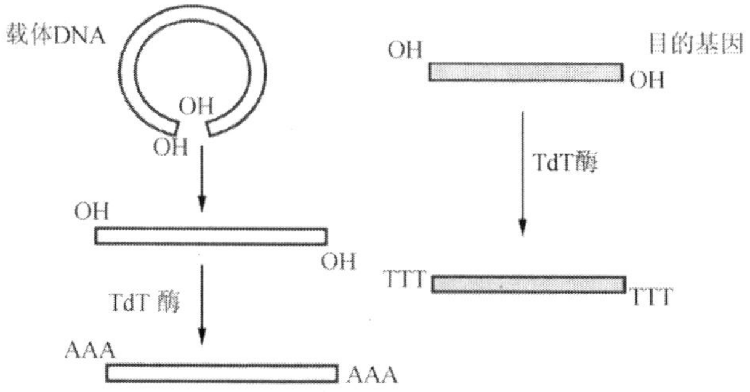

图 1-3-4　TdT 酶处理载体分子

3.2　连 接 方 式

连接方式主要有黏端连接法和平端连接法。操作时主要根据目的基因末端的性质和质粒载体与目的基因上的酶切位点来做选择。

1. 黏端连接

目的基因片段与载体 DNA 必须有同源性的黏性末端，才能进行黏端连接（图 1-3-5）。所谓同源性的黏性末端有两种情况：一种是由同一种限制性内切核酸酶产生的黏性末端，一种是由不同限制性内切核酸酶产生的互补黏性末端。

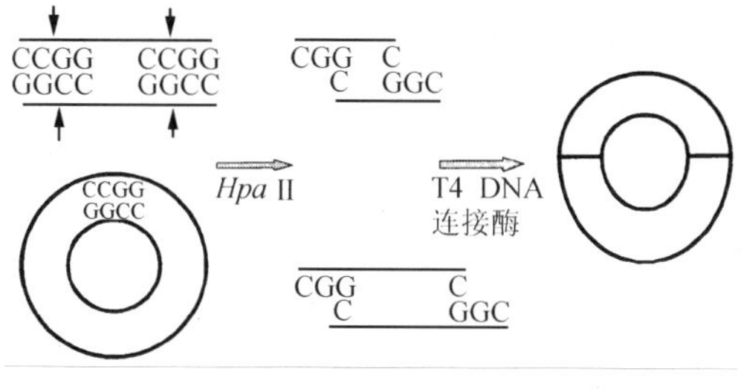

图 1-3-5　黏端连接

2. 平端连接

平端连接有几种常见的状况：同一限制酶切割位点的平端连接；不同限制酶切割位点的平端连接；黏性末端补齐或削平后产生的平端连接（图 1-3-6）。

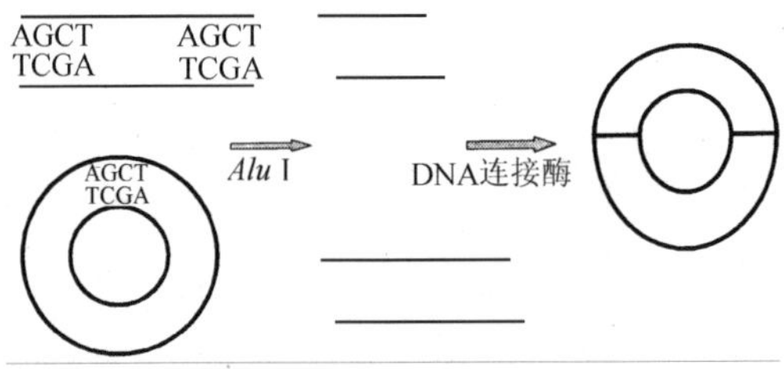

图 1-3-6　平端连接

3. 同聚物加尾连接

利用末端核苷酸转移酶(TdT),在 DNA 片段末段人工制造出黏性末端,如 poly(dT)和 poly(dA),形成互补性黏性末端(图 1-3-7),然后按可黏端连接通过 DNA 连接酶进行连接。TdT 是从动物组织中分离得到的一种特异性 DNA 聚合酶,它能将核苷酸加到 DNA 分子末端的 3′-OH 基团上,不需要模板的存在(图 1-3-8)。

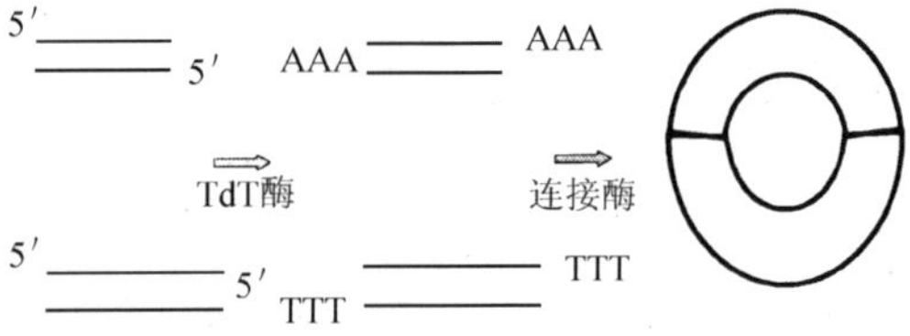

图 1-3-7　同聚物加尾连接 DNA 片段

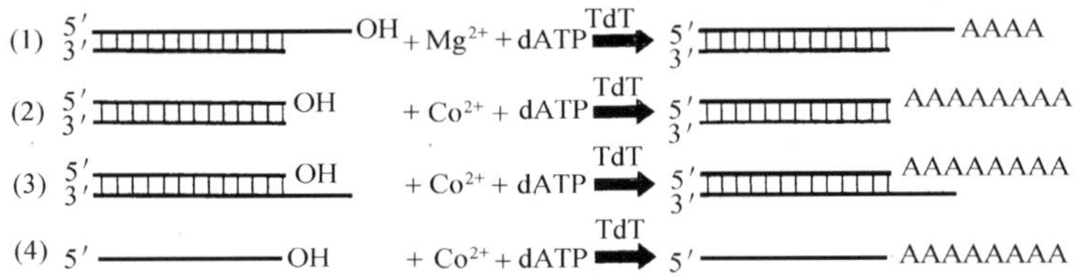

图 1-3-8　TdT 的作用

4. 人工接头连接

人工合成的带有限制性内切核酸酶识别序列的寡核苷酸,称为人工连接器。把它接到目的基因或载体上,可产生所需的黏性末端(图 1-3-9)。

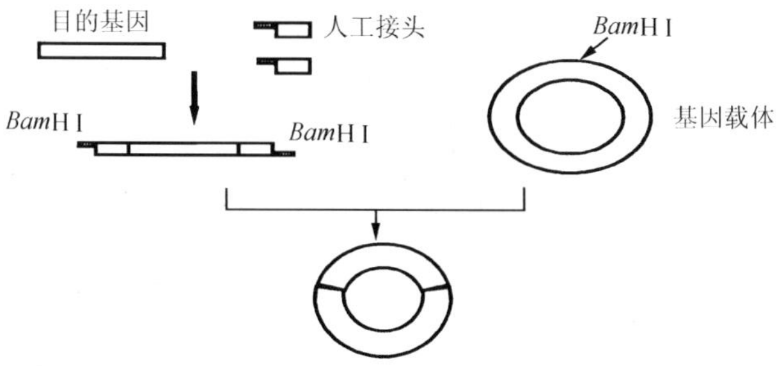

图 1-3-9　通过人工接头进行 cDNA 克隆

第 4 章　重组 DNA 转化宿主细胞

在基因工程中，当目的基因和基因载体构建成重组 DNA 以后，下一步的工作就是把重组体转化至宿主细胞中(图 1-4-1)。一方面，带有外源 DNA 片段的重组 DNA 分子需要导入适当的寄生细胞进行繁殖，才能获得大量的纯的重组 DNA 分子。另一方面，受体细胞必须具备使外源 DNA 进行复制的能力，而且还应能够表达由导入重组体所提供的某种表型特征以便选择鉴定。

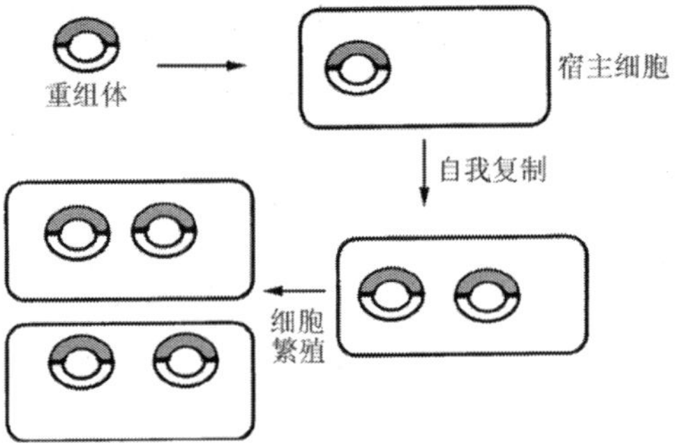

图 1-4-1　重组体转化至宿主细胞

4.1　受体细胞的选择

受体细胞的范围非常广泛，从简单的原核细胞(如大肠杆菌)和真核细胞(如酵母菌)，到高等的动、植物细胞，均可作为基因克隆的受体细胞(表 1-4-1)。但在具体运用上，应根据具体情况选择合适的受体细胞。选择受体细胞的一般原则如下：

(1) 表达载体所含的选择性标志与受体细胞基因型是否相匹配。

(2) 遗传稳定性高，易于扩增。

(3) 内源蛋白水解酶缺乏或含量低，利于外源蛋白表达产物积累。

(4) 能使外源基因高效分泌、表达。

(5) 无致病性。

(6) 具有好的转译后加工机制。

(7) 在遗传密码的应用上无明显偏倚性。

(8) 对细胞培养的适应性强。

表 1-4-1　基因工程常用宿主细胞系统

微生物	优　点	缺　点
大肠杆菌系统	基因工程的经典模型系统；生长迅速；异源蛋白高效表达；遗传背景清楚	潜在病原体；潜在致热源；蛋白质不分泌到培养基中；没有糖基化；大量表达的蛋白质以不溶解的变性和失活形式在细胞质中积累
枯草芽孢杆菌系统	基因工程安全的宿主菌；良好分泌型；发酵历史悠久	异源蛋白产生低；高水平的蛋白酶（胞内和胞外）；没有糖基化
酿酒酵母系统	基因工程安全的宿主菌；遗传背景清楚；存在糖基化和翻译后修饰；可分泌异源蛋白；可在廉价和简单的培养基中规模发酵	多数情况下异源蛋白表达水平低；有超糖基化趋势；培养基中异源蛋白有时分泌不理想
丝状真菌系统	分泌大量同源蛋白；存在糖基化和翻译后修饰；具有成熟的生长和下游过程的工业技术	异源蛋白表达率低；可产生蛋白水解酶
杆状病毒系统	分泌异源蛋白；存在糖基化和翻译后修饰	终端死亡系统；异源蛋白表达率低；不发生唾液酸化；难以大规模生产；培养基昂贵
动物细胞	分泌异源蛋白；正确的糖基化和翻译后修饰	异源蛋白表达率低；难以大规模生产，培养基昂贵

4.2　重组基因的导入方法

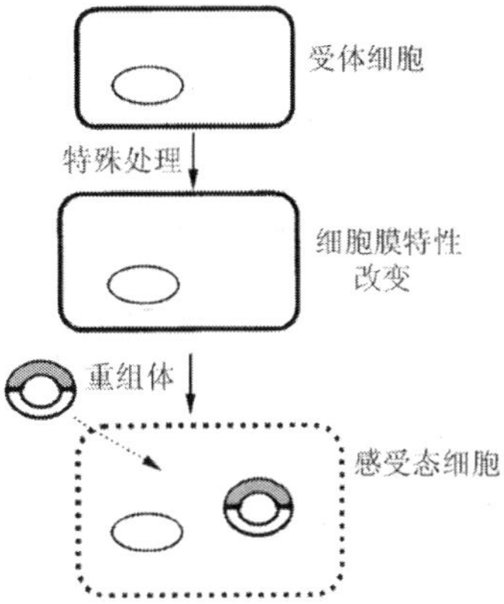

图 1-4-2　重组体导入感受态细胞

转化时，受体细胞需经过一些特殊处理，使细胞膜的通透性发生改变，成为能容许重组子通过的所谓感受态细胞。在一定条件下，将重组子与感受态细胞混合、保温，使重组 DNA 进入受体细胞（图 1-4-2）。

导入的方法有多种，下面介绍一些常用的方法和原理。

1. $CaCl_2$ 处理后的细菌转化

转化路线：

受体细菌

↓ 50～100mmol/L 冰 $CaCl_2$ 处理

感受态细菌（具摄取各种外源 DNA 的能力）

↓

重组基因转化感受态细菌（图 1-4-3）

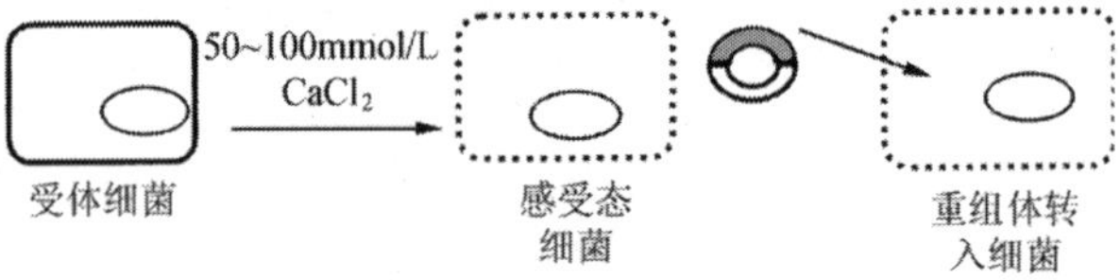

图 1-4-3　$CaCl_2$ 处理后的细菌转化

2. 磷酸钙(或 DEAE-葡聚糖)介导的转染

转染路线：

重组 DNA ＋ 磷酸钙微粒

↓共沉淀

哺乳类受体细胞通过内吞作用使 DNA 进入细胞内

3. 脂质体法

以脂质体包裹重组 DNA，再与受体细胞融合将 DNA 导入细胞内。具体过程如图 1-4-4 所示。

重组 DNA ＋ 脂质体

↓脂质体包裹 DNA

脂质体与受体细胞膜融合将 DNA 导入

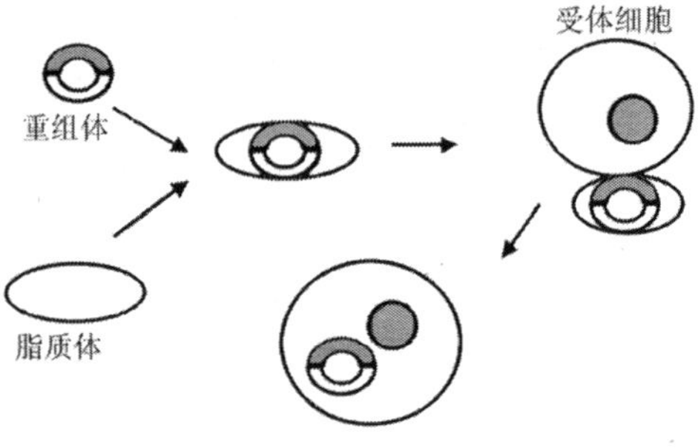

图 1-4-4　脂质体与受体细胞膜融合将 DNA 导入细胞

4. 高压电穿孔法

利用脉冲电场将 DNA 导入受体细胞。常用于磷酸钙共沉淀法等不能导入的受体细胞。

5. 聚乙二醇介导的原生质体转化法

常用于酵母(或其他真菌)细胞。

6. 胞核的显微注射法

将目的基因重组体通过显微注射装置直接注入细胞核内。

7. 噬菌体体外包装

噬菌体在转染前必须进行体外包装,使之成为具有感染活性的噬菌体颗粒(图1-4-5)。用于体外包装的蛋白质可直接从大肠杆菌的溶原株中制备,已商品化。

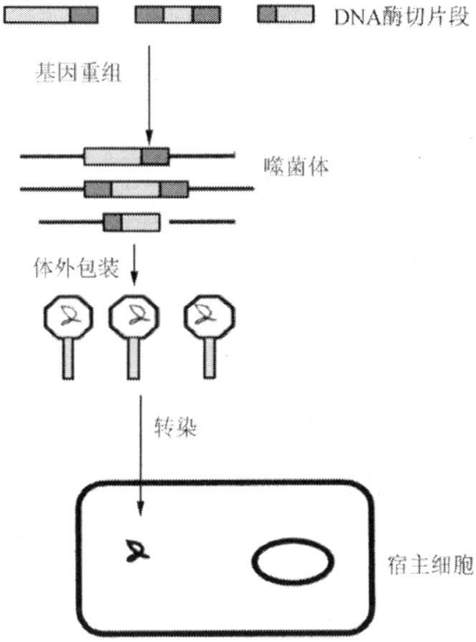

图 1-4-5　噬菌体体外包装

4.3　转化细胞的扩增

转化细胞扩增是指宿主细胞经转化过程以后应培养一段时间。这主要有三方面的意义:使转化细胞大量增殖以利于筛选;使基因载体上的标记基因得以扩增和表达;使克隆的目的基因得以表达。

第 5 章　重组体阳性克隆的筛选

当一个重组基因转化至受体细胞以后，会产生许许多多的转化子菌落，但由于重组率和转化率都远不可能达到 100％的理想极限，所以并不是每一个菌落都是带有重组 DNA 的细菌，转化后可能包含的状况有以下几种（图 1-5-1）。所以要从这一混合细胞体系中得到重组 DNA 阳性细胞，就必须有一个筛选过程。

筛选的方法很多，应根据基因载体、受体细胞特性及外源基因的表达情况等选择合适的筛选方法。

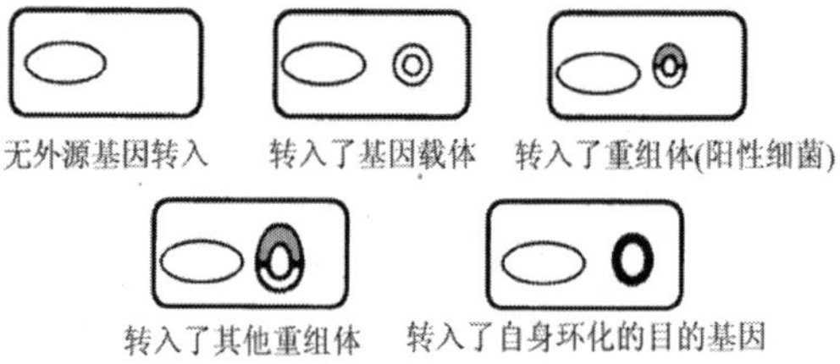

图 1-5-1　转化的混合细胞体系

5.1　遗传检测法

该类方法是根据载体或插入序列的表型特征来选择重组子的直接选择法。

1. 抗药性标志选择

载体分子上带有某种抗药性基因，将转化的细胞培养在含有该抗生素的生长培养基中，只有带有该载体的细胞才能生长，由此可检测出获得了此种载体的转化子细

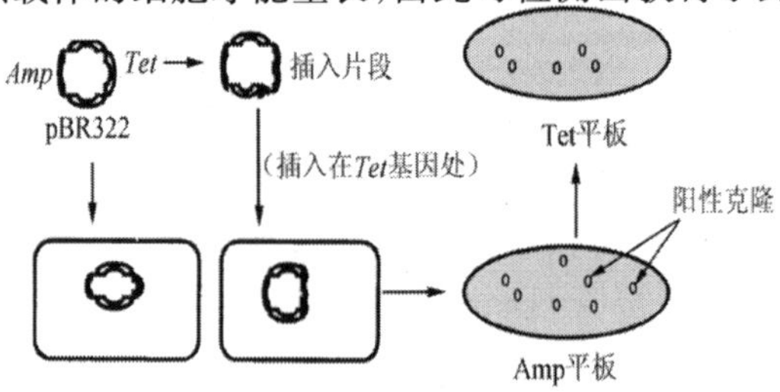

图 1-5-2　插入失活效应筛选重组子

胞。典型的方法，如抗药性基因的插入失活效应(图 1-5-2)，外源基因插入抗四环素基因部位，使重组体丧失了抗四环素的作用。

2. β-半乳糖苷酶显色反应选择法

载体上含有 β-半乳糖苷酶基因(*lacZ*)，外源 DNA 插入到载体的 *lacZ* 基因上以后，将造成 β-半乳糖苷酶失活效应，不能分解培养基中的 X-gal 产生蓝色产物，其结果可通过大肠杆菌转化子菌落在 X-gal-IPTG 培养基中的颜色变化直接观察出来(图 1-5-3)。

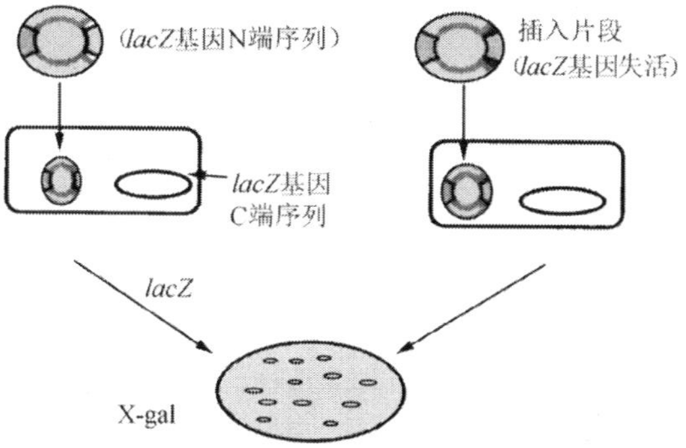

图 1-5-3　β-半乳糖苷酶显色法

3. 根据插入片段的表型特征筛选

筛选途径：

插入的外源基因片段

↓

对宿主菌所具有的某些突变特征发生抑制或互补效应

(如外源片段对宿主菌不可逆营养缺陷突变的互补作用)

↓

使宿主菌表现出外源基因编码的表型特征

5.2　物理检测法

1. 凝胶电泳检测法

利用重组质粒在分子量上的增加、在凝胶电泳中其迁移率发生改变，和限制性内切核酸酶酶切图谱来区分(图 1-5-4)。

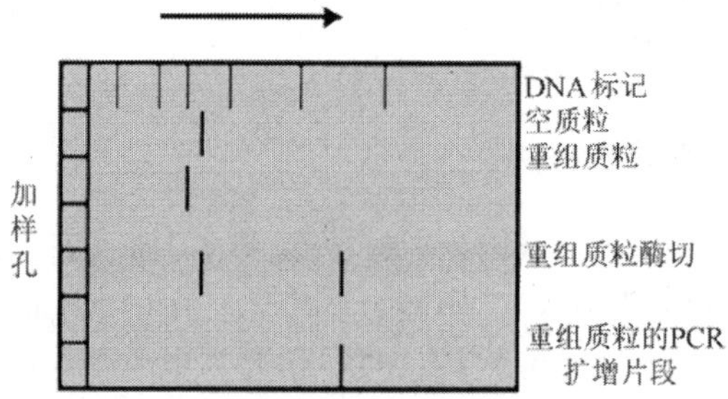

图 1-5-4　凝胶电泳检测选择法

2. R-环检测法

采用RNA片段作为探针检测插入片段，RNA片段在DNA分子局部变性后与之形成环状结构（图 1-5-5）。

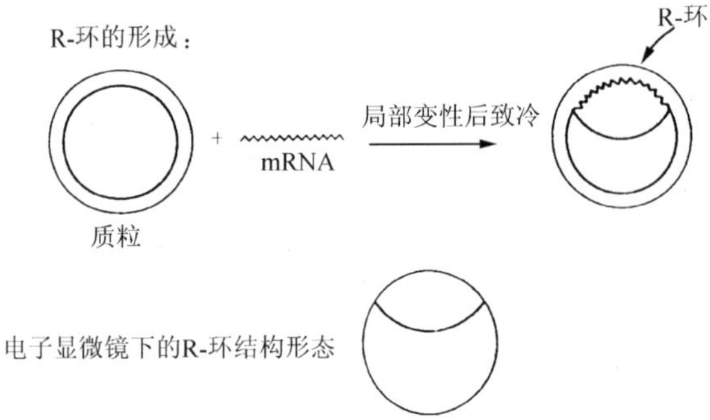

图 1-5-5　R-环结构的形成

闭合环形双链的质粒DNA分子是处于超盘旋的稳定的结构状态，在局部变性之前产生的单链破裂（图中未示出），会使这样的DNA分子变得较为松展，也比较容易观察

5.3　菌落杂交筛选法

应用放射标记的特异性DNA或RNA探针，与菌落进行原位杂交，筛选重组体菌落（图 1-5-6）。

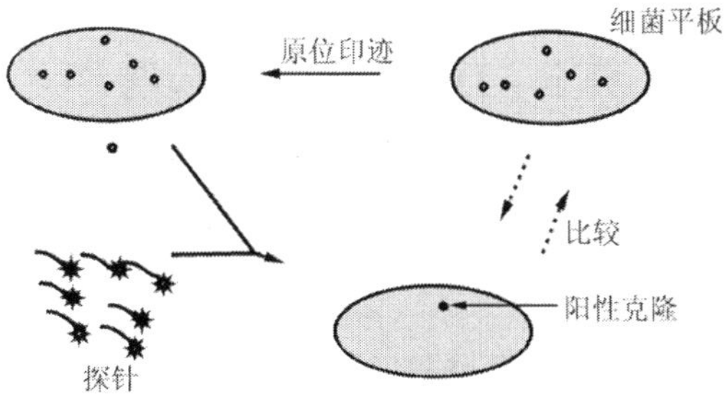

图 1-5-6　菌落杂交筛选法

5.4　免疫化学检测法

应用于特异性抗体鉴定产生了外源基因片段编码的抗原的菌落。主要有放射性抗体检测法和免疫沉淀检测法(图 1-5-7、图 1-5-8)。

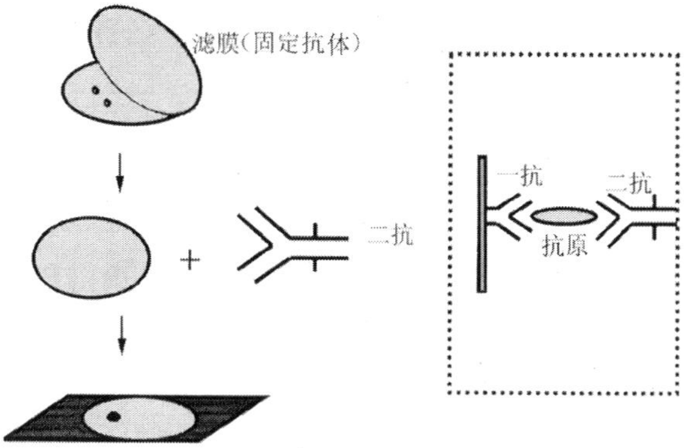

图 1-5-7　放射性抗体检测法

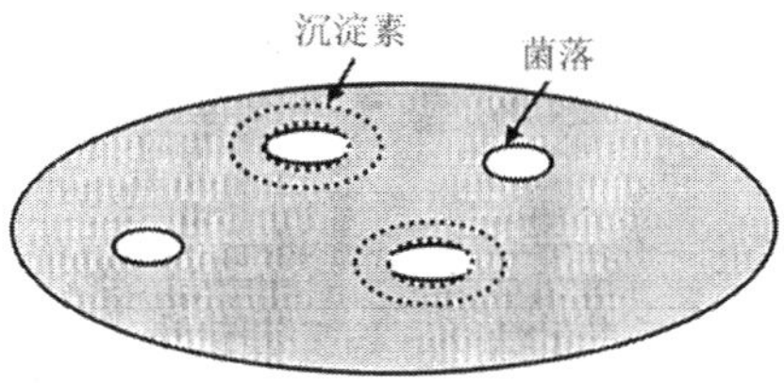

图 1-5-8　免疫沉淀检测法

5.5 DNA-蛋白筛选法

筛选路线：

表达融合蛋白的重组 DNA 分子

↓

编码一种特异的 DNA 结合蛋白

↓

同放射性标记的特异性 DNA 探针杂交

5.6 PCR 法确定重组体

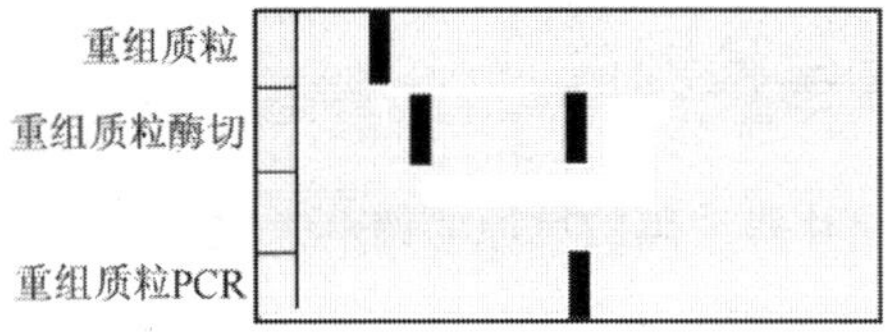

图 1-5-9 PCR 法确定重组体

利用合适的引物，从初步筛选出来的阳性克隆中提取出质粒作为模板进行 PCR，扩增出特异性片段来确定重组体中的目的基因(图 1-5-9)。

5.7 DNA 序列分析

通过 DNA 序列分析技术对研究对象进行序列分析是确定目的基因最准确的方法(图 1-5-10)。

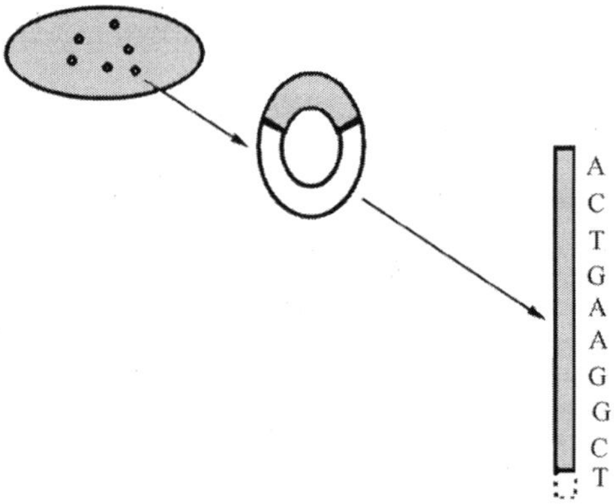

图 1-5-10 目的基因 DNA 序列分析

5.8　真核宿主细胞的筛选标记

真核细胞作宿主时常以对抗某种具有细胞毒作用的基因信息作为筛选标记。转入的外源 DNA 能表达该基因对抗外来药物，从而使细胞存活下来(图 1-5-11)。

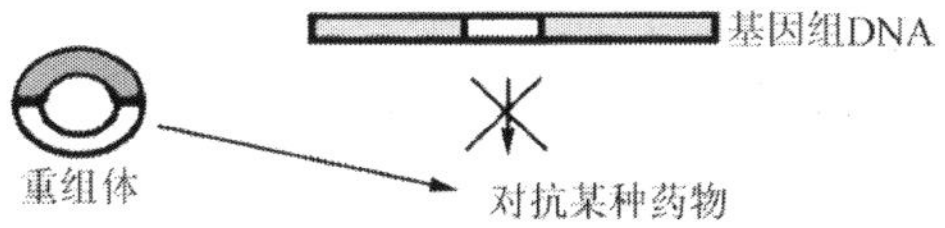

图 1-5-11　真核宿主细胞的筛选标记

1. 新霉素类药物 G418 筛选法

G418 对真核细胞具有杀伤作用，基因载体上带有抗新霉素基因，能使 G418 灭活，细胞得以存活(图 1-5-12)。

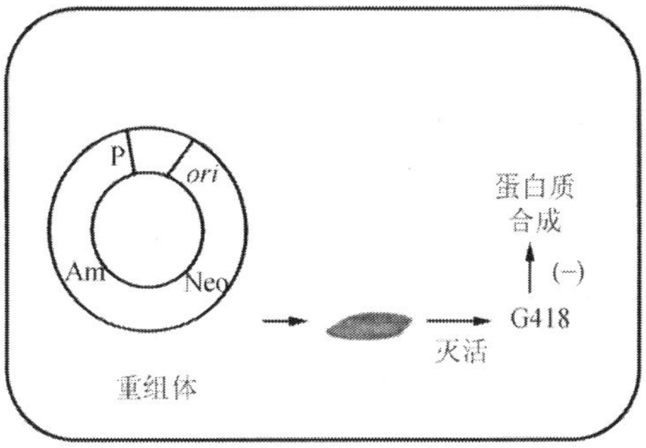

图 1-5-12　G418 筛选法

2. 氨基蝶呤筛选法

真核细胞中核酸合成有两种方式，即从头合成途径和补救合成途径。氨基蝶呤能抑制核酸的从头合成途径，而核酸补救合成必须 TK 酶的存在。在 TK^- 的宿主细胞中，导入的外源 DNA 所带的 TK 基因能提供补救合成所需的 TK 酶，从而使细胞得以生存(图 1-5-13)。

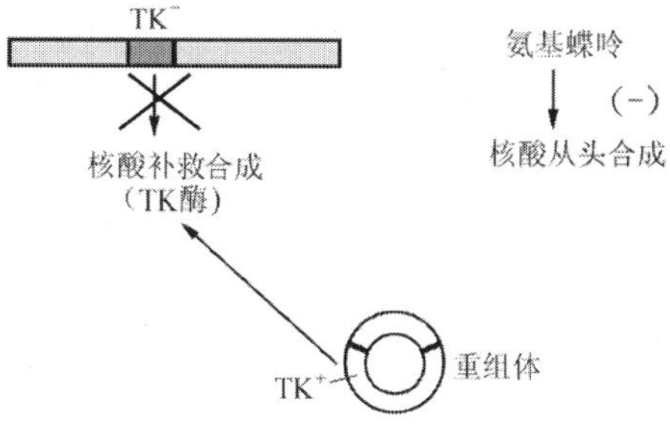

图 1-5-13　氨基蝶呤筛选法

第6章　外源基因表达及表达产物的检测

基因工程技术的一项重要任务，就是要使外源基因在一定的宿主细胞内高表达有特定生物学意义的活性蛋白质（图 1-6-1）。要达到这一目的，涉及目的基因、表达载体、宿主细胞、基因的转录和翻译及转录后和翻译后加工等多方面的因素。

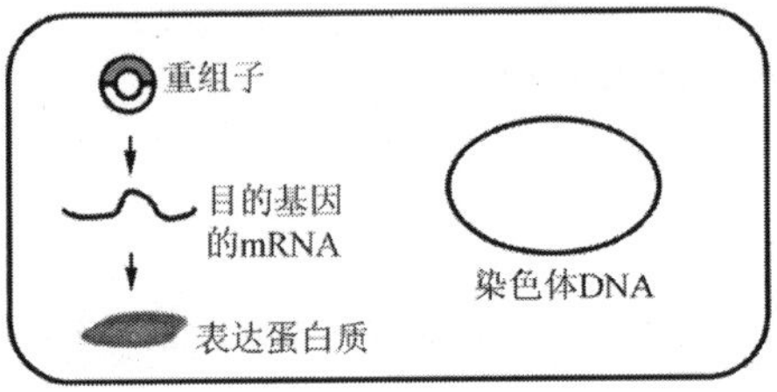

图 1-6-1　外源基因在宿主细胞中的表达

6.1　宿主细胞

1. 原核表达体系

宿主菌的选择是非常重要的，它关系到表达蛋白在细胞内是否容易被宿主菌的蛋白酶水解掉。

E. coli 是当前采用的较多的原核表达体系，因为其培养方法简单、迅速、经济，且适合大规模生产。

缺点是：①缺乏转录后加工机制，所以只宜表达克隆的 cDNA，不宜表达真核基因组 DNA。②缺乏适当的转录翻译后加工机制，表达蛋白质不能形成适当的折叠和糖基化。③很难大量表达可溶性活性蛋白质；表达蛋白质常常形成不溶性包涵体，需复性处理。

2. 真核表达体系

真核表达体系如酵母、昆虫、哺乳类动物细胞等，具较大的优越性，能弥补上述原核表达体系的不足之处，但有技术较难、不经济、费时等缺点。

6.2　表达载体

基因工程的表达系统分为原核表达和真核表达。这里主要介绍目前了解较深入、应用最广泛的原核表达系统。

原核表达载体一般应具有以下特点。

(1) 强的原核启动子及两侧的调控序列。细菌的 RNA 聚合酶不能识别真核基因的启动子，必须用原核启动子启动真核基因在原核细胞中的表达；原核启动子的转录常常是可调控的，一般情况下不转录，受诱导时就能高效表达。

(2) SD 序列与起始密码之间应有合适距离。SD 序列位于读码框架的上游。在翻译过程中,核糖体与 mRNA 的结合决定于 SD 序列及其与 AUG 之间的距离(一般为4～11个核苷酸),所以真核基因在原核细胞中的表达量高低与之密切相关。

(3) 目的基因与启动子之间要有正确的阅读框架。

(4) 目的基因下游应加入一段强的不依赖 ρ 因子的转录终止区,以避免目的基因干扰载体的稳定性,防止“通读”现象。

(5) 合适的选择标志和多克隆位点。

【举例】 载体 pBV220 的图谱(图 1-6-2)

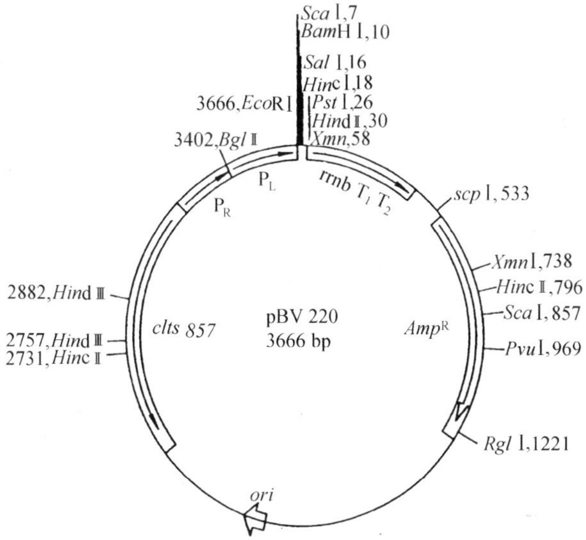

图 1-6-2 载体 pBV220 的图谱

pBV220 遗传图谱具有以下特点:① *clts857* 抑制子基因与 P_L 启动子同在一个载体上,可以转化任何菌株;②SD 序列后面紧跟多克隆位点,便于插入带起始 ATG 的真核基因,有利于表达非融合蛋白;③强的转录终止可防止“通读”现象,有利于质粒-宿主系统的稳定;④整个质粒 3.66kb,利于增加拷贝数及插入较大片段的真核基因;⑤P_R 与 P_L 两启动子串联,可能有增强表达的作用。

6.3 表达产物和表达水平

如何使目的基因在宿主细胞内获得高效表达是基因工程操作上的一个关键问题。影响表达的主要因素有三个方面:强化蛋白质的生物合成;抑制蛋白质的降解;恢复蛋白质的空间构象。

下面着重谈谈有关强化蛋白质的生物合成问题。

首先回忆一下生物体内基因信息传递过程中的蛋白质表达过程(图 1-6-3)。

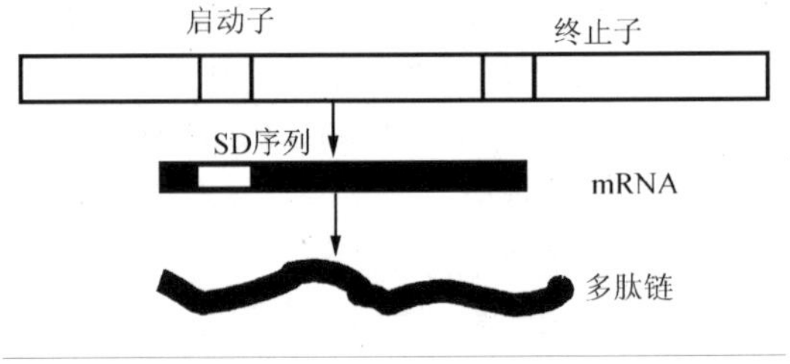

图 1-6-3　基因的表达过程

从上图可以看出,和基因表达及其调控过程相关的各个环节概括起来有如下几点。

1. 有关启动子

启动子是基因表达过程中的重要调控序列,是 RNA 聚合酶在转录起始时的结合位点,启动子的强弱、转录起始点之间的作用距离等因素都可能影响到基因的表达状况(图 1-6-4)。

图 1-6-4　启动子示意图

所以,在选择表达载体时,应根据需要对载体的启动子状况予以选择和改造,主要注意以下几点:启动子的强弱程度;启动子的可调控;启动子和转录起始点之间的最佳作用距离。

2. 有关终止子

终止子是转录终止的信号。终止子也有强弱之分,所以应根据启动子的状况选择与之相匹配的终止子(图 1-6-5)。

图 1-6-5　终止子示意图

选择时主要应考虑到终止子的强弱,避免转录过度。

若转录过度还要考虑:影响目的基因转录和翻译效率的因素;干扰基因载体的复制等生物学功能;增加受体细胞的无效能量消耗。

3. 有关 SD 序列

SD 序列是 mRNA 起始密码上游的一段特异序列(图 1-6-6),在蛋白质合成过程(翻译)中有重要作用,与翻译的效率密切相关。

图 1-6-6 SD 序列示意图

SD 序列影响翻译效率,主要应考虑:SD 序列与 16S rRNA 的互补性;SD 的后续序列的碱基组成;SD 与起始密码之间的距离。

4. 有关密码子

密码子应考虑:遗传密码的偏倚性;原核生物和真核生物密码子使用的差异性。

5. 有关基因载体拷贝数

不同的基因载体在宿主细胞中的拷贝数有差异,这也将影响到目的基因的表达效率(图 1-6-7)。

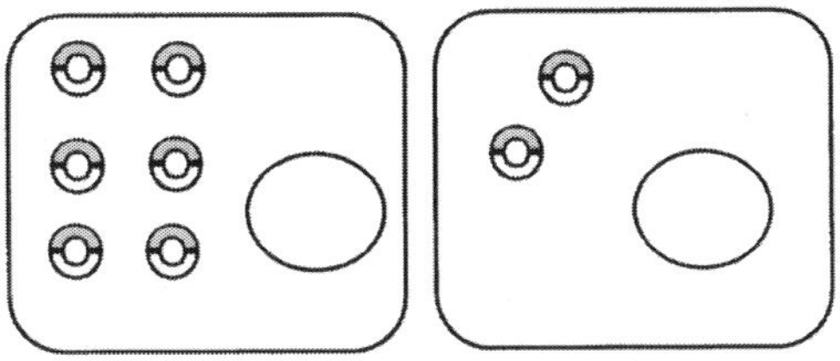

图 1-6-7 基因载体的拷贝数

根据上述因素,在进行高效表达的程序中,以下几种方法可提高目的基因的表达水平:

(1) 根据需要适当调整 SD 序列与 AUG 之间的距离。

(2) 消除 mRNA 的二级结构,提高翻译的完整性。

(3) 可在目的基因下游加入某些特殊片段(如反转重复序列),稳定 mRNA。

(4) 在诱导表达过程中,人为地控制表达体系的状况。

总之,基因表达过程牵涉到基因载体、宿主细胞等多个因素,以及重组体构建、筛选鉴定等多个环节,是一个系统工程。在实验设计中需全面衡量、综合考虑。以下是一温控诱导表达的实例(图 1-6-8)。

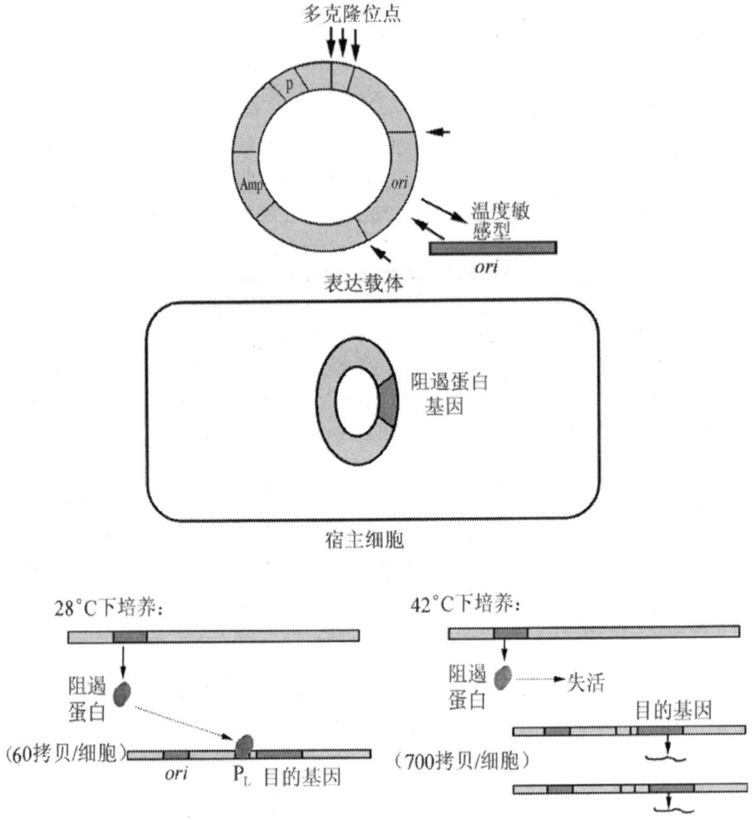

图 1-6-8　温控诱导表达

6.4　表达产物的检测

基因表达完成以后,下一步的工作就是要对表达产物蛋白质进行分析鉴定。

1. 聚丙烯酰胺凝胶电泳

如图 1-6-9 所示,以样品组和空白对照组(无表达产物)在同一聚丙烯酰胺凝胶上进行电泳,可鉴定有无特异性表达产物条带出现。

2. 表达蛋白质生物学功能的检测

如图 1-6-10 所示,培养平板上的菌落若有特异性表达产物,在培养平板上加上相应抗体,抗原抗体发生反应,会在阳性菌落周围出现一圈沉淀素。

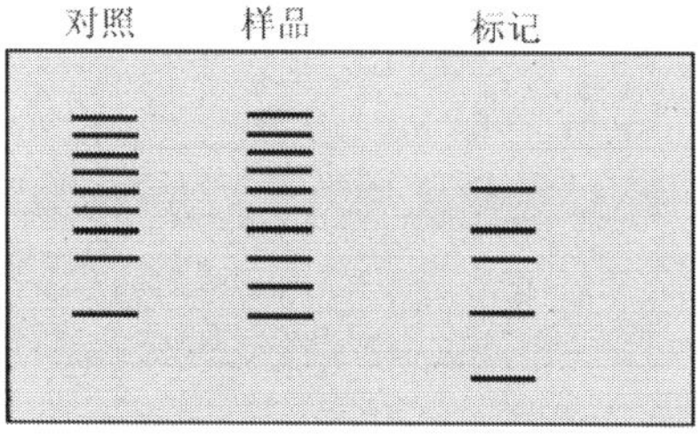

图 1-6-9　细胞裂解物的电泳分析

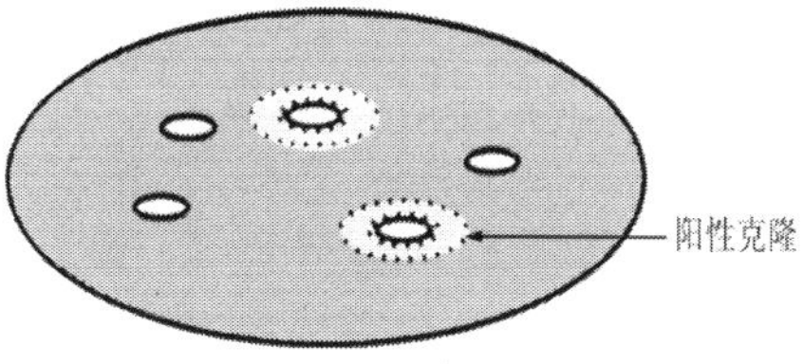

图 1-6-10　抗原抗体反应检测目的蛋白

6.5　表达蛋白质的分离纯化

检测到目的蛋白的表达后，需要对目的蛋白进行分离纯化(图 1-6-11)。纯化的方法有多种，在选择时需考虑目的蛋白表达量的高低、分子大小、理化性质、生物活性等各种因素。

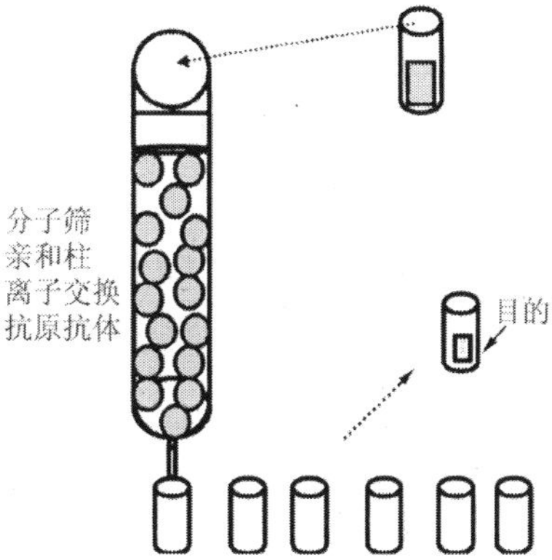

图 1-6-11　表达蛋白质的分离纯化

第二篇　常用生化技术原理

第1章 电泳技术

1.1 电泳基本原理

电泳是指带电粒子在电场中移动的现象。移动的速度取决于带电的多少和分子的大小。

不同粒子在同一电场中移动速度不同,常用泳动度 μ(或迁移率)来表示。即

$$\mu=\frac{v}{E}=\frac{d/t}{U/l}=\frac{dl}{Ut}\ (\mathrm{cm^2/V\cdot s})$$

式中,μ 为泳动度;v 为粒子的泳动速度;E 为电场强度;d 为泳动距离;l 为支持物的有效长度;U 为加在支持物两端的实际电压;t 为通电时间。

通过测量 d、l、U、t 便可计算出各带电粒子的泳动度。

许多生物分子都带有电荷,其泳动度首先取决于它们所带净电荷的量及分子的大小和形状。所带净电荷越多,分子越小,越接近球形,泳动越快;反之则越慢。

1.2 影响泳动度的主要因素

1. 电场强度

电场强度是指每厘米的电压降,和电泳速度成正比关系。

根据电场强度的大小,可将电泳分为常压电泳(100～500 V,电场强度 2～10 V/cm)和高压电泳(500～10 000 V,电场强度 20～200 V/cm)。常压电泳常用来分离蛋白质等大分子物质;高压电泳常用来分离氨基酸、肽、核苷酸等小分子物质。

2. 溶液的 pH

溶液的 pH 决定带电粒子解离的程度,也决定其所带净电荷的多少。

对于两性电解质而言,pH 距等电点越远,所带净电荷越多,泳动速度也越快;反之则越慢。

为了使电泳过程中溶液的 pH 恒定,电泳时需采用缓冲溶液。

3. 溶液的离子强度

稀溶液中的离子强度(I)= $1/2\Sigma cZ^2$

式中,c 为离子的物质的量浓度(mol/L);Z 为离子的价数。

离子强度代表所有离子所产生的静电力，即全部的离子效应。它取决于离子电荷的总数而与溶液中盐类的性质无关。溶液的离子强度越高，带电质子的泳动速度越慢；溶液的离子强度越低，带电质子的泳动速度越快。

一般最适合的离子强度为 0.02～0.2 之间。

4. 电渗现象

电渗是指液体在电场中对于一个固体支持物的相对移动。如图 2-1-1 所示，如支持物上带有负电荷，而与之接触的水溶液因静电感应带有正电荷，在电场作用下溶液就有向负极移动的倾向，溶液中的质点也随之移向负极。所以，溶液中质点的净移动速度便是质点移动速度和由于溶液移动而产生的电渗速度的加和。电泳时应尽量减少电渗作用。

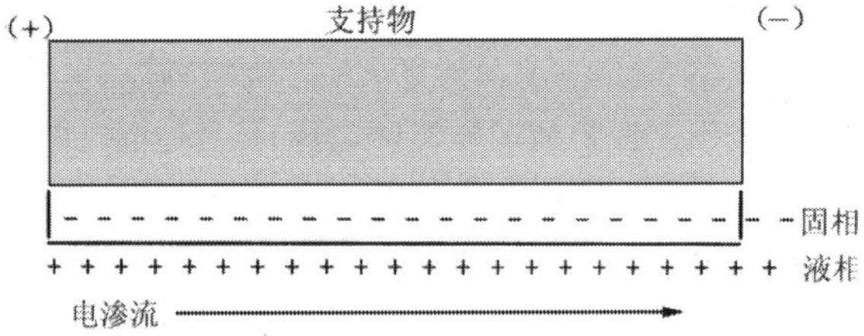

图 2-1-1　电渗示意图

1.3　常用的电泳方法

1.3.1　琼脂凝胶电泳

琼脂凝胶电泳具有下列优点：①在琼脂凝胶中含有琼脂 1%～1.5%，其余都是水，在这种凝胶中电泳，近似自由界面电泳，样品扩散又比自由界面电泳小；②琼脂凝胶电泳支持物均匀，电泳区带整齐，分辨率高，重复性好；③液相与固相界面无明显界限，电泳速度快；④琼脂凝胶透明而不吸收紫外线，可以直接用紫外检测仪测定；⑤区带容易染色，样品容易洗脱，利于制备；⑥干膜可以长期保存。

琼脂凝胶电泳也有它的不足之处。琼脂是一种强酸性物质，能造成严重的电渗现象，影响电泳的速度，而且琼脂中所含可溶性杂质难于除去。

方法有平板式和柱式两种，一般采用平板式。主要过程如下：

(1) 配制缓冲溶液。琼脂凝胶电泳常用缓冲溶液的 pH 多在 6～9 之间，离子强度为 0.02～0.05。离子强度过高时，由于大量电流通过琼脂板将产生热量，会使板中水分大量蒸发而析出盐的结晶，甚至使琼脂板断裂、电流中断。常用的缓冲溶液，有 TAE 电泳缓冲液和 TBE 电泳缓冲液。

(2) 制板。常用的琼脂浓度为1%～1.5%。因为用这个浓度制成的凝胶富有弹性、坚固不脆。将一定量的琼脂用水浴加热熔化，趁热与等体积预热至 60℃的缓冲液混合，使其浓度为 1%～1.5%，继续加热至表面无气泡，迅速将凝胶倒在水平玻璃板上，使其厚度约为 3 mm，冷却后即成琼脂板。

(3) 点样和电泳。加样完毕后，将琼脂板轻轻放在电泳槽上，两端用几层滤纸与电极槽缓冲液连接。接通电源，调节电压。一般电场强度为 6 V/cm。

(4) 染色和观察结果。常用溴化乙锭染色，紫外光下观测电泳结果。

1.3.2 琼脂糖凝胶电泳

基因工程实验中一般使用琼脂糖凝胶作为支持介质。琼脂糖是从琼脂中分离得到的，而琼脂可以从海藻中提取，琼脂由琼脂糖与球脂胶组成，形成相对分子质量为 10^4～10^5 的长链。琼脂糖溶解后，链间糖分子上的羟基由于氢键的作用相互连接，形成三维空间结构，随着琼脂糖浓度的不同会形成孔径不同的三维空间结构。溶解的琼脂糖分子是随机线团状，凝结初期由于氢键的作用形成双链分子，而后再发生双链分子间的连接直至最后固化，由于链间的连接靠的是氢键的作用，所以一切会破坏氢键形成的因素都会影响凝胶的形成。例如，过酸、过碱都会破坏氢键；再如向胶中加入终浓度为 6 mol/L 的尿素时熔融的胶在 20℃放置 1 h 都不会凝结，也是因为尿素中的—NH 破坏了氢键的作用所致。一般电泳使用的琼脂糖在水溶液中 84～96℃时开始熔化，冷却至 36～42℃时开始凝结。

琼脂糖中常见的杂质是硫酸盐、丙酮酸盐等，这些杂质的存在除了会影响凝胶的熔化与凝结温度外，还会造成凝胶的电渗作用，而电渗作用会降低电泳的分辨率。

随着实验技术的发展，人们对胶的种类也有了更多的要求。现在除了常用的胶外还有各种用于不同实验目的的胶。

低熔点胶：胶中的硫酸盐含量极低，凝胶可在 65℃熔化，且这种胶中没有抑制酶作用的物质，可在胶中进行酶切、连接、标记等操作。

高凝点胶：它在高于 42℃时凝结，具有非常高的强度，可为直接在凝胶上操作提供方便。

高熔点胶：胶的熔点高于 90℃，可分离小于 1 kb 的 DNA 片段，专用于 PCR 产物的分析。

快速胶：这也是一种高强度的胶，在正确选择胶浓度与缓冲液的条件下，电泳将比使用一般的凝胶泳动快约 50%，可节约大量时间。

1. 电泳时 DNA 迁移的影响因素

DNA 处于电泳条件(pH8)时带有负电荷,在电场力的作用下会向正极泳动。因为 DNA 链上负电荷的增加伴随着 DNA 分子质量的增加,所以实际上 DNA 分子的荷质比始终是一常数,电泳中分离 DNA 是根据分子的大小与构型而形成的分子筛效应。

电泳过程中影响 DNA 分子波动速率的因素很多,有属于 DNA 分子本身的,如分子的大小与构型;也有属于电泳条件方面的,如胶浓度、电场强度、EB 浓度与电泳缓冲液等。下面简述几个主要因素。

1) DNA 分子质量

DNA 分子越大在胶中的摩擦阻力就越大,泳动也越慢。分子质量与迁移速率的关系为:迁移速率与线状双键 DNA 分子质量的对数值成反比。

2) DNA 构型

DNA 因构型不同会造成电泳时受到的阻力不同,最终造成泳动速率的不同。常见电泳条件下,质粒 DNA 3 种构型的泳动速率是超螺旋最快,线状分子在特定的电泳条件下略快于开环分子。

3) 胶浓度

浓度大的胶使分子泳动时遇到更大的阻力,DNA 分子在较稀的胶中与迁移率具有相对较宽的线性范围,而浓的胶只对较小的 DNA 片段呈线性关系。但较浓的胶具有较大的分辨力,所以电泳时要根据分离片段的大小及构型选择合适的胶浓度。

4) 电场强度

一般电泳时所用的场强为 5 V/cm,在这样的场强下虽然能得到结果但分辨率不够高。对于特别需要精确测定分子质量的电泳,应使场强降低至 1 V/cm,这样可使分子质量与迁移率之间得到较好的线性关系。电场强度偏高时分子质量的线性范围会变窄,因为在这样的电泳条件下分子迁移率已不与场强成正比,电压过高时还会引起胶的发热甚至熔化,造成实验失败。降低场强可提高同样浓度胶的分辨率。

除了以上提到的影响分子迁移的因素外,实际电泳时还要考虑分子的大小:小片段 DNA 可选用较高的电场强度,以减少扩散;大片段则应选择较低场强以免发生拖尾。

5) 溴化乙锭

溴化乙锭(EB)分子具有扁平结构,能嵌入到 DNA 碱基对之间,所以对线状分子与开环分子的形状变化影响都较小,而对超螺旋状态的分子影响较大。当 DNA 中嵌入的 EB 分子逐渐增多时,原来为负超螺旋状态(原始状)的分子开始向共价闭合环状转变,这时电泳的迁移速度由快变慢;当嵌入的 EB 分子进一步增加时,DNA 分子由共价闭合环状向正超螺旋状态转变,这时电波迁移速度又由慢向快转变。这个临界点的游离 EB 质量浓度为 0.1～0.5 μg/mL，现在我们电泳时所加入 EB 的终质量浓度也正是在此范围。电泳时，加入 EB 对线状、开环分子也会造成影响，将使迁移加快。3 种构型分子的速率增加有所不同，超螺旋增加最多，其次是线型，开环增加最少。

6）碱基组成与电泳温度

琼脂糖凝胶电泳中碱基组成与电泳温度对 DNA 分子的迁移影响都很小，例如，不同大小 DNA 片段的相对迁移率在 4～30℃之间不发生变化。

总之，影响 DNA 迁移的因素多种多样，除以上所述，还有一些因素会影响电泳结果。特别是对 DNA 浓度的判断还有以下影响因素：胶的厚度，齿孔的厚度，加样的多少，电泳的时间，观测所用的紫外灯波长与强度及胶在缓冲液中浸泡的时间等。

2. 电泳缓冲液

缓冲液在电泳过程中的一个作用是维持合适的 pH。电泳时正极与负极都会发生电解反应，正极发生的是氧化反应（$4OH^- - 4e \rightarrow 2H_2O + O_2$），负极发生的是还原反应（$4H^+ + 4e \rightarrow 2H_2$），长时间的电泳将使正极变酸、负极变碱。一个好的缓冲系统应有较强的缓冲能力，使溶液两极的 pH 保持基本不变。

电泳缓冲液的另一个作用是使溶液具有一定的导电性，以利于 DNA 分子的迁移，例如，一般电泳缓冲液中应含有 0.01～0.04 mol/L 的 Na^+ 离子，Na^+ 浓度太低时电泳速度明显变慢；太高时就会造成过大的电流使胶发热甚至熔化。

电泳缓冲液中还有一个组分是 EDTA，加入浓度为 1～2mmol/L，目的是螯合 Mg^{2+} 等离子，防止电泳时激活 DNA 酶。此外还可防止 Mg^{2+} 离子与核酸生成沉淀。

下面介绍常用的 3 种电泳缓冲系统。

1）TAE

TAE（Tris-乙酸缓冲液）是使用最广泛的缓冲系统。TAE 缓冲液由 Tris、乙酸和 EDTA 钠盐组成。TAE 缓冲液的特点是超螺旋在其中电泳时更符合实际相对分子质量（TBE 中电泳时测出的相对分子质量会大于实际相对分子质量），且双链线状 DNA 在其中的迁移速率较其他两种缓冲液快约 10%。电泳大于 13 kb 的片段时用 TAE 缓冲液将取得更好的分离效果，此外，回收 DNA 片段时也宜用 TAE 缓冲系统进行电泳。TAE 的缺点是缓冲容量小，长时间电泳（如过夜）不可选用，除非有循环装置使两极的缓冲液得到交换。

2）TBE

TBE（Tris-硼酸缓冲液）由 Tris、硼酸与 EDTA 钠盐组成。TBE 的特点是缓冲能力强，长时间电泳时可选用 TBE，并且当用于电泳小于 1 kb 的片段时分离效果更好。TBE 用于琼脂糖凝胶电泳时易造成高电渗作用，并且因与琼脂糖相互作用生成非共价结合的四羟基硼酸盐复合物而使 DNA 片段的回收效率降低，所以不宜在回收电泳中使用。

3) TPE

TPE(Tris-磷酸缓冲液)由 Tris、磷酸与 EDTA 钠盐组成。TPE 的缓冲能力也较强，但由于磷酸盐易在乙醇沉淀过程中析出，所以也不宜在回收 DNA 片段的电泳中使用。

3. 上样缓冲液

DNA 加样过程中须以一定的比例加入上样液(通常加入样品体积的 1/6 或 1/10)，上样液中各组分的作用分别如下。

(1) 上样液中含有 10 mmol/L 左右的 EDTA，作用是螯合 Mg^{2+}，防止电泳过程中 DNA 被降解。

(2) 上样液中还含有质量浓度为 300 g/L 的聚蔗糖，或 400～500 g/L 的蔗糖、甘油，目的在于使样品的密度增大，防止样品在加样孔中扩散；聚蔗糖还可减少 DNA 条带的弯曲与拖尾现象，这一点在大片段电泳或制备性电泳大量加样时尤为重要。

(3) 上样液中还含有迁移指示剂，即带有负电荷的小分子有色物质，用于监测电泳的行进过程，可选用的有溴酚蓝与二甲苯青 FF。溴酚蓝在胶中迁移很快，在 5～15 g/L 的胶中以 TAE 为缓冲液电泳时约相当于 0.5 kb 的片段；二甲苯青 FF 在胶中迁移较慢，同样条件电泳时约相当于 5 kb 的片段。以 0.5×TBE 为缓冲液电泳时溴酚蓝迁移速率约与 300 bp 的双链线状 DNA 相当，二甲苯青 FF 则约与 4 kb 的 DNA 相当。一般说来，溴酚蓝的泳动速率约为二甲苯青 FF 的 2.2 倍，与胶的浓度关系不大。

1.3.3 聚丙烯酰胺凝胶电泳

聚丙烯酰胺凝胶电泳(PAGE)是根据被分离物质所带的电荷多少及其分子大小、形状的不同，在电场的作用下，产生不同的移动速度而分离的方法。它具有电泳和分子筛的双重作用。

1. 聚丙烯酰胺的聚合

丙烯酰胺单体和交联剂 *N*, *N'*-亚甲基双丙烯酰胺在催化剂的作用下聚合成含有酰胺基侧链的脂肪族长链。相邻的两个链通过亚甲基桥交联起来就形成三维线状结构的聚丙烯酰胺凝胶。

丙烯酰胺、*N*, *N'*-亚甲基双丙烯酰胺、聚丙烯酰胺的化学结构为：

丙烯酰胺(Acr)：$CH_2{=}CH{-}\overset{\overset{\displaystyle O}{\|}}{C}{-}NH_2$

N,N'-亚甲基双丙烯酰胺(Bis)：

$$CH_2{=}CH{-}\overset{\overset{\displaystyle O}{\|}}{C}{-}NH{-}CH_2{-}NH{-}\overset{\overset{\displaystyle O}{\|}}{C}{-}CH{=}CH_2$$

聚丙烯酰胺：

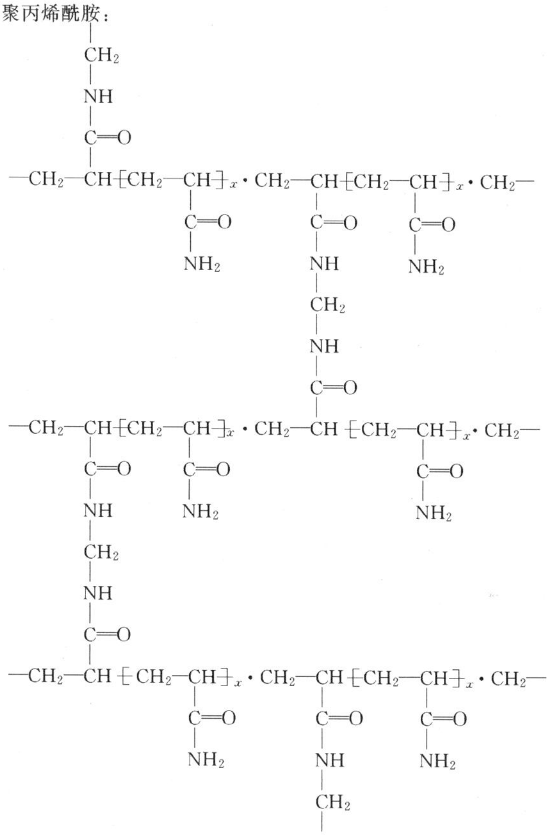

2. 常用的催化剂

常用的催化剂(包括催化剂和加速剂)有以下两种：

1) 过硫酸铵-TEMED(四甲基乙二胺)系统

在 Acr 和 Bis 的溶液中放入这个催化系统后，过硫酸铵产生出游离氧原子使单体成为具有游离基的状态，从而发生聚合作用。聚合的初速度和过硫酸铵浓度的平方根成正比。这种催化系统需要在碱性条件下进行。例如，在 pH 8.8 条件下 7% 的丙烯酰胺溶液 30 min 就能聚合完毕；在 pH 4.3 时聚合很慢，要 90 min 才能完成。温度与聚合的快慢成正比。通常在室温下就很快聚合，温度升高聚合加快。如将混合后的凝胶溶液放在近 0℃，则能延缓聚合。一般来讲，温度过低，有氧分子或不纯物质存在时都能延缓凝胶的聚合。为了防止溶液中气泡含有氧分子而妨碍聚合，在聚合前须将溶液分别抽气，然后再混合。

2）核黄素-TEMED 系统

核黄素-TEMED 系统是一个光激发的催化反应。核黄素在光照下分解，黄素被还原成无色型，但在有氧条件下，无色型又被氧化成有游离基的黄素环，使聚合作用开始。核黄素催化系统的优点是：①用量极少（1 mg/100 mL），对所分析的样品没有任何影响；②聚合作用所用的时间可以自由控制，变化光照时间、强度可使聚合延缓或加速。而过硫酸铵-TEMED系统的聚合作用所需的时间除了取决于温度、pH 及有氧分子或不纯物质的存在外，还取决于它们的浓度。为了使分析的结果重复性高，核黄素催化系统的光照时间和强度最好标准化。

3. 聚丙烯酰胺凝胶的浓度与交联度

凝胶的机械强度和弹性是很重要的。凝胶的软硬、透明度、黏着度都会直接影响分离的效果。凝胶的机械性能、弹性、透明度和黏着度都取决于凝胶总浓度和 Acr 与 Bis 两者之比。

设 T（Acr 和 Bis 总浓度）$=[(a+b)/m]\times100\%$

c（交联剂百分比）$=[b/(a+b)]\times100\%$

式中，a 为 Acr 质量（g）；b 为 Bis 质量（g）；m 为缓冲溶液体积（mL）。

其中，$a:b$ 是很关键的：$a:b<10$ 时，凝胶变脆、变硬、呈乳白色；$a:b>100$ 时，5%的凝胶呈糊状，也易断裂。欲制备完全透明而又有弹性的凝胶，应控制 $a:b=30$ 左右。不同浓度的单体对凝胶性质也有影响，发现 Acr 低于 2%，Bis 在 0.5%以下就不能聚合了。当增加 Acr 浓度时要适当降低 Bis 的浓度。通常 T 为 2%～5%时，$a:b=20$ 左右；T 为 5%～10%，$a:b=40$ 左右；T 为 15%～20%时，$a:b=125$～200。

用于研究大分子核酸的凝胶多为 $T=2.4\%$的大孔径凝胶，因为太软不易操作，最好加入 0.5%琼脂糖。有的在 3%凝胶中加入 20%蔗糖也可增加其机械强度而不影响其孔径大小。至于黏着度，一般说来只要容器内壁干净，单体浓度适中，凝胶与器壁黏着情况令人满意，不会出现样品渗漏。新制备的凝胶与器壁附着力较大，随存放时间的延长附着力降低，有时在电泳结束时一部分胶柱就可能从管壁上滑脱出来。

4. 聚丙烯酰胺凝胶的孔径

聚丙烯酰胺凝胶在电泳中不仅有防止对流、减低扩散的能力，而且还具有分子筛的作用，这是因为聚丙烯酰胺凝胶是一个三维空间网状结构。某一个分子通过这种网孔的能力显然取决于凝胶孔径的大小和形状，也取决于被分离物质的大小和形状。因此，当所分离的物质不变时，凝胶越浓，孔径越小，所受阻力就越大。

有人利用颗粒状聚丙烯酰胺凝胶作色层分析，测定了总浓度（T）为 6.5%～20% 的丙烯酰胺凝胶液在 6 种不同比例的双丙烯酰胺存在时聚合后的孔径大小，结果如图 2-1-2 所示。从图上可以看出，孔径的大小在很大程度上取决于两者的总浓度（T）。T 值增大，孔径相应变小，机械强度增强。值得注意的是，当 T 值不变、Bis 浓度在 5%时孔径最小，高于或低于 5%，孔径却相应变大。因此，就可能有这样的现象出现：当 Bis 浓度在 5%以上或以下时，尽管 T 值很大，但却比 T 值小而 Bis 为 5%时的孔径要大。

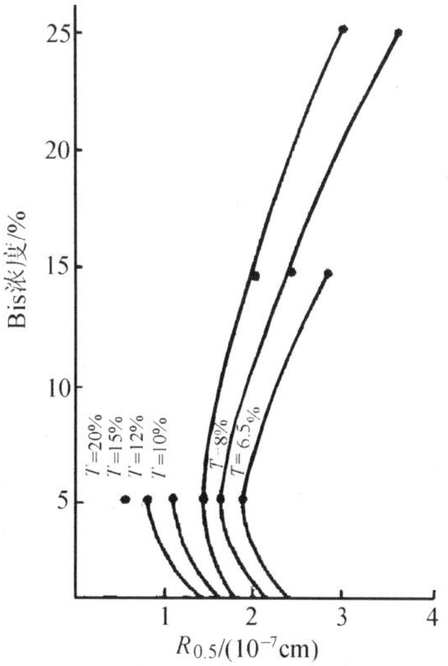

图 2-1-2 聚丙烯酰胺凝胶的孔径 $R_{0.5}$（凝胶体积中可利用的 50%分子的半径）在丙烯酰胺总浓度 6.5%～20%范围内与 Bis 浓度的关系

一般来说，胶的孔径大约是蛋白质分子平均大小的一半时分析结果较好。在实用中常按样品的相对分子质量大小来选择适宜的凝胶孔径（表 2-1-1）。

表 2-1-1 不同相对分子质量所选用的凝胶浓度

物质	相对分子质量（M_r）范围	适用的凝胶浓度/%
蛋白质	$<10^4$	20～30
	$1\sim4\times10^4$	15～20
	$4\times10^4\sim1\times10^5$	10～15
	$1\sim5\times10^5$	5～10
	$>5\times10^5$	2～5
核酸（RNA）	$<10^4$	15～20
	$10^4\sim10^5$	5～10
	$10^5\sim2\times10^6$	2～2.6

5. 缓冲系统的选择

1）pH 范围、离子种类和离子强度

对蛋白质来说，选择的 pH 应能使样品中各种蛋白质分子泳动率的差别最大。酸性蛋白质在高 pH 条件下、碱性蛋白质在低 pH 条件下常得到较好的分离效果。如果蛋白质样品经电泳分离后，还希望测定其生物活性，则缓冲系统的 pH 不应过大或过小（大于 pH9 或小于 pH4），否则会引起蛋白质活性的钝化。目前常用的分离胶缓冲系统有高 pH(pH9 左右)、低 pH(pH4 左右)和中性三大类。此外，通常选用离子强度较低的缓冲溶液(0.01～0.1 mol/L)。因为离子强度低，电导就低。电导低的优点是能产生高电压梯度，电泳分离过程短，产生的热量也较小，分离效果好。

2) 连续和不连续系统

所谓连续系统是指电泳槽中的缓冲系统和 pH 与凝胶中的相同，不连续系统是槽中与凝胶中的缓冲系统和 pH 不同。不连续系统的分辨率较高。

6. 不连续盘状聚丙烯酰胺凝胶电泳

不连续盘状电泳往往包含两种以上的缓冲溶液、pH 和凝胶孔径，多用于分析浓度较稀的样品。一般是在内径为 0.7 cm，长 10 cm 的小玻璃管内，把 3 种性质不完全一样的聚丙烯酰胺凝胶重叠起来，如图 2-1-3 所示。图中 a 为样品胶(其中含有样品)；b 为浓缩胶(又名成层胶)，这两种胶的缓冲液 pH 和孔径大小完全一样；c 是分离胶(又称电泳胶)，其孔径一般比浓缩胶小，pH 也不同。样品胶和浓缩胶是 $T=3\%$，$c=2\%$的单体溶液在 Tris-HCl 缓冲液中由核黄素催化合成的大孔胶，pH6.7。而分离胶是由 $T=7\%$，$c=2.5\%$的单体溶液在 Tris-HCl 缓冲液(pH 8.9)中通过过硫酸铵催化聚合成的小孔胶。将含有这 3 种凝胶的玻璃管放在含有 Tris-甘氨酸(pH 8.3)缓冲液的电泳槽内进行电泳，就是不连续的盘状聚丙烯酰胺凝胶电泳。它之所以有很高的分辨率是因为有 3 种效应：浓缩效应、电荷效应和分子筛效应。

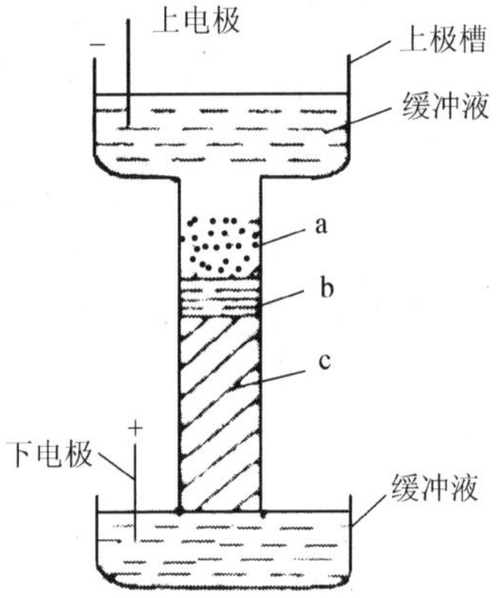

图 2-1-3　不连续凝胶电泳示意图

浓缩效应：样品通过浓缩胶被浓缩成高浓度的样品薄层，甚至有的能浓缩几百倍。为什么样品会在浓缩胶中被压挤成层呢？这是因为样品胶和浓缩胶是用 pH6.7 的 Tris-HCl 缓冲液制成的。电泳时，由于 HCl 解离度大，几乎全部释放出 Cl^-，而在电泳槽中的 Tris-甘氨酸缓冲液是 pH8.3，因为甘氨酸的等电点为 6.0，在电泳过程中，它只有极少数分子(1%～0.1%)解离成 $H_2N-CH_2-COO^-$。一般酸性蛋白质在此 pH 下也解离为带负电荷的离子，但其解离度比 HCl 小，比甘氨酸大。这 3 种离子带有同性电荷，在一定的电场作用下，它们的泳动率是不一样的，而且它们的有效泳动率是按下列次序排列的，即

$$m_{Cl}\alpha_{Cl} > m_{蛋}\alpha_{蛋} > m_{甘}\alpha_{甘}$$

式中，m 为泳动率；α 为解离度；$m\alpha$ 为有效泳动率。

根据有效泳动率的大小，最大的称为快离子，最小的称为慢离子。电泳开始时 3 种凝胶中都含有快离子，只有电泳槽中的缓冲液含有慢离子。电泳开始后，由于快离

子的泳动率最大，在快离子后面就形成一个离子浓度低的区域，即低电导区。电导与电势梯度是成反比的，低电导区就产生了较高的电势梯度，这种高电势梯度使蛋白质和慢离子在快离子后面加速移动，因而在高电势梯度区和低电势梯度区之间形成一个迅速移动的界面。由于样品蛋白质的有效泳动率恰好介于快、慢离子之间，所以也就聚集在这个移动的界面附近，被浓缩成一狭小的样品薄层(图 2-1-4)。

电荷效应：蛋白质混合物在界面处被高度浓缩，堆积成层，形成一狭小的高浓度的蛋白质区带，但由于每种蛋白质分子所带的电荷不同，因而泳动率不同，各种蛋白质就以一定的顺序排列成一个一个的圆盘状蛋白质区带。

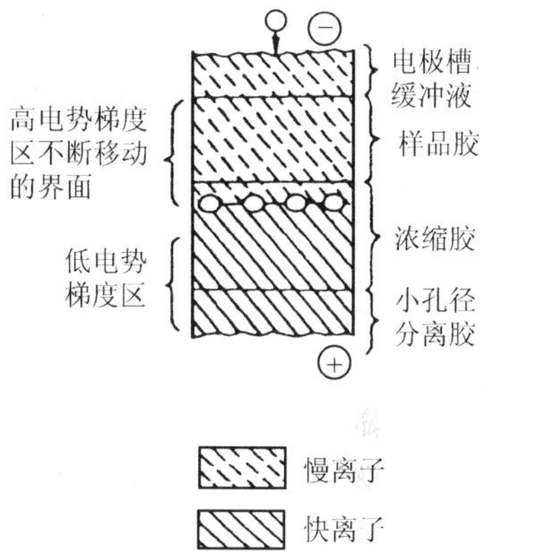

图 2-1-4　不连续电泳浓缩效应示意图

分子筛效应：当蛋白质通过浓缩胶进入分离胶时，由于 pH 和凝胶孔径突然改变(选择分离胶的 pH 为 8.9，电泳时经实际测量为 pH9.5)，使甘氨酸的解离度增大，因而它的有效泳动率也增加，此时甘氨酸很快就赶上并超过了蛋白质分子，这样高电势梯度不存在了，使蛋白质样品进入一个均一的电势梯度和 pH 条件的分离胶中。分离胶的孔径较小，相对分子质量或构型不同的蛋白质通过分离胶时，所受摩擦力为分子筛作用。即使净电荷相似，泳动率相等的蛋白质分子也会由于分子筛效应在分离胶中被分开。

聚丙烯酰胺凝胶电泳除具有分子筛作用以外，还具有下面一些优点：

(1) 聚丙烯酰胺凝胶是人工合成的凝胶，可以通过调节控制单体浓度或单体和交联剂的比例，形成不同程度的交联结构，很容易得到孔径大小、范围广泛的凝胶，所以实验重复性很高。

(2) 聚丙烯酰胺形成的凝胶，机械强度好，弹性大，便于电泳后的一切处理。

(3) 聚丙烯酰胺凝胶是碳—碳的多聚体，只带有不活泼的酰胺基侧链，没有其他离子基团，因而几乎没有电渗作用。并且不与样品相互作用。

(4) 在一定范围内，聚丙烯酰胺对热是稳定的，凝胶无色透明，易于观察，可用检测仪直接测定。

第2章 层析技术

2.1 概　述

层析法(又称色谱法),是利用待分离样本中各组分的物理化学性质的差异,使它们以不同程度分布在所谓的固定相和流动相中,并以不同的速度移动,从而达到相互分离的目的。

固定相一般指支持物中所含的水分子;流动相指洗脱所用的溶剂,也叫洗脱液。洗脱是指用洗脱液冲洗层析柱,使样品中分子量大小不同的组分分离开来的过程。以洗脱液的体积为横坐标,各组分的浓度为纵坐标作图,所得的曲线为洗脱曲线。

层析法有许多种类,常根据两个相(固定相和流动相)的状态和操作方式进行分类(表 2-2-1)。

表 2-2-1　层析法的一般分类

固定相	流动相	操作方式	名　称
固体 { 吸附剂 离子交换剂	液体	柱型	吸附层析 离子交换层析
固体	液体	薄层	吸附薄层层析
液体	液体	柱型	分配层析
液体	液体	薄层	分配薄层层析
液体	液体	纸	纸层析
固体	气体	柱型	气体吸附层析
液体	气体	柱型	气体分配层析

2.2 层析原理

由于混合物中各组分物理性质不同,当把它们处于相互接触的两相中时,不同分子在两相中的分布不同。在固定相中分子受阻不能前进,在流动相中分子则以与流动相相同的速度沿柱流动。即流动相起运载作用,固定相起阻滞作用。

2.2.1 分配平衡

层析过程中,溶质分子既进入固定相,又进入流动相的过程称为溶质的分配过程。分配进行的程度,可用分配系数 K 来表示。

K=溶质在固定相中的浓度(c_s)/溶质在流动相中的浓度(c_m)

不同的层析,K 的含义不同。在吸附层析中,K 为吸附平衡常数;分配层析中,K 为分配系数;离子交换层析中,K 为交换常数;亲和层析中,K 为亲和常数。

K 值大,表示物质在柱中被固定相吸附较牢,在固定相中停留的时间较长,流动相迁移的速度慢,被洗脱液洗脱出来较晚;反之,K 值越小,物质被洗脱出来也越早。所以样品中各种溶质 K 值相差越大,越易得到完全分离。

2.2.2 塔板理论

色谱分离的效果,与色谱柱分离效能(柱效)有关。Martir 和 Syrge 认为,色谱分离的基本原理是分配原理,与分馏塔分离挥发性混合物的原理相仿,因此采用"塔板理论",解释了色谱分离的原理。

每个塔板的间隔内,试样混合物在流动相和固定相中达到平衡,相当于一个分液漏斗。经多次平衡后相当于系列分液漏斗的液体萃取过程。Martir 等把一根色谱柱看成许多塔板。当流动相 A 与固定相接触时,两种溶质按各自的分配系数进行分配。假设甲物质的 $K=9$,乙物质的 $K=1$,则溶质甲有 1/10 流入流动相,溶质乙有 5/10 流入流动相,流动相继续往下移动。A 代表溶解的溶质与没有溶质的固定相第二段相接触,固定相第一段则又接触没有溶质的流动相 B,溶质又继续在两相中进行

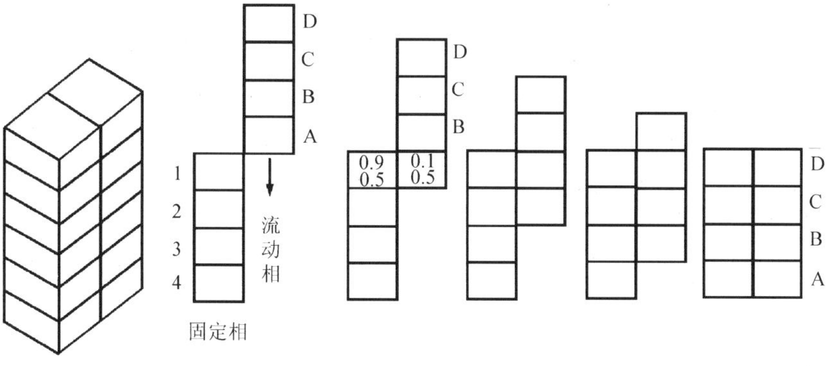

图 2-2-1 塔板理论

A. 物质分配系数=9;B. 物质分配系数=1

分配。如此下移，经过多次分配后。甲物质主要停留在DC层，乙物质主要停留在CB层。若溶质在两相中反复分配数次，由于分配系数不同而被分离(图2-2-1)。

2.3 柱层析法

2.3.1 柱层析装置

柱层析装置如图2-2-2所示。

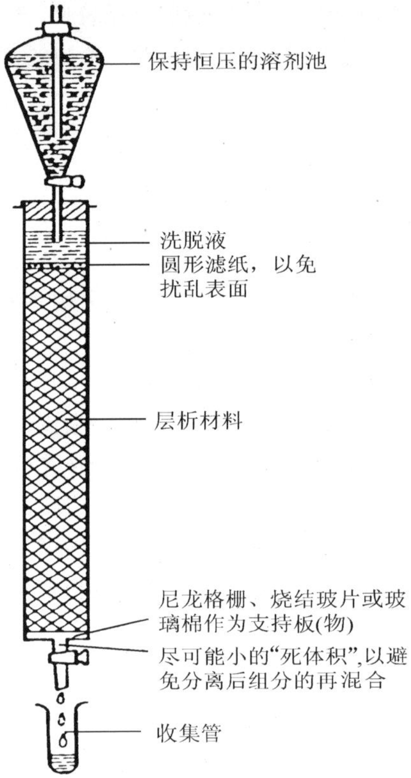

图2-2-2 柱层析装置

(1) 层析柱。用来装柱的柱状器具。一般来说，柱越长，分离效果越好。

(2) 层析材料。即固定相。有多种材料可用做层析材料，如葡聚糖凝胶、离子交换树脂、吸附剂等。在装柱前，这些材料需用溶剂平衡及适当的预处理。

(3) 待分离样品。样品在上样前先溶解于溶剂中，样品溶液的浓度应尽可能高。

(4) 洗脱液。即流动相。适当的洗脱液可把样品中的各组分依次从层析柱上洗脱下来。

(5) 收集管。收集分离出来的各组分。

2.3.2 层析柱的制备

层析柱的制备如图2-2-3所示。

1) 装柱

层析柱的填装是先关闭出口，用溶剂灌注至1/3体积，并使支持板下的腔体积不存有气泡，再慢慢地向溶剂中加层析材料悬浮液，要小心地沿着玻棒倾注以防止气泡存留在柱内。让悬浮液沉淀，并放出过多的溶剂，为了避免分层，最好一次装完，如需分几次填装，则在二次填装前应先在已经沉淀的表面用玻棒搅拌后再倾注。重复这个过程，直至装到需要的高度。用溶剂彻底洗涤层析柱后，使液面降到比层析床表面略高一点，最后覆盖一张圆形滤纸或尼龙布，以免加样时扰乱床表面。

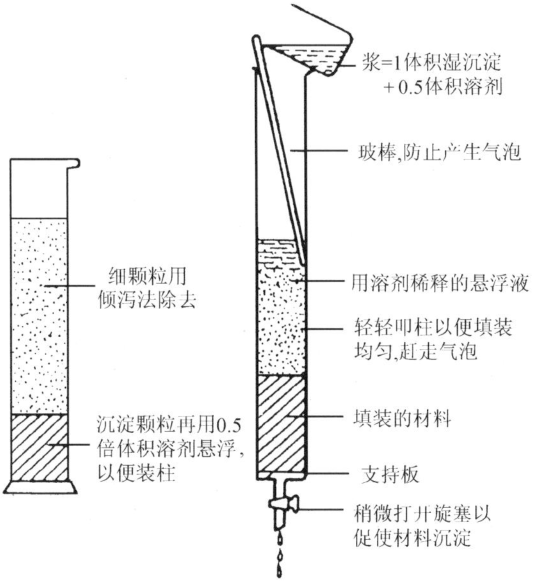

图 2-2-3　层析柱的制备

2）加样

上柱前，先将样品溶解在溶剂里或对洗脱液透析，样品溶液的浓度应该尽可能高些，以减少样品溶液体积，使区带狭窄。将样品仔细加到层析床的表面，打开旋塞至液面与床面平齐，然后连接溶剂池，保持一定高度的液面。

3）洗脱

用适当的洗脱液把各组分依次从柱上洗脱下来。

洗脱法是最常用的方法。使用洗脱法，上柱量不超过总柱容量的 10%，溶剂与柱的相互作用比溶质与柱的相互作用弱，溶剂越过结合的分子，逐渐地将它们从柱上冲洗下来。在冲洗过程中，各组分因为吸附力不同而逐渐分离。在一个组分被洗脱后可以更换洗脱液，这就是所谓的分步洗脱。另外，还有一个可行的方法是逐渐改变溶剂的性质，形成一个离子强度 pH 或极性的递增梯度从而使各组分依次被洗脱，这种方法称为梯度洗脱，它的优点之一是能够减少拖尾现象。

4）分部收集及分析

柱的流出液可以用人工的方法收集到一系列试管中或使用部分收集器。这种装置能使每一管按预定的时间或滴数收集流出液，然后自动移位，下一管再继续收集。洗脱完毕后可选用各种适宜的方法将已收集的许多部分流出液进行定量分析，并画出洗脱物的量对流出液体积的洗脱曲线。

2.4 凝胶过滤层析法

2.4.1 凝胶过滤法的基本原理

用一般的柱层析方法使相对分子质量不同的溶质通过具有分子筛性质的固定相(凝胶),从而使物质分离。

用做凝胶的材料有多种,如交联葡聚糖、琼脂糖、聚丙烯酰胺凝胶、聚苯乙烯和多孔玻璃珠等。现以利用交联葡聚糖分离物质和测定相对分子质量为例说明凝胶层析法的基本原理和应用。

交联葡聚糖(商品名 Sephadex,其技术数据见表 2-2-2)是由细菌葡聚糖(以右旋葡萄糖为残基的多糖)用交联剂环氧氯丙烷交联形成的有三维空间的网状结构物(图 2-2-4)。控制葡聚糖和交联剂的配比及反应条件就可决定其交联度的大小(交联度大,"网眼"就小),从而得到各种规格的交联葡聚糖,即不同型号的凝胶。*G* 表示交联度,*G* 越小,交联度越大,吸水量也就越小。

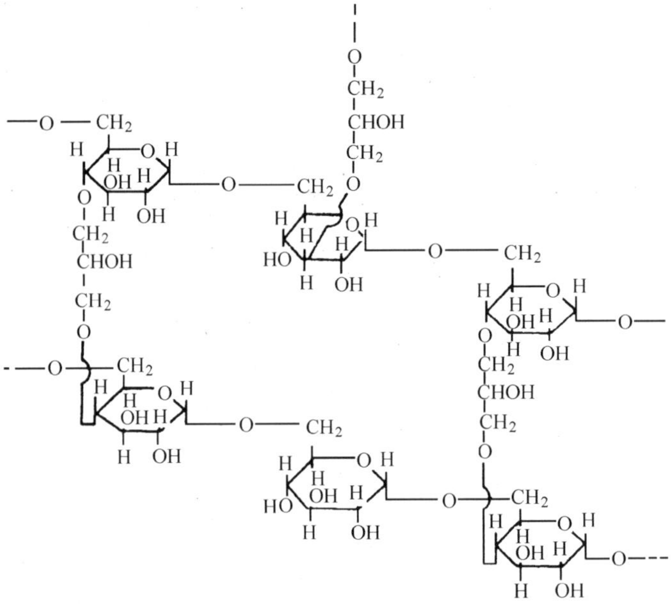

图 2-2-4 交联葡聚糖的化学结构

表 2-2-2　Sephadex 的技术数据

型号	工作范围(M_r)		得水值/	床体积/	最小溶胀时间/h	
	多糖	肽与蛋白质	(g/g 干胶)	(mL/g 干胶)	室温	沸水浴
G-10	<700	<700	1.0±0.1	2～3	3	1
G-15	<1 500	<1 500	1.5±0.2	2.5～3.5	3	1
G-25	700～5 000	1 000～5 000	2.5±0.2	4～6	6	2
G-50	500～10 000	1 500～30 000	5.0±0.3	9～11	6	2
G-75	1 000～50 000	3 000～70 000	7.5±0.5	12～15	24	3
G-100	1 000～100 000	4 000～150 000	10.0±1.0	15～20	48	5
G-150	1 000～150 000	5 000～400 000	15±1.5	20～30	72	5
G-200	1 000～200 000	5 000～800 000	20±2.0	30～40	72	5

把经过充分溶胀的凝胶装入层析柱中，加入样品后，由于交联葡聚糖的三维空间结构，小分子能够进入凝胶，较大的分子则被排阻在交联网状物之外，因此各组分在层析床中移动的速度因分子的大小而不同(图 2-2-5)。相对分子质量大的物质只是沿着凝胶颗粒间的孔隙随溶剂流动，其流程短，移动速度快，先流出层析床。相对分子质量小的物质可以透入凝胶颗粒，流程长，移动速度慢，比相对分子质量大的物质迟流出层析柱。经过分部收集流出液，相对分子质量不同的物质便互相分离(图 2-2-6)。

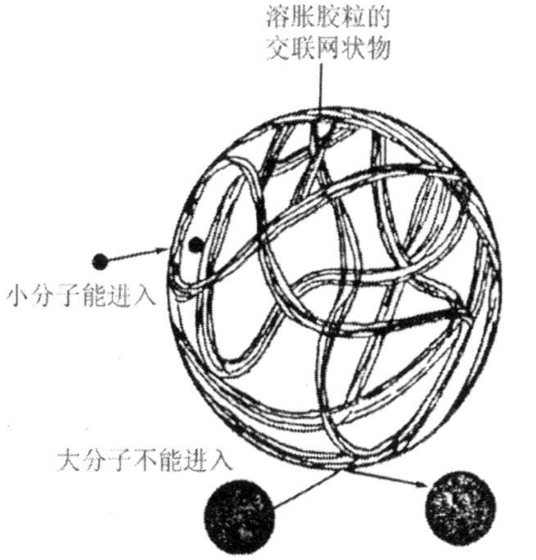

图 2-2-5　凝胶过滤

交联葡聚糖分子含有大量的羟基，极性很强，易吸水，使用前必须用水充分溶胀。1 g 干重凝胶充分溶胀时所需的水量(mL)称为凝胶得水值(W_r)。因为得水值不易测得，故常用溶胀度即床体积来表示凝胶的得水性，其定义是干重凝胶颗粒在水中充分溶胀后所具有的凝胶总体积。

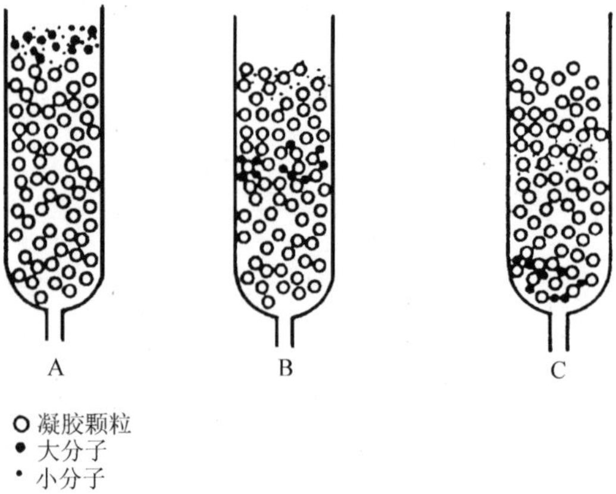

图 2-2-6　凝胶层析原理图

2.4.2　有关数据的计算

凝胶柱的总体积(床总体积)(V_t)＝干胶体积(V_g)＋凝胶颗粒内部水的体积(V_i)＋凝胶颗粒外部水的体积(V_o)(图 2-2-7)。

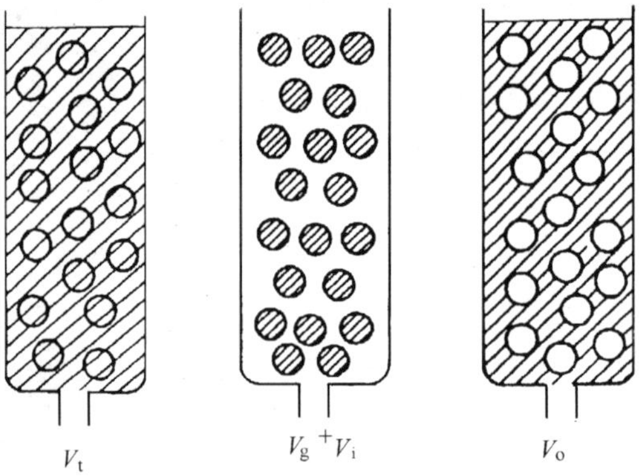

图 2-2-7　V_t，V_i＋V_g，V_o 示意图

$$V_t = V_o + V_i + V_g$$

V_t 可从柱的直径及高度计算。V_o 也称外水体积，常常用一个已知完全排阻的物质来测定，此时其洗脱体积即为 V_o。

V_i 为内部体积或内水体积，可以从凝胶干重 w(mg)和得水值 W_r 计算

$$V_i = w \cdot W_r$$

V_i 也可以从洗脱一个小于凝胶工作范围下限的小分子化合物，如铬酸钾来测定，其洗脱体积等于 $V_i + V_o$。

某一物质的洗脱体积 V_e 为

$$V_e = V_o + K_d V_i$$

K_d 为溶质在流动相和固定相之间的分配比例，每一溶质都有特定的 K_d 值，它与层析柱的几何形状无关。

根据上两式可得

$$K_d = \frac{V_e - V_o}{V_i} = \frac{V_e - V_o}{w W_r}$$

如果分子完全被排阻，则 $K_d = 0$，$V_e = V_o$。如果分子可以完全进入凝胶，那么其 $K_d = 1$，$V_e = V_o + V_i$。通常范围内 K_d 是一个常数，即 $0 < K_d < 1$，有时 K_d 可能大于 1，说明发生了凝胶对溶质的吸附。

溶质的洗脱特征的有关参数（V_e/V_o，V_e/V_t，K_d 及 K_{av}）都与溶质相对分子质量的对数呈线性关系，先洗脱几个已知相对分子质量（M_r）的球蛋白，用 V_e/V_o 对 $\lg M_r$ 作图，然后在同样条件下洗脱未知样品，从其 V_e/V_o 值，在图上即可找出相对应的 $\lg M_r$，从而进一步算出其相对分子质量(图 2-2-8)。

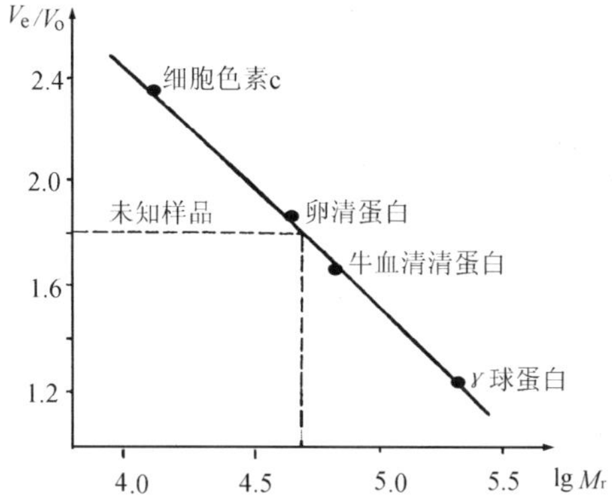

图 2-2-8　洗脱特征与相对分子质量

不同规格的凝胶都有一定的工作范围。一般说，在工作范围内所得的曲线是线性的，超出工作范围就不呈线性。

2.5　气相色谱和高效液相色谱

目前色谱法在技术上比较成熟的仪器有气相色谱仪和高效液相色谱仪两大类。按照固定相的性质及形状，它们都属于柱色谱，就仪器的结构组成来说二者很相似，其主要部分都是由流动相供给系统、分离系统(色谱柱)、检测器和控制、记录系统等组成。

气相色谱虽然具有高分辨率、高速度及高灵敏度等优点,但它只能用于可被气化物质的分离、检测。常压下能够被气化的物质即使加上可以定量地转化为可气化的衍生物的物质,其总的比例只占几百万种化合物的 20%,大部分物质不能被气化,也就无法用气相色谱法进行分离、检测。现代气相色谱仪常与质谱仪相连接,简称气-质联用(GC-MS)。如在质谱仪上再连接电脑,便构成 GC-MS-电脑联用形式,这种应用形式可以在电脑荧屏上显示出混合组分单体的质谱图,经电脑自动在谱库(软件)中寻找,能提供大约 3 种与被测样品极近似的质谱图,这样就使定性分析更方便快捷。另外,如需要气相色谱图中混合物各级分(单体)的相对百分含量,可以在气相色谱图上对所需的峰标上号,电脑会自动打印出所标出的系列峰的相对百分含量表,这样就为定量测定提供了便捷可靠的结果。

液相色谱的样品无需经气化而直接导入色谱柱进行分离、检测,因此特别适用于气化时易分解和不易气化的物质的分离、分析。通常认为有机物质当其相对分子质量小于 400 时,采用气相色谱法分析比较合适;相对分子质量在 400～1000 时,最好采用液相色谱法分离分析;而当相对分子质量大于 1000 时,最好采用凝胶色谱法分离分析。液相色谱和气相色谱两者可形成优势互补,即气相色谱不易分离分析的样品(如生物大分子、离子型化合物、不易挥发物等),可用液相色谱分离分析,反之亦然。

液相色谱不仅在适用范围方面与气相色谱存在差异,而且它们所使用的流动相也各有特点:用做气相色谱的载气一般只有氢气、氮气、氩气和氦气,由于它们的性质相近似,因而对改善分离条件作用极小。但液相色谱使用的流动相主要是有机溶剂,可以配成不同比例的混合溶剂(也可配成不同梯度的混合溶剂),因而混合溶剂的极性、黏性、pH 等方面可根据分离操作的需要人为控制,这给改善分离条件提供了多方面的选择,从而有效地解决了被分离混合物多样性带来的各种困难,并有助于提高分析的灵敏度和精密度。随着 20 世纪 60 年代制造出的能承受高压的高效离子交换树脂柱填料,70 年代生产出的薄壳型硅胶微球及全孔型微球硅胶等高效柱填料,加上紫外和荧光检测器及近几年来电脑技术的联用,液相色谱技术被推到一个崭新的发展阶段。全电脑控制及其能在电脑荧屏上显示出整台高效液相色谱的工作状态,使得高效液相色谱分离技术在速度、效率、灵敏度、重复性等方面都有了极大的提高。

2.5.1 气相色谱仪

气相色谱仪(gas chromatography,GC)具有分离效能高、分析速度快、灵敏度高等特点,能对复杂的多组分混合物进行分析测定,在石油化工、医药卫生、生物化学、环境科学等方面有广泛的应用。

气相色谱仪由气路系统、进样系统、色谱分离柱、检测系统、温度控制系统、数据记录、处理等部分组成。图 2-2-9 是气相色谱仪的结构框图。

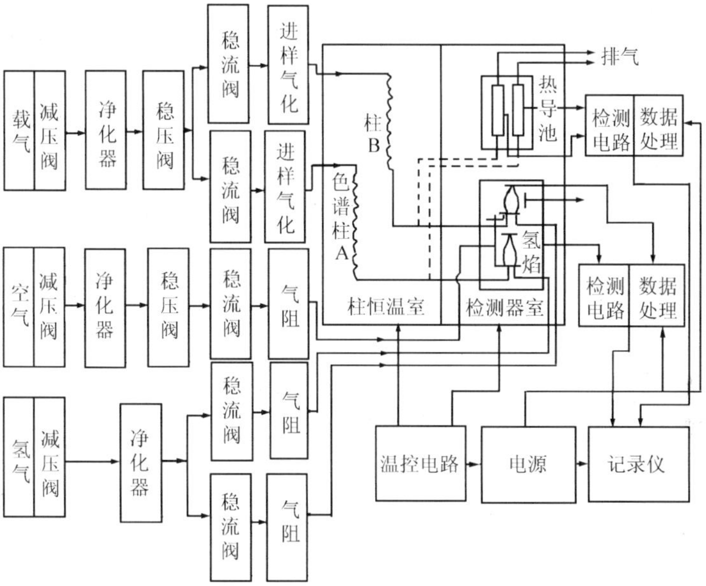

图 2-2-9　气相色谱仪的结构框图

气相色谱仪的工作原理:载气(高压气瓶)经减压阀减压后,经净化器干燥净化,再通过稳压和稳流环节使得流动平稳、洁净,作为流动相进入色谱柱。待气化室、分离柱、检测器温度达到操作所需的温度后,将样品由进样口注入,则气态样品或在气化室被气化了的液态样品被载气(流动相)带入色谱柱(固定相)。样品中各组分在流动相和固定相之间具有不同的分配系数(或溶解度),当其随载气流动时,在两相间进行反复多次的分配,在移动速度上产生差别,从而使各组分达到相互分离,依次流出色谱柱,先后进入检测器。通常,检测器把流入的组分定量地转换成电信号,经放大、处理后送往显示、记录系统,就可得到被测样品各种组分的色谱图。

2.5.2　高效液相色谱仪

高效液相色谱法是以液体洗脱剂作为流动相的色谱分析方法。它是由经典的液相色谱法发展而来的。经典的液相色谱法流动相在常压下输送,速度慢、所用固定相颗粒粗、柱效低、分离时间长。20 世纪 60 年代末期,借助气相色谱的发展,液体流动相改用高压输送,并使用新型固定相,克服了经典液相色谱法的缺点,形成了柱效高、分离速度快的高效液相色谱。

与 GC 相比,高效液相色谱仪(high performance liquid chromatography,HPLC)只要求样品制成溶液而不需要气化,因此,不受样品挥发性的约束。对于挥发性低、热稳定性差、分子质量大的物质尤为有利。在医药、生化方面的应用主要有:分析体内异常代谢物质,药物在体内的代谢,药物的组分含量,药物研制生产质投及分析氨基酸。蛋白质、生物碱、核酸、脂类、维生素、抗生素等。

1. HPLC 仪器结构

HPLC 结构框图如图 2-2-10 所示。HPLC 主要有输液系统、进样系统、分离系统、检测系统、记录系统及控制系统等部分。工作时液体样品由进样器注入后,被来自于高压泵的高压流动相带入装填有固定相的色谱柱,在柱中样品组分得到分离,随后进入一流动式检测器,进行检测、记录。

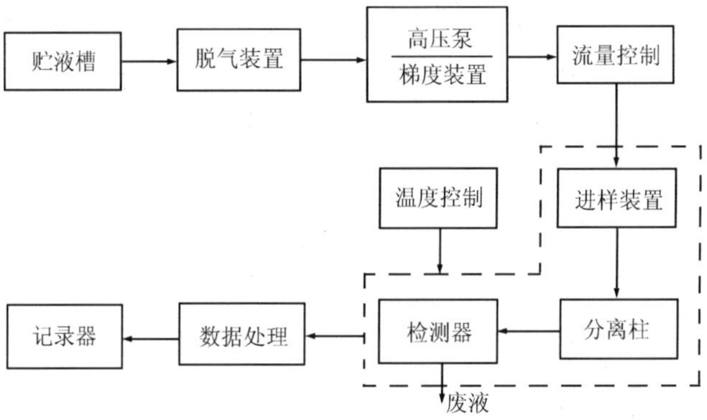

图 2-2-10　高效液相色谱仪结构框架图

2. HPLC 的应用

1) 色谱柱的选择

色谱柱是 HPLC 的心脏部分,常见的有正相、反相、离子交换和凝胶色谱柱等,各有其特点和应用范围。分析样品时,首先应根据分离的目的,样品的性质和量的多少,以及现有的设备条件等选择合适的色谱柱。选择色谱柱可参考如下原则。

(1) 相对分子质量＞2000 的样品,选用凝胶色谱柱;

(2) 相对分子质量＜2000,但同时相对分子质量相差＞10%的样品,选择凝胶色谱柱;

(3) 相对分子质量＜2000 的水溶性电解质:酸性物质用阴离子交换色谱柱,碱性物质用阳离子交换色谱柱;

(4) 相对分子质量＜2000 的水溶性非电解质：选用反相色谱柱，糖类还可用离子交换色谱柱；

(5) 相对分子质量＜2000 的非水溶性物质：弱极性物可用反相色谱柱，极性物用正相色谱柱。

2) 分析与制备

色谱法能把复杂的混合物，通过色谱柱分离成为单一的纯组分，有利于定性、定量分析或制备纯品。

(1) 定性分析。色谱定性分析可做如下工作：①利用已知物的色谱数据定性。在保证得到的各个色谱峰是各组分不相重叠的单峰的前提下，通过与标准物质的色谱图对照，来鉴别是否含有与标准物质相同的成分。②在相同条件下比较保留值。在利用已知物的保留数据与色谱分离所得的组分相比较时，必须是两者的色谱分离条件完全相同，最好是在同一根色谱柱上分离。③利用反应性能定性。利用特定试剂与样品产生化学反应，或通过酶促生化反应观察反应前后色谱峰的变化，从反应的情况鉴定样品中的某一组分，由此而产生色谱分析中的化学衍生法或酶致峰位移色谱技术。④辅助仪器定性：先进的色谱仪可配备用做波长扫描的检测器(如 DAD 等)，在取得色谱图的同时又可得到可见光紫外吸收光谱圈或荧光光谱图，为色谱定性提供了很大的帮助。此外，还可利用联机使用技术(如 HPLC-MS 联用)或将洗脱的组分作四大谱鉴定，这是较理想的鉴定方法。

(2) 定量分析。利用色谱分析可方便地对多组分混合物作定量分析。

(3) 制备。使用大管径的柱管制备色谱柱，可对某些难得的物质作纯品的制备，这对生物医药的研究和生产很有意义。

3) 应用领域

HPLC 以独特优点及其技术的发展，被广泛地应用到化学化工、食品分析、环境分析、天然产物分析等领域的科研和生产部门，在医学、医药方面也起着重要作用。

(1) 医药方面。HPLC 可用于分离分析药物的含量，药物生产中的质控，分析药物在体内的残留量，测定药物在体内的代谢情况等。

(2) 生化方面。可分离分析与生命密切相关的多种物质如氨基酸、肽、蛋白质、核酸、维生素类等。

(3) 临床检验。通过分析人体组织或体液某些特异性物质含量的改变，有助于诊断疾病。

第 3 章　分光光度技术

分光光度法是利用物质所特有的吸收光谱来鉴别物质或测定其含量的技术。分子对各个波长的光吸收程度不同，这是分子的结构特性所决定的。从一个有连续光谱的光源，逐步地分出各个波长的光，使其透过待测物的真溶液，测出其在不同波长时的光密度；然后以波长为横坐标，光密度为纵坐标，就可以得到待测物的吸收光谱曲线；由此找出其中吸收最强的波长，作为灵敏光波长对该物质未知液进行定量测定。

3.1 光学原理

当物质通过加热、放电、射线等方法激发时，可以发出光来。物质所发射的光是具有电磁本质的物质，既有波动性，又有微粒性。

光波具有一定的频率。不同单色光的颜色不同，即因其频率不同所致。不同频率的光波在真空中的传播速度相同。根据光的速度（c）和频率（ν）可计算出它的波长（λ）。

$$\lambda = c/\nu$$

把电磁波按频率大小，从频率最小的无线电波到频率最大的 γ 射线排列，即为电磁波的波谱(图 2-3-1)。

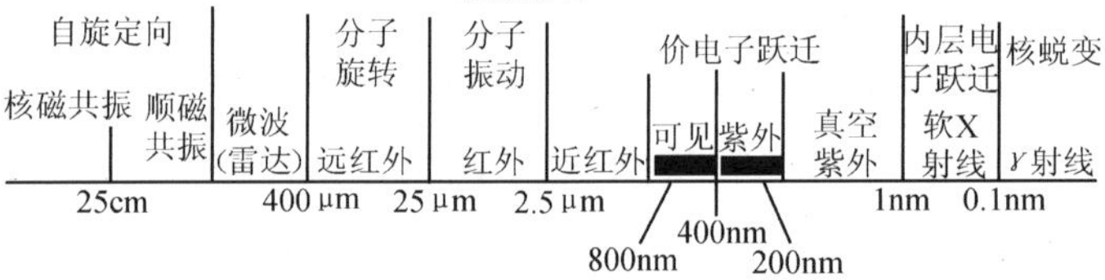

图 2-3-1　电磁波谱

当光线通过某种物质的溶液时，透过光的强度会减弱。因为它分成了三个部分：一部分光在溶液的表面反射或分散，一部分被组成此溶液的物质所吸收，其余便是透过光的强度(图 2-3-2)。即：入射光＝反射光＋分散光＋吸收光＋透过光。

“空白”校正：在检测过程中，若用蒸馏水或待测溶液的溶剂作为“空白”校正反射、分散等因素所造成的入射光的损失，则：入射光（I_0）＝吸收光＋透过光（I）

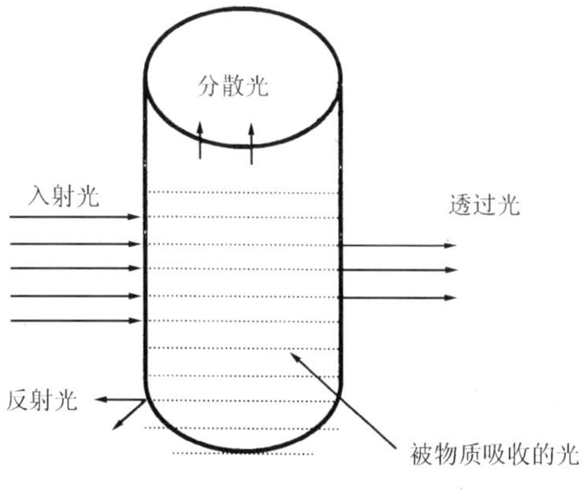

图 2-3-2　一束光透过溶液时的状况

3.2　Lambert-Beer 定律

同一束光,在同样条件下(相同的比色杯、同样的温度条件等),透过“空白”管的光强度和透过待测溶液后的光强度之比即为透光度百分比(T),即

$$T(\%) = 样品透光度/“空白”透光度$$

此时,“空白”管透过光强度是样品真正的入射光强度,已消除了各种干扰因素。

那么,光密度(D)代表什么呢? D 表示的是光被吸收的程度,它与透光度百分比 T 的关系是 $D=\lg(1/T)$ 。在实际应用中,一般多采用光密度来表示光的吸收程度。

实验证明:当一束单色光通过透明溶液时,一部分波长的光被溶液吸收,在一定的溶质浓度范围内,被吸收光波的量与溶液中的溶质浓度成正比,即光密度值与溶液浓度成正比,这就是 Beer 定律。为

$$D = Kc(K 是比例常数, c 是溶液浓度) \quad (1)$$

此外,D 值还与光通过该溶液的距离有关,即光通过溶液的距离越长,则光被吸收越多,D 值也越高,这就是 Lambert 定律。为

$$D = KL(L 代表光通过溶液的距离) \quad (2)$$

综合式(1)和式(2),即得 Lambert-Beer 定律

$$D = KcL(K 为消光系数) \quad (3)$$

在实际应用中,可以根据 Lambert-Beer 定律,分别测定一种已知浓度溶液的光密度和同一溶质的未知浓度溶液光密度,来求出未知溶液的浓度。即

$$D_1 = K_1 c_1 L_1, D_2 = K_2 c_2 L_2$$

$$D_1/D_2 = (K_1 c_1 L_1)/(K_2 c_2 L_2)$$

对于相同溶质的溶液和相同规格的比色杯，$K_1 = K_2$，$L_1 = L_2$，即

$$D_1 / D_2 = c_1 / c_2 \tag{4}$$

从式(4)就可以算出未知溶液 c_2 的浓度。

3.3 分光光度计的基本构造

分光光度计根据使用的波长范围不同，可分为紫外光区、可见光区和红外光区的分光光度计。它包括5个基本部件：光源、单色器、吸收池、检测器和测量仪表(图2-3-3)。

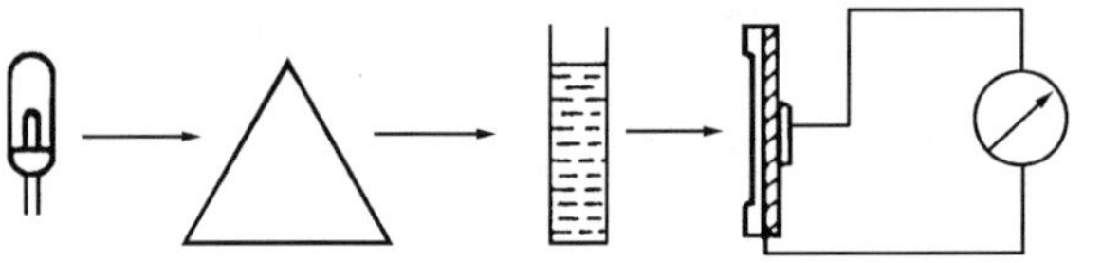

图 2-3-3　分光光度计基本结构

1. 光源

分光光度计上常用的光源有两种：钨丝灯和氢灯。钨丝灯能发出400～760 nm波长的光谱，在近紫外光区、可见光区和近红外光区常用钨丝灯作为光源。氢灯能发出185～400 nm 的光谱，可作为紫外光分光光度计的光源。因玻璃吸收紫外光，所以氢灯的泡壳用石英制成。

2. 单色器

单色器是把混合光波分解为单一波长光的装置。常用棱镜或光栅作为色散原件(图2-3-4)。

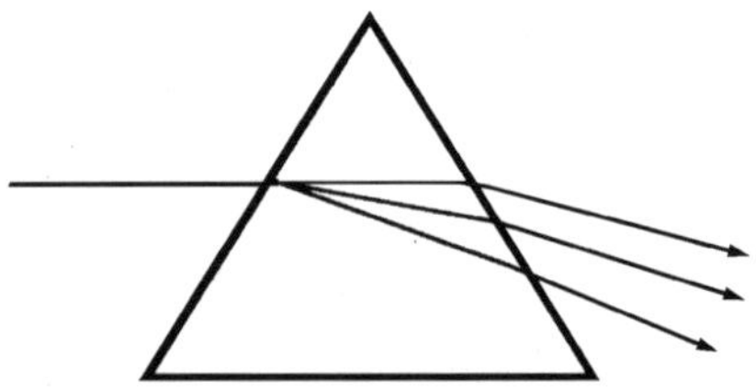

图 2-3-4　棱镜分光器

在光源照到棱镜或光栅以前，一般先经过一个入射狭缝，再通过平行光镜使成为平行光束投到棱镜上；透过棱镜的光再经过另一聚光镜，在此聚光镜的焦面内可得一清楚的光谱图；再在焦线处放一转动棱镜使光谱移动，就可以从出射狭缝射出所需的单色光(图 2-3-5)。

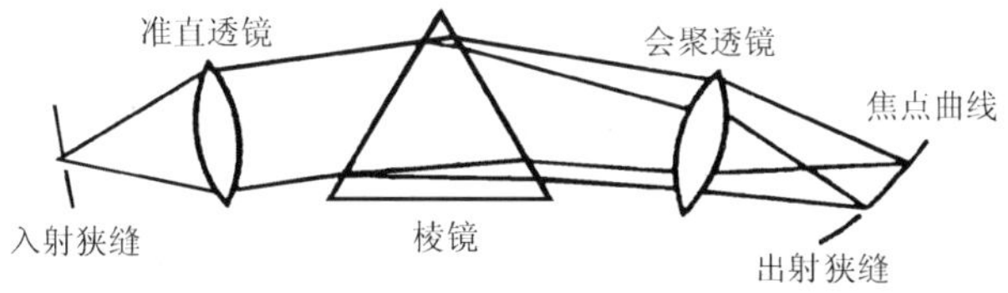

图 2-3-5　棱镜单色器

3. 吸收池

吸收池即比色杯(皿)，是用来盛被测的溶液，一般用玻璃、石英或熔凝石英制成。在低于 350 nm 的紫外光区，必须采用石英杯。

关于吸收池，有几点需要注意：一是吸收池必须与光束方向垂直，以减少因空气和玻璃接触面的反射而损失的光；二是比色杯的质料和厚度等规格应完全相同以免产生误差；三是比色杯的内外都必须保持清洁以免影响其透光性。

4. 检测器

常用的检测器包括光电池、光电管和光电倍增管。以光电管为例说明其原理：光电管由封装在真空透明封套里的一个半圆柱形阴极和一个丝形阳极组成。阴极凹面有一层光电发射材料，经光照射可发射电子。当在两极间加有电位时，发射出来的电子就流向丝形阳极而产生光电流。由于光电管有很高电阻，所以产生的电流容易放大。

5. 测量装置

常用的有电流表、记录器和数字示值读数单元等。

3.4　紫外可见光分光光度计

分光光度计具有分析精密度高、测量范围广、分析速度快和样品用量少等优点，已经成为理化分析的重要仪器之一。要从远紫外到远红外的宽广波段内获得任一所震波段的吸收光谱已经不是一件太困难的事，但是，迄今为止仍然没有一台分光光度计的工作波段可以覆盖整个光谱范围。习惯上,将工作范围在200～780 nm的分光光计称为紫外可见光分光光度计。

紫外可见光分光光度计就其基本结构来说,都是由光源、单色器、吸收池、检测器和信号显示系统5个部分组成。

1. 光源

光源可提供分光光度计工作所需的连续光谱。为获得准确的分析数据,光源的强度应保持不变,特别是采用单光束的分光光度计,对光源的稳定性要求更高。通常采用对光源稳压供电的方法来维持光源强度的稳定。常用的光源有氢灯及钨灯两类,在紫外区(200～380 nm)使用氢灯;在可见光区(380～780 nm)使用钨灯。有些仪器可以在340～400 nm之间自动换灯。

2. 单色器

单色器主要由色散元件和狭缝组成。常用的色散元件是棱镜和光栅。当复色光通过棱镜或光栅时被分解成光谱,通过放在光谱适当位置上的狭缝,即可分出所需的单色光。如果将狭缝的位置固定,则可转动棱镜或光栅,使所需的单色光通过狭缝射出。通过适当的波长读数机构可以读出当时射出的单色光波长值。由于狭缝总有一定的宽度,放射出的单色光并非严格的单一波长的真正“单色光”,而总是一条包含很狭波长范围的光带。

3. 吸收池

吸收池是装被分析溶液的容器,其形状通常为长方形和试管形两种。吸收池的材料视不同光谱区而异,在可见光区使用玻璃吸收池,在紫外区使用石英吸收池。若跨两个光区则使用石英吸收池。

4. 检测器

检测器主要由光电转换器件和讯号放大器组成。光电转换器件的功能是将谱线的光信号转变为电信号,以便讯号放大器对其进行放大、转换、处理、伺服控制等工作。紫外可见光分光光度计常用的光电转换器件有光电管、光电二极管和光电倍增管。

5. 信号显示系统

紫外可见光分光光度计一般多采用数字显示、自动记录仪、CRT显示、打印输出等。许多型号的紫外可见光分光光度计内置微型计算机,除对仪器进行操作控制外,还可进行数据处理等工作。

3.5 荧光分光光度计

所谓荧光分析,就是利用某些物质被光照射后,能够发出反映该物质特性的荧光,以进行物质的定性分析或定量分析。荧光分光光度计就是利用荧光的这一特性进行物质分析的仪器。

荧光分光光度计的主体设计是以荧光发射机制为根据的,为了说明荧光分光光度计的工作原理,简单介绍荧光发射机制。

3.5.1 荧光分析的基本原理

在室温下,绝大部分物质分子中的外层电子处于电子基态,即能量最低状态。当外界有能量激发,物质的分子吸收了外界的能量后,处于基态的电子就有可能被激发,而跃迁到能量较高的激发态上,并同时得到分子吸收光谱。这个外界激发能量可以是热能、化学能、电能和光能等。处在激发态的电子是不稳定的,它们会自动回到较低能级或基态。在整个跃迁过程中,分子将多余的能量以电磁波形式辐射出来。如果此时外界的激发能是以光照射的形式给予的,那么这种由于光的照射而引起的发光称为光致发光。

根据光致发光余晖时间的长短分为荧光和磷光两类。物质的发光随着激发光的消失而立即消失的称为荧光,若发光仍能持续一段时间的则称为磷光。相应的物质分别称荧光物质和磷光物质。

3.5.2 荧光分析的应用

1. 无机分析

在紫外辐射下能发生荧光的无机离子很少,因此应用无机离子自身的荧光来进行测定的为数不多。无机化合物的荧光分析法可分为直接法、荧光熄灭法和催化荧光法。

直接荧光测定法是利用金属离子或非金属离子与有机荧光试剂形成能发生荧光的络合物,在紫外辐射下测量组合物发射的荧光强度从而进行定量分析的方法。能采用这种方式测定的元素已有 Al、Au、B 等 60 余种。

荧光熄灭法是基于某些无机离子不能形成荧光络合物,但它可以从金属-有机试剂荧光络合物中夺取金属或有机试剂,形成更稳定的络合物或难溶的化合物,使金属-有机试剂络合物溶液的荧光强度降低,测量荧光强度减弱的程度来确定该无机离子的含量。

某些无机离子虽然能形成荧光络合物，但由于反应速度很慢或产生的荧光微弱而难以测定。可是，在微量金属离子催化作用下反应迅速进行，可由在给定时间内测定荧光强度来测出该金属离子的浓度。相反，某些微量金属离子可阻止荧光物质的生成或促进荧光物质转换为非荧光物质。根据荧光熄灭效应在给定时间内测定荧光强度降低的程度，从而测出该金属离子的浓度，这种方法称为催化荧光法。

2. 有机分析

有机化合物是荧光分析应用最为广泛的领域之一，相当多的有机化合物可直接或间接地进行荧光分析。例如，脂肪族有机化合物的荧光分析；丙三醇的荧光分析；有机酸和糖类可与有机试剂生成荧光物质而进行荧光度的测定；芳香族有机化合物的分析；芳香族羟基化合物与水杨酸反应生为脘类化合物，在紫外辐射下产生荧光的分析等。

3. 生化分析

生物化学是荧光分析另一应用最广泛的领域。大量具有生物意义的物质，如氨基酸、蛋白质、酶和辅酶、嘌呤、嘧啶、核酸和维生素 B、维生素 C、维生素 D、维生素 E、维生素 K 等均可用荧光或磷光光谱仪有效地进行分析测定。

4. 医药方面的应用

荧光分析在医药方面的应用形式很多，包括膜结构和功能的研究、抗体形态的确定、生物分子的异质性研究、药物相互作用的评价、酶活性和反应的测定、荧光免疫分析和体内化学过程的监测等。在药物检测方面，荧光分析应用也相当广泛，抗疟药、抗生素、抗结核、止痛药、麻醉药、强心药、止血药和抗高血压药等药物可直接或间接用荧光光谱仪检测。荧光和磷光光谱分析还可方便地用于致癌物质的检测，如多种稠环芳香化合物等。

5. 其他方面的应用

荧光分析在其他很多领域还有广泛应用，如劳动卫生保护、环保、食品工业、轻纺工业、商检、考古、材料科学、能源工业、农林业和土壤学及探矿和冶金方面等。

3.6 酶 标 仪

酶标联免疫吸附试验(ELISA)简称酶标法，是 20 世纪 70 年代发展起来的较先进的一种免疫学试验方法。它具有敏感性强、特异性高、重复性好、安全可靠、操作快捷等优点，被广泛应用于医药卫生、工农业等诸多领域。

酶标仪即酶联免疫检测仪(ELISA reader)是酶标联免疫吸附试验的专用仪器。可简单地分为半自动和全自动两大类,但其工作原理基本上都是一致的,其核心都是一个比色计,即用比色法来分析抗原或抗体的含量。ELISA 测定一般要求测试液的最终体积在 250 μL 以下,用一般光电比色计无法完成测试,因此对酶标仪中的光电比色计有特殊要求。

3.6.1 酶标联免疫吸附试验方法

酶标联免疫吸附试验方法简称酶标法,是标记技术中的一种,是从荧光抗体技术、同位素免疫技术发展而来的一种敏感、特异、快速并且能自动化的现代技术。

酶标法的基本原理是将抗原或抗体与酶用胶联剂结合为酶标抗原或抗体,此酶标抗原或抗体可与固相载体上或组织内相应抗原或抗体发生特异反应,并牢固地结合形成仍保持活性的免疫复合物。当加入相应底物时,底物被酶催化而呈现出相应反应颜色。颜色深浅与相应抗原或抗体含量成正比。

由于此技术是建立在抗原-抗体反应和酶的高效催化作用的基础上,因此,酶标法具有高度的灵敏性和特异性,是一种极富生命力的免疫学试验技术。

3.6.2 酶标仪的工作原理及结构

酶标仪实际上就是一台变相的专用光电比色计或分光光度计,其基本工作原理与主要结构和光电比色计基本相同。

图 2-3-6 是一种单通道自动进样的酶标仪工作原理图。光源灯发出的光波经过滤光片或单色器变成一束单色光,进入塑料微孔板的待测标本中。该单色光一部分被标本吸收,另一部分则透过标本照射到光电检测器上,光电检测器将这一随待测标本不同而强弱不同的光信号转换成相应的电信号。电信号经前置放大、对数放大、模数转换等信号处理后送入微处理器进行数据处理和计算,最后由显示器和打印机显示结果。

微处理机还通过控制电路控制机械驱动机构 X 方向和 Y 方向的运动来移动微孔板,从而实现自动进样检测过程。而另一些酶标仪则是采用手工移动微孔板进行检测,因此省去了 X、Y 方向的机械驱动机构和控制电路,从而使仪器更小巧,结构也更简单。

微孔板是一种经事先包理专用于放置待测样本的透明塑料板,板上有多排大小均匀一致的小孔,孔内都包埋着相应的抗原或抗体,微孔板上每个小孔可盛放零点几毫升的溶液。其常见规格有 40 孔板、55 孔板、96 孔板等多种,不同的仪器选用不同规格的孔板,对其可进行一孔一孔的检测或一排一排的检测。

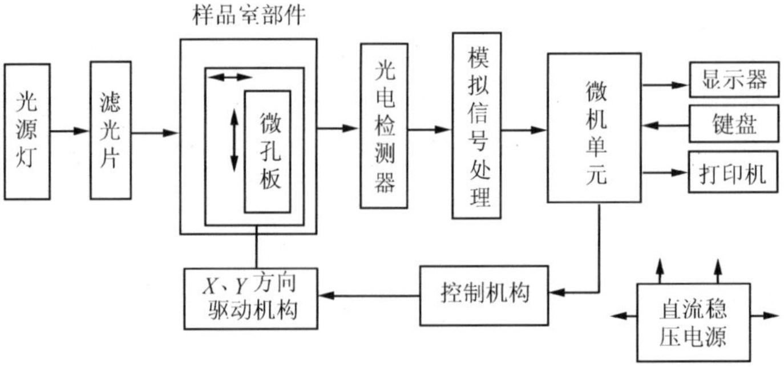

图 2-3-6　单通道自动酶标仪工作原理

酶标仪所用的单色光既可通过相干滤光片来获得，也可用分光光度计相同的单色器来得到。在使用滤光片做滤波装置时与普通比色计一样，滤光片既可放在微孔板的前面，也可放在微孔板的后面，其效果是相同的。图 2-3-7 便是目前常用的酶标仪光路系统图。光源灯发出的光经聚光镜、光栏后到达反射镜，经反射镜作 90°反射后垂直通过比色溶液，然后再经滤光片送到光电管。

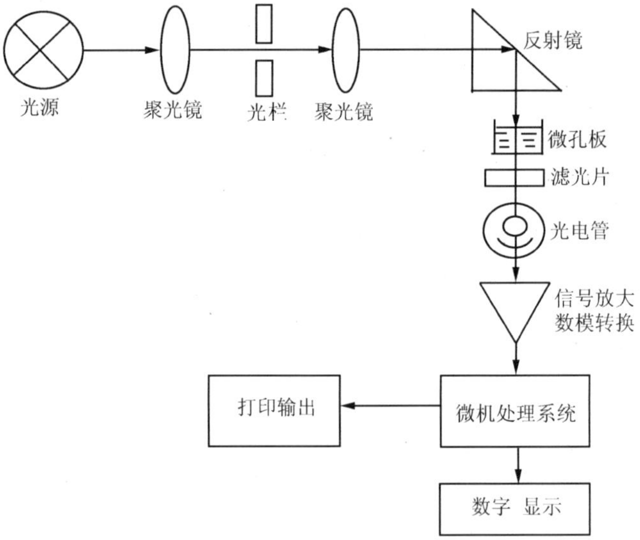

图 2-3-7　酶标仪光路系统图

从酶标仪的工作框图和光路图上可以看出，它和普通的光电比色计有以下几点差异：

(1) 盛装待测比色液的容器不再使用比色皿，而是使用塑料微孔板。微孔板常用透明的聚乙烯材料制成，对抗原抗体有较强的吸附作用，故用它作为固相载体。

(2) 由于盛样本的塑料微孔板是多排多孔的，光线只能垂直穿过，因此酶标仪的光束都是垂直通过待测溶液和微孔板的，光束既可从上到下，也可从下到上穿过比色液。

(3) 酶标仪不仅用 A，有时也使用光密度 OD 来表示吸光度。

酶标仪可分为单通道和多通道两种类型，单通道又有自动和手动两种之分。自动型的仪器有 X、Y 方向的机械驱动机构，可将微孔板 L 的小孔一个个依次送入光束下面测试，手动型则靠手工移动微孔板来进行测量。

在单通道酶标仪的基础上又发展了多通道酶标仪，此类酶标仪一般都是自动化型的。它设有多个光束和多个光电检测器，如 12 个通道的仪器设有 12 条光束或 12 个光源、12 个检测器和 12 个放大器，在 X 方向的机械驱动装置的作用下，样品 12 个为一排被检测。多通道酶标仪的检测速度快，但其结构较复杂，价格也较高。

第 4 章　离心分析法

离心分析技术是研究细胞或生物大分子结构、功能必不可少的一种物理技术手段。下面简要介绍其基本原理和主要类型。

4.1　离心机基本原理

4.1.1　相对离心力

溶液中的颗粒一般被悬浮在一种特殊的液体介质中，盛有这种介质的管子被放置在离心机的转头内，转头的中央位于离心的转轴上，当离心机转动时就会产生强大的离心力场。利用这种强大的离心力，就可以研究分子的沉降行为。

离心机离心时转动的速度 v 可用"转/分钟"(r/min)来表示。优点是简便直观，缺点是不能完全表达出离心过程中离心转头中的样本颗粒所受的相对离心力。

相对离心力的表示方法：根据"在稳定角速度下作圆周运动的任何物体都受到一个外向的离心力(F)"的原理，这种力的大小取决于转头的角速度(ω, rad/s)和颗粒离转轴的辐射距离(r, cm)。

$$F = \omega^2 r \tag{1}$$

其中，F 常用地球引力来表示，称为相对离心力(RCF)。RCF 以重力加速度 g (980/s)的倍数来表示。

$$\mathrm{RCF} = \omega^2 r/980 \tag{2}$$

离心机的转动速度与 RCF 的关系可用下列方法求得。

因每分钟的转数可转换为弧度：$\omega = \pi v/30$　(3)

把式(3)代入式(2)得

$$\mathrm{RCF} = (1.119 \times 10^{-5})\, v^2 r \tag{4}$$

4.1.2　沉降系数

对于一个在迅速旋转的转头中的溶液，其溶质分子有三种力作用于它(暂且忽略分子所受到的来自四周的无规则推拉)：① 转头与角速度旋转，分子将受到一个离心力；② 分子运动置换了一些溶液，产生的浮力；③ 由于上述的力，分子获得一个穿过溶液的速度，则会受到黏滞阻力的影响，产生摩擦力。

根据阿伏伽德罗方程式，作用于 1 g 分子溶质上的总离心力为

$$\varphi = M(1 - V\rho)\omega^2 x \tag{1}$$

式中，M 为溶质的摩尔质量；V 为溶质的微分比；ρ 为介质的密度；x 为溶质分子离开旋转轴心的位移。溶质分子在沉降过程中，受到介质的摩擦阻力为

$$F = f \cdot \mathrm{d}x/\mathrm{d}t \tag{2}$$

式中，f 为溶质的克分子摩尔系数；$\mathrm{d}x/\mathrm{d}t$ 为沉降速度。

随着溶质分子沉降速度的增加，介质的黏滞阻力也同时增加，经过一个很短的加速过程，溶质分子所受到的离心力即为相反方向的摩擦阻力所平衡，故

$$f \cdot \mathrm{d}x/\mathrm{d}t = M(1 - V\rho)\omega^2 x \tag{3}$$

移项后为

$$M(1 - V\rho)/f = (\mathrm{d}x/\mathrm{d}t)/\omega^2 x$$

当达到稳态时，作用于溶质分子上的净力将为零，溶质分子将以恒速沉降。在单位离心力场中溶质分子的沉降速度为

$$\mathrm{d}x/\mathrm{d}t = S\omega^2 x \tag{4}$$

式中，S 称为沉降系数，其单位为 s。

4.2 离心机的分类

目前离心机种类很多，就其用途可分为分析式和制备式两大类。分析式的离心机主要用于观察、分析、物质微粒在离心时的运动情况，从而测定该物质的一些相关物理特性，如沉降系数 S、扩散系数 D、物质质量 m 等。制备式离心机则主要用于对不同密度、不同形态的物质微粒进行分离提纯。有的分析式离心机可兼作制备式离心机使用。

制备式离心机按其转速（机器额定的最高转速）高低可分为低速离心机、高速离心机和超速离心机 3 种类型。一般习惯上把每分钟转速在 1 万转以下的离心机称为低速离心机，每分钟在 1 万～2.5 万转的称作高速离心机，而每分钟在 2.5 万转以上的叫超速离心机。

离心机的主要结构大体相似，但随机器种类不同，其构造也具有一定的差异。一般来讲，转速愈高，其构造也愈复杂。而分析式离心机比制备式在结构上又要复杂一些，主要是增加了光学测试、照相或打印和绘图装置。

4.3 离心机的结构

4.3.1 普通离心机的结构

普通离心机是由电动机、转头或转盘、调速器、套桶与底座构成。电动机是离心

机的主体，一般采用串激式电动机，它包括转子和定子两部分。定子由机座、定子铁芯和磁场绕组组成。定子铁芯的内壁上有两个喇叭形突起部分，其上各绕有一个磁场线圈，当线圈通有电流时，便形成两个集中式的磁极。转子由转子铁芯、转子绕组、整流子和转轴组成。转子铁芯被固定在转轴上，铁芯外壁上开着许多直的或斜的槽口，槽口内嵌入多组线圈（转子绕组），每组线圈的两端引出线分别与整流子上两块相邻的铜片相接。整流子是由许多块相互绝缘的铜片组成，两个电刷与整流子相接触，电流通过电刷经整流子流入转子线圈。两个碳刷分别由小弹簧压入刷握内，能与整流子保持良好的接触。刷握装在下底端盖上，碳刷与端盖互相绝缘。串激式电机有很大的启动转矩，转速大小随意可调，但与负载有关。负载加大转速下降，空载时转速很高，因此，一般要求加负载使用。无特殊需要，不可将离心机转头卸掉。调速器分多抽头变阻器、瓷盘可变电阻器及改变碳刷位置等多种形式。前两种是串接在电动机电路上，通过手动调节达到控制电动机转速的目的（图 2-4-1）。

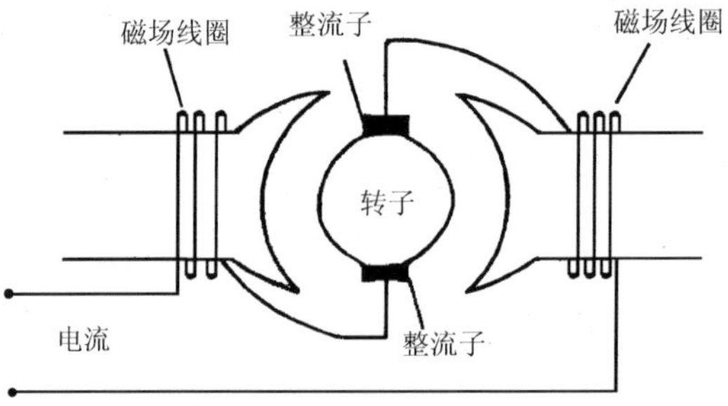

图 2-4-1　串激式电动机

离心机转头常用铸铝制成，呈锥形，中间有一圆孔，用螺帽紧固在电动机上端的转轴上。转盘上有 6～12 个对称的 45°斜孔，以放试管。离心室上方有一盖板，用以减小运行时产生的噪声和空气阻力及保证安全。

4.3.2　高速、超速（冷冻）离心机

高速、超速（冷冻）离心机的最高转速分别为 10 000～20 000 r/min 及 50 000～90 000 r/min。最大相对离心力 RCF 在 60 kg 左右，能使亚细胞分级分离，并可用于测定蛋白质及核酸的相对分子质量。这类离心机的结构通常是由驱动系统、速度控制系统、温度控制系统、真空系统、离心室、离心转头等部分组成。

1. 驱动系统

制备式超速离心机的驱动方式很多，常用的有以下几种。

(1) 高速电机——齿轮加速。大多数超速离心机的驱动系统是由水冷电动机通过齿轮箱中的精密齿轮与转轴连接构成。齿轮加速是用一台20 000 r/min左右的高速电动机作动力,通过齿轮变速得到数万转的超速,由转轴带动转头运转。转轴在旋转时要求能承受较大的扭力,因此,其制造材料都是采用优质钢材。为减小机器运行时的噪声和振动,齿轮箱内的齿轮大都采用非金属材料制作,并和电机的齿轮咬合,具有一定的齿数比,以提高转头的转速。在运行过程中需要对齿轮进行良好的冷却和润滑保养,以减少元件磨损,延长其使用寿命。

(2) 高频电机直接驱动。由于交流电机的转速与电源的频率有直接关系,因此出现了高频电机。此类电机转速由电源的频率控制,可直接获得数万转的超速。这种电机体积小可直接放入离心室内,既减小了运行噪声,又提高了电机的寿命达160亿转。

(3) 油透平驱动。油透平驱动又称为油涡轮型驱动,是利用高压油喷向涡轮使其旋转,然后推动驱动轴和转头旋转。它是超速离心机的早期机型,主要适合需要长时间离心的平衡离心及定向操作的某些区带离心。使用寿命最长可达200亿转。

2. 速度控制系统

超速离心机对运转速度的稳定度要求很高,一般要求误差<±1%。多数超速离心机利用变阻器和带有转速计的控制器来选择转头的速度,但变阻器的指针和转速计的读数并非十分准确。获得高精确转速值的最好方法,是利用一个秒表和仪器的转速计测定1～10 min的实际转数。

电机齿轮型超速离心机的速度自动控制系统,是一个以负反馈为基础的电子自动控制系统。它包括标准电压、速度调节器、电流调节器、功率放大器、电动机及速度传感器等6部分(图2-4-2)。

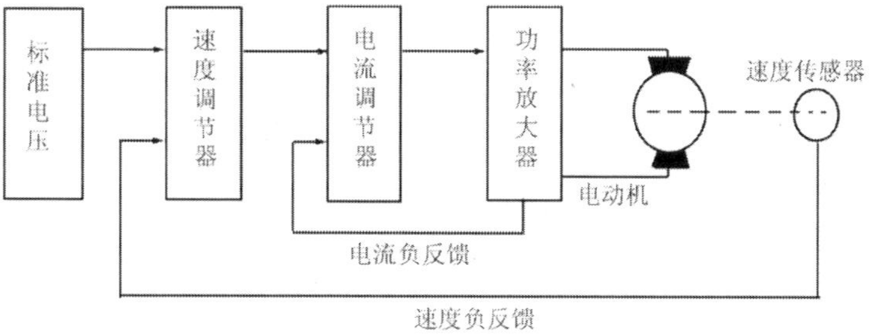

图2-4-2　速度控制系统框图

除速度控制系统外,还有过速保护系统,以防超过转头最大规定转速引起转头的撕裂或爆炸。为此，通常将转头室用一种能承受此种爆炸的特种钢板密闭。过速保护系统由3部分组成：①在转头底部装一个表面明暗相间的测速环；②光电池；③一个小而强的点光源。点光源的光被测速环的反光部分反射到光电池，由于转头的旋转，反光条纹与非反光条纹交替通过切割光束，从而在光电池输出电路上形成与转速成函数关系的脉冲信号。将此脉冲信号频率与标准参考脉冲相比，如果转头产生的脉冲频率超过参考频率，离心机就自动停车，从而起到过速保护作用。

3. 真空系统

离心机在空气中运转时要受到空气的摩擦阻力，对于低速离心这个问题并不明显，但对于超速离心机来讲，由于转速很高，空气的摩擦作用将明显增大，当转速超过40 000 r/min时，摩擦力会使转速的提高和转头的恒温成为严重问题。为此超速离心机都装有真空系统，将离心腔密封并抽成真空消除空气造成的摩擦阻力，以保证离心机达到所需的正常转速。

目前常用的国产旋片式真空泵，装有电磁式真空放气阀，可防止泵不工作时被室内负压作用使泵内油被吸出。该泵抽气口改装成二路抽空，既维持室内一定真空度要求，又使超速转动时油封处被破坏的油膜不进入内室而令其回到真空泵中，泵内多余的油自动流入油箱。该系统带有真空测量仪表，可以随时进行读数。当离心机速度下降到一定转速时，该系统又自动充入空气恢复常压，逐渐停止转动。

离心机转速在30 000～50 000 r/min时选用机械真空泵，真空度在13.33～26.66 Pa；转速高于50 000 r/min时，选用油扩散泵加机械泵抽真空，真空度在0.133 Pa以上。高速离心机为减小功耗、保证转速，目前也有些产品采用部分抽真空。

4. 温度控制与制冷系统

温度的高低对微粒的沉降速度影响较大，许多生物样品需要在较低的温度下进行分离。目前超速离心机的温度控制多采用非接触的辐射装置，即在转头下面安装红外线传感器连续监测转头的温度，可使其温度控制精度达到1℃。一般高速离心机的温度控制是在转头安装一热电耦，以便监测转头的温度。

制冷压缩机采用全封闭式，由压缩机、冷凝器、毛细管和蒸发皿4部分组成。为了降低噪声，冷凝器常采用水冷式，氟里昂(F-12)作制冷剂。控温仪采用接触式热敏电阻作为感温元件，使用很方便，在测量仪表上既可选择温度，又可读出其温度控制值。为了充分发挥制冷效果，最佳环境温度为5～20℃，此时的离心室温度控制在(0±2)℃。若环境温度过高，大于35℃，高速或超速离心机则无法正常工作。

超速离心机对制冷系统的要求是动作反应快，功率大。与普通冰箱制冷不同之处是它常在压缩机后的高压排出口和蒸发器之间加一电磁阀，这样可使制冷剂有控制地流向冷凝器，或在需要时直接流向蒸发器，使离心室升温，便于精密控温。

5. 离心室及离心转头

超速离心机的离心室是一个高真空密封的空腔,它由防护套、铅层内腔、底板、上盖等组成。防护套由装甲钢制造,内衬以铅层,可防止转头在意外破裂的情况下碎片飞出离心室。内腔常用不锈钢或搪瓷制成,有较好的抗腐蚀能力,在内腔外面盘有制冷管道,用以降低离心室内的温度。有的离心机在内腔底部的外面还装有电热丝,作为辅助加热装置供离心室升温、化霜和烘干时使用。离心室内还装有温度检测、真空检测和速度检测装置,有的还装有机械式过速限制杆。

老式离心机的离心室上盖装有电源开关,当上盖盖上后电机才能工作,可确保安全。新式的离心机其离心室都装有电磁锁,在电机运行前将上盖锁住,离心结束转头停稳后,将室内压力放到大气压时才能将盖打开。

离心转头种类较多,不下数十种,大致可分为固定角式转头、甩平式转头、区带转头和垂直转头 4 类。各种转头性能、用途不同,应结合实际需要选用。

6. 安全保护装置

超速离心机的安全保护装置通常包括以下几个方面:主电源过电流保护、驱动回路超速保护、冷冻机超负荷保护、操作安全保护。超速离心机运转时转头离心力场很大,对转头的强度要求很严,决不许可超过转头最高允许转速。离心机在使用过程中应避免测速盘的损伤,以保证机器正常运行。

为防止转头运行过程中的炸裂,超速离心机的离心腔外都围有可转动的特种装甲钢套,钢套可随碎片转动以吸收掉破碎转头的巨大转矩,防止炸裂造成伤害。

4.4 离 心 方 法

制备离心技术和分析离心技术主要区别在于前者能分离出一些专门的粒子,后者还包括对这些沉降粒子物理性质的测定。从生物学讲,所谓专门的粒子通常指的是细胞、亚细胞、组织或生物高分子。

制备离心技术主要包括两种方法:一种是差速离心法,另一种是梯度离心法。

4.4.1 差速离心法

差速离心法又称差分离心法,差速沉淀法,分级离心法,是一种常用的方法。它是利用样品中各种组分沉降系数的差异,逐次增加离心力,将样品溶液中的组分逐个进行分离的方法。当把需要分离的悬浮液样品注入到离心管内,选择一定的离心力(离心速度)使样品中的所有最大颗粒全部沉淀。若需要,还可将上清液或经处理后的沉淀物再次离心。此时选择的离心力应和以前有所不同。如此反复高速、低速离心，直至达到所需粒子的纯度为止。这种依据液体中粒子的大小不同、沉降速度的不同，通过离心使液体中的不同类型粒子得以分离的方法叫差速离心法。

差速离心法的优点是操作简单，样品处理量也较大，离心后样品回收方便，且上清液比较纯净，所用的离心时间也较短，可用于大量样品的初级分离。但不足之处是分辨力较差，分离的沉淀物不纯。当分离复杂样品或要求分离纯度较高时操作则变得繁琐，且由于样品多次清洗、溶解和再沉淀，容易引起中间损失。在使用本离心方法时，要求知道样品中各组分粒子的沉降系数才能确定离心速度和时间。对沉降系数相差 90%以上的两种粒子有明显的分离效果，而对沉降系数相差不大的两种粒子效果较差。

4.4.2 密度梯度离心

密度梯度离心又称区带离心，它较差速离心复杂，但具有较强的分辨能力。密度梯度离心可以同时使样品中几个或全部组分分离，这是差速分离法所不及的。本方法是将要分离的样品放入准备好的用不同密度组成的梯度液的表面或底部，通过离心，样品中各组分便会按照各自的特性在密度梯度液中形成有层次的样品区带，从而达到分离样品的目的。密度梯度法又可分为速率区带离心法、等密度离心法、复合梯度离心法。

1. 速率区带法

速率区带法是利用密度梯度液，依据样品中不同组分粒子大小和沉降速度的不同，将混合样品进行分离提纯的方法，也称速度密度梯度离心法。其操作方法是将要分离的样品小心地加到预成型或自成型梯度液的顶部(对于上浮样品，则应将样品配成重液放入梯度液的底部)，在离心力的作用下粒子在梯度介质中呈分离的区带状沉降，每一区带粒子具有同一沉降速度。

速率区带离心的优点在于能让全部组分一次分离纯化，分辨力高，组分沉降系数相差 20%以上的即可选用此法。缺点是处理样品量小，由于梯度材料的限制，样品浓度不能太高。

2. 等密度离心法

等密度离心法是根据样品中各组分的密度不同来进行分离，因许多生物样品的密度相差都较大，故可用此方法进行分析提纯。其操作方法是将要分离的样品加入准备好的梯度液顶部或底部，通过离心使粒子下沉或上浮，按其密度大小分别移至与它本身密度相同的地方形成等密度区带。此区带不会随时间延长而发生变化，即离心平衡过程中粒子的分离完全由其密度决定，即使增加离心转速，离心所需时间也不会减少，只能改变区带的相对位置。等密度离心和速率区带离心虽然都是利用梯度液来分离样品，但它们是有区别的：等密度离心所注重的是将样品中的粒子按其密度不同给予分离；而速率区带法离心则注重于把粒子按其大小和形状的不同给予分离。等密度离心所选用的梯度液一般比速率区带离心所用的梯度液要多一些，密度也大一些，并且梯度液的最大密度一定要大于样品中最大密度粒子的密度，以免离心后形成沉淀。

等密度离心法的优点是可以按照样品的密度进行分离。当混合样品中两组分的密度相差大于 0.005 g/mL 时，均可用此法一次性进行分离，样品一次处理量较速率区带法大。此法的主要缺点是平衡所需时间较长，一般都要十几个小时甚至几十个小时，因此其普及应用受到了限制。

3. 复合密度梯度离心法

复合密度梯度离心法是速率区带离心法和等密度离心法的综合使用。当一个混合样品中包含形态学上明显不同的粒子，既包含有大小相似但密度不同的粒子，又包含密度相同但大小不同的粒子时，复合密度梯度离心法可一次将各组分分离。本方法可减少对样品的处理次数，但操作比较复杂。一般所选复合梯度液的上半部分梯度主要用于速率区带法离心，而下半部分梯度则用于等密度法离心，但需注意上下部梯度液的衔接。

若先用速率区带离心或差速离心将大小形状不同的粒子分离，然后再使用等密度离心将不同密度的粒子分离虽也能达到分离的目的，但对那些大小、密度都比较接近的粒子用复合密度梯度离心，不仅可简便手续，而且对样品也有好处。

4.4.3 梯度液的制备

1. 梯度物质的选择

梯度物质的选择要满足分离方法的基本要求，应考虑以下几点：

(1) 密度范围既要满足所有密度梯度技术分离样品的要求，又不能使转头受到过分的压力。

(2) 不能对样品的生物性有影响。

(3) 对一些敏感组织既不高渗又不低渗。

(4) 不干扰分析技术。

(5) 可以和所需纯化物分开。

(6) 在紫外线或可见光区无吸收。

(7) 价格低廉、使用方便，如价格昂贵必须能回收再用。

(8) 可以灭菌。

(9) 不腐蚀转头。

(10) 不易燃、无毒性。

迄今为止还没有一种完全合乎理想的梯度物质。速率区带法分离常用蔗糖作梯度物质，等密度离心法常用的是氯化铯作梯度物质。

2. 密度梯度液柱的制备

密度梯度液柱可以采用手工、仪器及冷冻法制备。

(1) 手工制备。在注射器针上接一段长度足够插入离心管底部的细管，以不同浓度(密度)的梯度液(如蔗糖)按由稀到浓的次序用注射器注入试管，在操作时保持每次从管壁小心插入。拔出针管，并且在离心管底应避免气泡产生。这种手工制作的梯度是阶段式梯度。将此液柱离心管静置在试管架上，在20～30℃时只需2～3 h即可在重力作用下将其变为近线性连续梯度液。

(2) 仪器法制备。直接用密度梯度形收集仪制备梯度液柱。

(3) 冷冻法制备。用浓度等于高低平均值的蔗糖或其他梯度液等量放入各离心管中，然后垂直放置在－40～－20℃低温冰箱中冷冻后取出，在室温下静置融化，如此反复两次即成近直线形梯度分布的密度梯度液柱。

4.4.4 样品的收集

用离心管进行密度梯度离心后收集样品的方法可分为4种。

(1) 直接取样。直接取样是用注射器或吸管插入每层样品带吸收样品。对离心后有明显区带的样品，离心管是透明的可采用本方法取样，收集顺序应是先上后下。

(2) 穿刺法取样。穿刺法取样指将离心管底部穿个孔，孔的大小要使液体能够下滴，这样就可以分别收集每层样品区带。该方法多用于超清洁离心管(一次性离心管)。

(3) 切割法取样。切割法取样是指利用专门切割离心管的取样工具，将离心管分层切割然后收取样品。此法也多用于超清洁离心管。

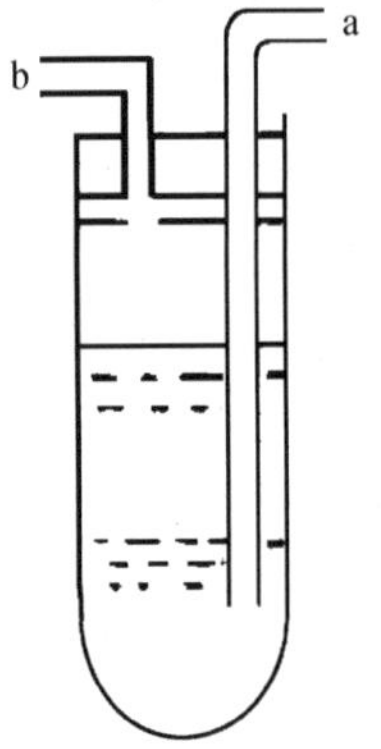

图 2-4-3 虹吸法取样

(4) 虹吸法取样。如图2-4-3所示，由a处加入重悬液将管中液体上托，样品液由b处流出，其流出的顺序是先上后下，这样可分步收集样品。由图中a处压入气体，使管内液体由b处流出，流出的顺序是先下后上，这样就可以分部收集样品。虹吸方法需要专门的工具。

第 5 章　透　　析

透析是利用小分子能通过、大分子不能通过半透膜的原理把大小分子分离开来的一种技术(图 2-5-1)。

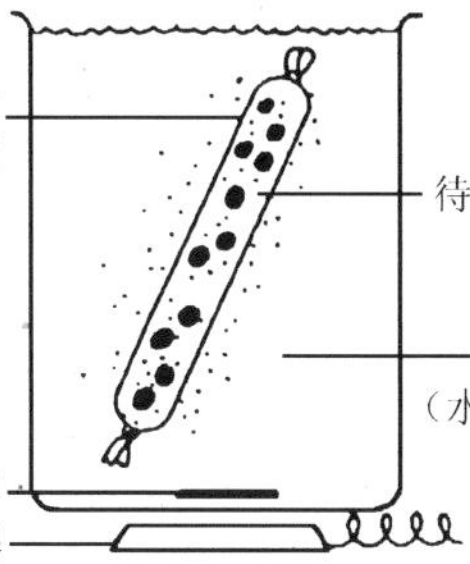

图 2-5-1　透析作用

一个含有大分子(●)和小分子(·)的混合物的透析作用

5.1　透析膜(袋)

透析膜(袋)一般由火棉胶制成。应用时先放在碱性 EDTA 溶液(Na_2CO_3 10 g/L,EDTA 1 mmol/L)中煮沸 30 min,以避免待透析的分子损失活性,然后用蒸馏水洗涤干净。因湿的透析膜(袋)非常容易受微生物感染,每次透析最好都在新制备的透析袋中进行,如果必须保存透析袋,应在溶液中加入痕量苯甲酸。

透析袋的通透性因袋的大小和预处理的方法不同而异,和透析时间的长短也有关。透析过夜时,透析膜(袋)一般可允许相对分子质量(M_r)30 000 以下的物质通过。

5.2　溶　　剂

透析时常用的溶剂有两类:

(1) 水溶液。一般说来透析的速度在水中最大,但为了稳定所研究的物质,通常需特定的 pH 和离子强度的水溶液。

(2) 大分子溶液。透析时如果用某种不活泼的高分子化合物代替通常使用的水溶液作为溶剂，则透析时水就会由透析袋中渗出，从而使透析袋中的溶液浓缩。

5.3 物理条件

透析还受其物理环境的影响。如温度越高，透析速度越快，但许多生物大分子对温度很敏感，透析常在低温下进行。透析时通过膜的压力梯度也影响大小分子的分离，可将透析袋放在真空而不放在溶液中，并敞开透析袋的一端，让水和小分子渗出透析袋形成超滤液，使留在透析袋中的大分子被浓缩（此过程被称为超滤）。

第三篇　分子生物学常用技术

分子生物学技术的主体内容是基因工程系统流程，它包含“基因工程”纵向科学系统和“生化技术”横向技术系统的相互渗透和结合。本篇内容即以这一系统流程为主导路线，全程性展示分子生物学技术的各个环节和具体实验操作。其基本模式如下：

目的基因的获取：采用适当方法获得目的基因（PCR、基因文库、探针等）

↓

选择合适载体：根据目的基因和整个实验的目的选择

↓

限制性内切核酸酶的应用（切割目的基因和基因载体）：方法多种，灵活应用

↓

重组体的构建（目的基因和基因载体的连接）

↓

重组体的转化：选择合适宿主细胞及与之相适应的转化方法

↓

阳性克隆的筛选：方法多种多样，技巧性强，需根据实验的具体情况进行筛选

↓

目的基因在宿主细胞中的表达：是否能表达目的蛋白，该步骤检验整个实验设计是否成功

↓

表达蛋白的纯化：根据表达蛋白选择适当的纯化方法

第 1 章　目的基因和基因载体的分离

实验 1　质粒 DNA 的提取

1.1.1　原理

1. 质粒 DNA 的特征

质粒 DNA 是存在于细菌体内的一类独立于染色体的自主复制的遗传成分,在细胞内它们常以共价闭环的超螺旋形式存在。如果两条链中有一条发生一处或多处断裂,分子因旋转而消除链的张力,这种松弛型的分子被称为开环 DNA。当然,如果两条链均断开,即为线状 DNA。所以,在电泳检测时,常常可以看到 2～3 条区带。

2. 质粒 DNA 的分离

质粒 DNA 分离的三个主要步骤为:

(1) 培养细菌使质粒扩增。采用细菌培养基大量繁殖细菌,从而使寄生于细菌细胞内的质粒被大大扩增。

(2) 收集和裂解细菌。十二烷基磺酸钠(SDS)既能有效地裂解细胞壁,又是核酸酶的抑制剂。采用 SDS 和 NaOH 溶液使细胞裂解,蛋白质和染色体 DNA 发生变性。

(3) 分离和纯化质粒 DNA。加入中和液乙酸钾,使 SDS-蛋白复合物、细菌染色体 DNA 及细胞碎片通过离心沉淀下来。最后用乙醇把上清液中的质粒 DNA 沉淀析出。

1.1.2　材料

(1) 溶液Ⅰ: 10 mmol/L Tris-Cl(pH 7.5), 1 mmol/L EDTA(pH 8.0), 10 μg/mL RNase A。

溶液Ⅱ:0.2 mol/L NaOH, 1% SDS。用 10 mol/L NaOH 和 10% SDS 储备液于用时配制。

溶液Ⅲ:3 mol/L 乙酸钾,1.8 mol/L 冰乙酸。

(2) TE 缓冲液:10 mmol/L Tris-Cl,1 mmol/L EDTA。

(3) 异丙醇,70%乙醇。

(4) 器材:离心机,摇床,微量加样器,微量离心管等。

1.1.3 方案

(1) 将细菌接种于含抗生素的 LB 培养液中,37℃真空振摇培养过夜。

(2) 取 1.5 mL 培养液于 EP 管中,5000 r/min,8 min,去上清。加溶液Ⅰ 200 μL 使细菌沉淀悬浮;再加入溶液Ⅱ 200 μL,轻缓倒转振荡数次;再加入溶液 Ⅲ 200 μL,轻缓倒转振荡数秒。

(3) 5000 r/min 离心,5 min;转移上清至另一离心管中,在上清中加入 360 μL 异丙醇,置冰浴 5 min;10 000 r/min 离心,12 min ,将沉淀重悬于 50~100 μL 的 0.1×TE 中。

(4) 37℃ 中温育 15 min,加入 60 μL 异丙醇,置冰浴 15 min;12 000 r/min 离心,12 min;在沉淀中加 70% 乙醇 50 μL,10 000 r/min 离心,2 min;将沉淀重悬于 20 μL 的 0.1×TE 中。

1.1.4 常见问题及可能原因

(1) 提取的 DNA 不纯:变性不充分;关键步骤反应时间过短;离心时间或速度不够。

(2) 提取的 DNA 呈涂布状:操作过程中用力过猛,动作粗暴;操作系统内有污染。

(3) 与染色体 DNA 分离不全:变性过程不完全;试剂配制有问题(成分、浓度或 pH)。

1.1.5 相关问题讨论

1. 碱法抽提质粒的主要试剂

碱法抽提质粒用到的主要试剂是溶液Ⅰ,溶液Ⅱ,溶液Ⅲ,各试剂的作用如下。

溶液Ⅰ:由葡萄糖、EDTA、Tris-Cl 组成。

葡萄糖的作用是增加溶液的黏度,减少抽提过程中的机械剪切作用,防止破坏质粒。

EDTA 的作用是络合掉 Mg^{2+} 等二价金属离子,防止 DNA 酶对质粒分子的降解作用。

Tris-Cl 能使溶菌液维持溶菌作用所需最适 pH 范围。如果需要用溶菌酶可在临用前加入,抽提大肠杆菌质粒时可不用溶菌酶。溶液Ⅰ中含有葡萄糖,易长菌,配好后应湿热灭菌,保存于4℃冰箱。

溶液Ⅱ:由SDS与NaOH组成。

SDS的作用是解聚核蛋白并与蛋白质分子结合使之变性;NaOH(pH>12)的作用是破坏氢键,使DNA分子变性。配制时应注意NaOH要用新鲜配置的,若放置时间较长,部分NaOH会吸收空气中的CO_2,形成Na_2CO_3,影响溶液Ⅱ的碱性。

溶液Ⅲ:由KAc与HAc组成。

K^+离子浓度为3 mol/L、Ac^-离子浓度为5 mol/L,是pH为4.8的高盐溶液。溶液Ⅲ能中和溶液Ⅱ的碱性,使染色DNA复性而发生缠绕并使质粒DNA复性。

K^+离子会与SDS形成溶解度很低的盐,并与蛋白质形成沉淀而除去。溶液中的染色体DNA也会与蛋白质-SDS形成相互缠绕的大分子物质,很容易与小分子的质粒DNA分离,此外,高盐溶液也有利于各种沉淀的形成。

2. 碱法抽提质粒的步骤

1) 裂解细胞

裂解细胞指的是破细胞壁与膜的过程,对于不同的菌要选用不同的方法。例如,枯草杆菌类有一较厚的肽聚糖层,处理时必须用溶菌酶,在稍高的温度下处理有利于肽聚糖层的分解;通常将裂解细胞的方法分为煮沸法、非离子型去污剂法、碱性SDS法等。处理细胞的步骤基本上是先加入溶菌酶作用一段时间,破壁后再加入非离子型去污剂或直接加入碱性SDS等作煮沸处理,以便破壁与膜,处理的同时也能去除细胞碎片、染色体DNA等杂质。比较这3种破壁、膜的方法,非离子型去污剂法较温和,适用于抽提10 kb左右的质粒,而煮沸法与碱性SDS法相对较剧烈,最好用于抽提小于10 kb的质粒。

离子型去污剂的变性能力较强,常用的是SDS;非离子型去污剂的变性能力较弱,常用的有Brij-58、TritonX-100等。在选择去污剂类型时应根据变性剧烈程度的要求而定。

2) 质粒DNA与染色体DNA的分离

碱性SDS法的分离原理:大肠杆菌的染色体约有4700 kb长,在处理细胞过程中断裂成不同长度的双链DNA片段。当溶液的pH调至大于12时,双链DNA中的氢键被破坏,于是染色体中的DNA双链被分离成单链,而超螺旋状态的质粒DNA仅仅是部分氢键被破坏,并且只发生部分双链解离成单链的变化。当再将溶液的pH调回中性时,单链DNA相互缠绕并且与蛋白质结合生成网络状大分子,而超螺旋的质粒复性后仍是小分子,通过离心的方法很容易将两者分开,达到分离的目的。

3) 质粒DNA的纯化

细胞裂解液中的杂质除了染色体DNA外,还有各种细胞壁、膜的碎片、各种酶与其他蛋白质、脂质类杂质及RNA等,纯化步骤应有针对性地将它们去除。例如,用离心的方法去除各种细胞碎片；用酚处理去除蛋白质，包括各种酶；用RNA酶处理去除RNA等。

(1) 去除蛋白质、脂质类杂质。常用的去除蛋白质的试剂有酚、酚/氯仿、氯仿/异戊醇，这三种试剂各有特点。

酚是一种作用非常强烈的蛋白质变性剂，多在初步纯化过程中使用，能非常有效地使蛋白质变性进而去除。酚/氯仿也是一种高效的蛋白质变性剂，特别是氯仿有强烈的溶脂性，对于同时去除脂质类杂质很有好处；用酚/氯仿的另一个目的是可以节约重蒸酚。氯仿/异戊醇的蛋白质变性能力较弱，主要用于含酚试剂处理后的抽提。氯仿能将微量的溶于DNA水溶液中的酚抽提掉，否则微量的酚对于以后的酶切、转化等过程都会产生不利影响。正确的去除蛋白质杂质的过程应该是酚→酚/氯仿→氯仿/异戊醇处理，根据实验情况也可考虑省略第一步或第二步，但不可将氯仿/异戊醇的处理步骤省略掉。

抽提过程完成后的水溶液中仍有痕量的酚、氯仿等，可用乙醇沉淀方法将它们除去。乙醇沉淀的特点是能在浓缩DNA的同时更换整个缓冲系统，但DNA会有一定的损失。除了乙醇沉淀外还可用乙醚(水饱和)法，萃取DNA溶液数次后吸去上层乙醚，剩余部分则利用它的高挥发性自行除去。此法的特点是能保持原来的缓冲体系，基本上不造成DNA的损失。

(2) 去除RNA杂质。根据RNA与DNA在化学与生化性质上的差别，可选用RNA酶进行处理，以保留DNA而专门降解RNA。最常用的RNA酶是牛胰RNase A，它能使大分子RNA降解，小分子RNA可以通沉淀与离心处理去除。RNA酶处理的方法为65 ℃保温30 min(常规的方法为37 ℃保温)。它有以下优点：第一，从牛胰中提取的RNase A最适作用温度为65 ℃；第二，大肠杆菌中一般DNA酶的最适作用温度为37 ℃，65 ℃保温时可避免未除尽的酶降解质粒DNA；第三，提高温度可使RNA中某些37 ℃时稳定的二级结构打开，有利于RNase A的作用，而RNase A对于形成双链结构的RNA不起作用。

(3) 沉淀DNA。经过分离、纯化后的DNA溶液仍很稀，用乙醇沉淀可以达到浓缩的目的。沉淀过程中要考虑沉淀条件和离心条件。

① 沉淀条件，包括沉淀用溶剂、沉淀的温度和时间、DNA浓度及所加盐等。

沉淀用溶剂：沉淀DNA的溶剂可用乙醇或异丙醇。用乙醇沉淀DNA时一般用2倍体积，当沉淀不含RNA的小分子DNA时也可将乙醇的体积增加到2.5～3倍体积，这样会使沉淀更加完全，沉淀RNA时则一般用2.5倍体积；用异丙醇沉淀DNA时可用0.6～1倍体积。

乙醇沉淀剂的特点：由于杂质不易在乙醇中沉下，所以沉淀过程可在0 ℃进行，又因为乙醇较异丙醇易挥发，所以乙醇沉淀得到的DNA比较干净，但由于沉淀过程中加入了2倍体积的乙醇，使体积增大，操作麻烦，一般只用在少量DNA的精制过程。

异丙醇沉淀的特点:盐等杂质易在异丙醇中沉下,所以沉淀要在室温下进行并且时间不可过长,限于 15 min,沉淀离心后还要用 70%的乙醇洗涤以去除盐类与挥发性较小的异丙醇等杂质;由于异丙醇沉淀时只需加入 0.6~1 倍体积的体积,使总量增加不多,所以适用于大量质粒 DNA 的初步抽提过程。

DNA 的浓度:越是浓度高的 DNA 溶液沉淀的回收率也越高,对于浓度在 10~1000 pg/L 的 DNA 可加入终浓度为 50 μg/L 的 tRNA 使之沉淀,或使用超速离心法。

沉淀的温度和时间:一般在 0 ℃ 沉淀即可。沉淀时间在 15~30 min,对于分子较小的或浓度较低的 DNA,增加沉淀时间会明显提高回收率。

② 离心条件,包括离心力、离心时间、离心温度等。

离心力:一般浓度的 DNA 沉淀用 12 000 *g* 即可,能达到 16 000 *g* 更好,对于浓度很稀的 DNA(100~1000 ng/L)也能得到接近 100%的回收率。

离心时间:离心时间达 20 min 时,沉淀一般均已达到相当的程度,再延长时间对提高回收率并不明显,而离心机的发热现象却大大增加。

离心温度:传统的做法是在 4 ℃进行 DNA 沉淀的离心,但有研究表明,室温下离心并不降低回收率。

1.1.6 附培养基的制备和细菌培养

1) LB 液体培养基的配制

胰蛋白胨	10.0 g
酵母提取物	5.0 g
NaCl	10.0 g

磁力搅拌至溶质完全溶解,用 5 mol NaOH(约 0.2 mL)调节 pH 至 7.0,定容至总体积为 1 L,高压灭菌 20 min。

2) 含有琼脂的固体培养基的配制

(1) 普通培养基。固体培养基是在液体培养基中加入 1.5%琼脂制成。先按 LB 配方配制液体培养基,然后加入琼脂 15 g/L,高压灭菌 20 min,取出后在无菌状态下铺制平板。

(2) 选择性培养基。将消毒好的固体培养基置室温状态下,待温度降至 60 ℃左右时加入抗生素或其他必需的添加成分。摇匀后在无菌状态下,将其分别倒入预先灭菌好的平皿中铺平,培养基层 2~3 mm,室温放至固化。

氨苄青霉素:50 μg/mL,即每毫升培养基中加氨苄青霉素贮存液(50 mg/mL)1 μL。

X-gal：20 μg/mL。

新制备的固体培养基较湿，铺上的液体不易吸收，可在室温下放置 2～3 d 或 37℃温箱放置半小时。然后置 4 ℃冰箱保存待用。

3）液体细菌培养

（1）取灭菌的培养管，用无菌吸管加入 3～5 mL LB 培养基，再加入 50 mg/mL 氨苄青霉素 3～5 μL（如培养宿主菌则不加抗生素）。

（2）用无菌接种环挑取单菌落至培养液中，或取菌液 5～10 μL，转入培养液中，封好管口。37 ℃摇床培养，100～200 r/min 至生长饱和，6～12 h。可过夜培养。

（3）取 500 mL 培养瓶，内装有已灭菌的 LB 液体培养基 100～200 mL 及相应氨苄青霉素。以 0.5%～1%的浓度接种菌液，100～200 r/min 37 ℃摇床培养至 OD_{600} 值为 0.6～0.8。

4）固体细菌培养

用于单一菌落的挑选，转化后抗性菌落的筛选。方法：采用划痕法接种。用接种环从菌种（冻存的或新鲜的）中蘸取少量菌液，点到培养皿的边缘，以其为起点划一道划痕。将接种环灭菌后，通过第一道线画一连续的波浪线。再通过第二条波浪线画第三条波浪线，不与以前的线交叉重叠，重复画线，直至画满。

实验 2　真核生物基因组 DNA 的提取

1.2.1　原理

真核生物的有核细胞都能用来制备基因组 DNA，制备过程包括以下几个步骤：

（1）裂解细胞。SDS 裂解细胞，EDTA 抑制核酸酶。

（2）除去蛋白质。蛋白酶 K 水解蛋白质，酚和氯仿/异戊醇抽提分离蛋白质。

（3）析出 DNA。乙醇沉淀使 DNA 从溶液中析出。

1.2.2　材料

（1）抽提缓冲液：100 mmol/L Tris，pH 8.0；50 mmol/L Na_2EDTA；200 mmol/L NaCl；1% SDS；1 mg/mL 蛋白酶 K。

（2）饱和酚；氯仿/异戊醇（24∶1）。

（3）STE：10 mmol/L NaCl；0.2 mmol/L EDTA；5 mmol/L Tris，pH 7.5。

（4）75%和 95%的乙醇。

1.2.3 方案

方案 1 组织细胞 DNA 的提取

(1) 组织制备。切取动物组织约 1 g,加抽提缓冲液 1 mL 研磨成匀浆,65 ℃温育 20 min。

(2) 酚和氯仿/异戊醇各抽提。加等体积酚或氯仿/异戊醇,每次抽提时应不断来回倒转数分钟,然后 10 000 r/min 离心 5 min,取上层水相备用。

(3) 乙醇沉淀。加 2 倍体积 95% 乙醇,轻轻来回倒转,可见白色丝状物。挑出(挑不出来的可用 12 000 r/min 离心 10 min 获取),加 75% 乙醇洗一次,离心,去除乙醇。

(4) 加 0.1× TE 100～200 μL 溶解,4 ℃保存备用。

方案 2 血液白细胞 DNA 的提取(低渗溶血法)

(1) 抗凝血在室温下 200 *g* 离心 5～7 min,去上清。

(2) 加 5 倍体积蒸馏水,混匀,室温下放置 5～10 min。

(3) 3000～4000 *g* 离心 10～20 min,去上清。

(4) 用等体积生理盐水洗涤白细胞沉淀,按上法离心获得白细胞。

(5) 将所得细胞悬浮于 TE 缓冲液中,加 SDS 至终浓度 0.5%,蛋白酶 K 至终浓度 100～200 μg/mL,37 ℃。消化 12 h 或过夜。

(6) 以下按常规酚-氯仿法抽提,乙醇沉淀进行。

1.2.4 常见问题及可能原因

(1) 提取的 DNA 不易溶解:不纯,含杂质较多;加溶解液太少使浓度过大。

(2) 电泳检测时 DNA 成涂布状:操作不慎;污染核酸酶等。

(3) 分光光度分析 DNA 的 A_{260}/A_{280}小于 1.8:不纯,含有蛋白质等杂质。

(4) 酚和氯仿/异戊醇抽提后,其上清太黏不易吸取:含高浓度的 DNA,可加大抽提前抽提缓冲液的量或减少所取组织的量。

1.2.5 解决的方法

(1) 所配试剂 pH 要准确,否则影响结果。

(2) 蛋白酶 K 在正式使用前应做预试验,明确其活性大小。

(3) 在进行酚一氯仿抽提时,尽量不要吸取蛋白质,以免影响以后的检查结果。

(4) 完全抽干的 DNA 难于溶解,故不要抽得太干,可加热促其溶解。

(5) 不要加入过多的盐以免造成后续实验的麻烦。

实验3 DNA的琼脂糖凝胶电泳

1.3.1 原理

DNA分子因其双螺旋骨架两侧带有富含负离子的磷酸根残基,在电场中将向阳极移动。不同的DNA分子因其所带电荷数、相对分子质量的大小和构象不同,在同一电场中的泳动速度就不一样,从而达到分离的目的。该过程可以通过把示踪染料或相对分子质量标准参照物和样品一起进行电泳而得到检测。

琼脂糖凝胶电泳适于分离大小在0.2~50 kb范围的DNA片段。与另一常用的聚丙烯酰胺电泳法相比,琼脂糖电泳在分离度上要差一些,但在分离范围上要广一些,且操作简捷。

染料溴化乙锭能与DNA分子结合,在紫外光照射下显出荧光。但溴化乙锭是一种诱变剂,具有致癌作用,所以使用时要注意防护。

常用的电泳缓冲液有TAE和TBE,TBE有较高的缓冲量。

1.3.2 材料

(1) 琼脂糖。

(2) 电泳缓冲液:1×TAE[50×TAE:Tris碱 242 g,冰乙酸 57 mL,0.5 mol/L EDTA (pH 8.0)100 mL]。

(3) 10×加样缓冲液:0.25% 溴酚蓝,0.25% 二甲苯青,50%甘油或蔗糖。

(4) 溴化乙锭贮存液(10 mg/mL):应用时配至终浓度1 μg/mL。

1.3.3 方案

1. 1%琼脂糖凝胶板的制备

1%琼脂糖凝胶的制备方法如下(图3-1-1):

1 g琼脂糖粉溶于100 mL 1×TAE,置于沸水浴中,直至其完全熔化,冷却至约50 ℃

↓

用透明胶围封电泳板四周,平置,倒胶(避免气泡),插梳

↓

待凝胶凝固后,取梳,去透明胶带,将凝胶板移入电泳槽,加1×TAE至覆盖凝胶面

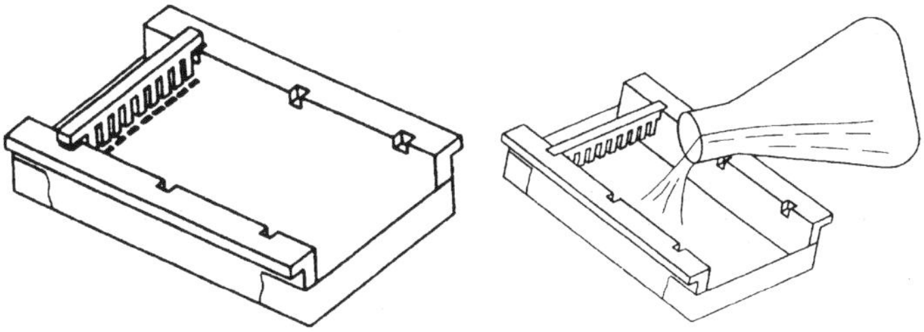

图 3-1-1　制胶示意图

2. 电泳样品液的准备

取 DNA 样品液 5～10 μL，加入加样缓冲液 0.5～1.0 μL，混匀。

3. 电泳

加样：用微量加样器吸取样品液加入样品孔内。

通电：通入直流电，3～4 V/cm，电泳 1 h。

4. 染色与检测

溴化乙锭染色液中浸泡 5～10 min；取出置于蒸馏水中漂洗 5 min；取出置于紫外检测仪（事先铺上一层保鲜膜）；开启紫外灯，观察电泳结果。

1.3.4　常见问题及注意事项

(1) 配琼脂糖时应使其完全熔化后方可制胶。

(2) 琼脂糖凝胶易于破碎，操作时要轻缓。

(3) 电泳时注意电源线路，预防触电。

(4) 溴化乙锭具有致癌作用，使用时要注意防护。

(5) 紫外光对人体有损伤作用，开灯时间不要太长，注意防护。

(6) DNA 带形状模糊：DNA 加样过多；电压太高；凝胶中有气泡等。

1.3.5　结果讨论

1. DNA 迁移率相关因素

1) DNA 分子相对分子质量

DNA 迁移率与 DNA 分子相对分子质量的常用对数成反比（图 3-1-2）。

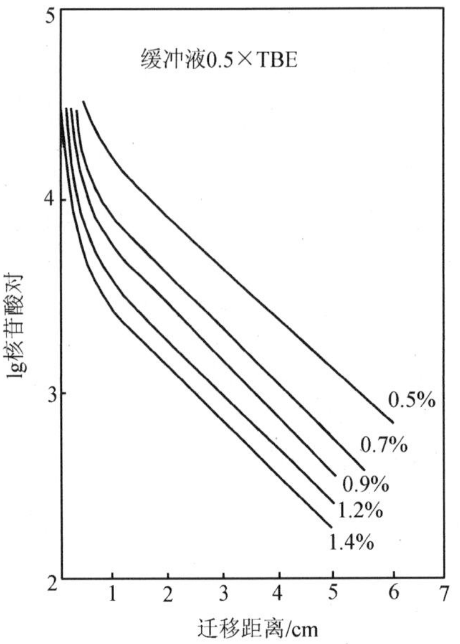

图 3-1-2　迁移距离对核苷酸对的半对数图

2) 琼脂糖浓度

DNA 片段在不同浓度的琼脂糖凝胶中,其电泳迁移率不同。要有效分离不同大小片段的 DNA 分子,应选用适当的琼脂糖凝胶浓度。可参见表 3-1-1:

表 3-1-1　琼脂糖凝胶浓度与分辨力

琼脂糖凝胶脓度/%	可分辨的线性 DNA 大小范围/kb
0.3	60～5
0.6	21～1
0.7	10～0.8
0.9	7～0.5
1.2	6～0.4
1.5	4～0.2
2.0	3～0.1

3) 电压

电压越高,迁移越快。低电压情况下,线性 DNA 分子的电泳迁移率与电压成正比,但电压升高,分辨力下降。

2. DNA 构象与电泳分离

对于 DNA 相对分子质量相当的 DNA 分子,其电泳速度的基本情况是:共价闭环 DNA 分子 ＞直线 DNA ＞ 开环的双链 DNA(图 3-1-3、图 3-1-4)。

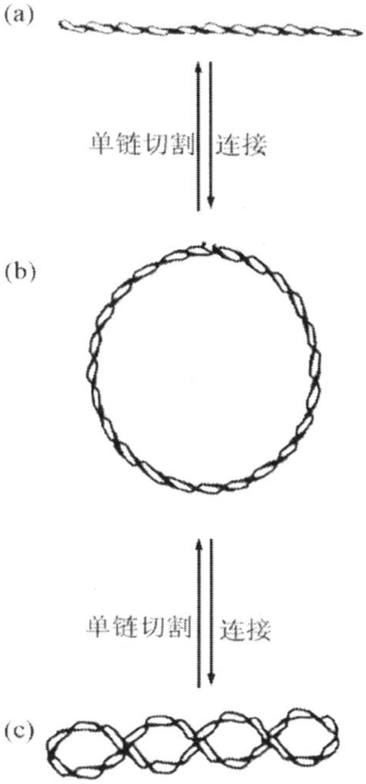

图 3-1-3 质粒 DNA 的分子构型
(a) 松弛线性的 L 构型;
(b) 松弛开环的 OC 构型;
(c) 超螺旋的 SC 构型

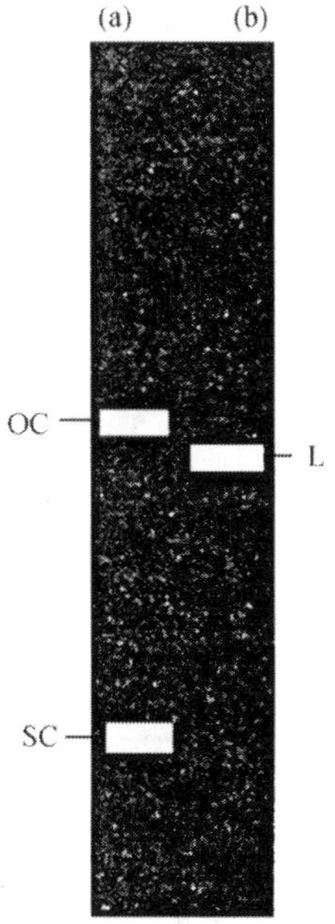

图 3-1-4 质粒 DNA 分子的电泳示意图
由于琼脂糖中加有嵌入型染料溴化乙锭,因此,在紫外线照射下 DNA 电泳条带呈橘黄色
(a) 道中的 SC DNA 走在凝胶的最前沿,OC DNA 则位于凝胶的最后边;(b) 道中的 L DNA 是经核酸内切限制酶切割质粒之后产生的,它在凝胶中的位置介于 OC DNA 和 SC DNA 之间

3. 关于 EB 染色

1) EB 简介

化学名称:3,8-二氨基-5-乙基-6-苯基菲啶溴盐(ethidium bromide,EB)。结构式如图 3-1-5 所示。

2) 染色机制

(1) EB 能插入 DNA 的碱基对中,并与之结合(图 3-1-6)。

(2) DNA 所吸收的紫外光(260 nm)传递给 EB;EB 本身也可吸收 300～360 nm 范围的射线。

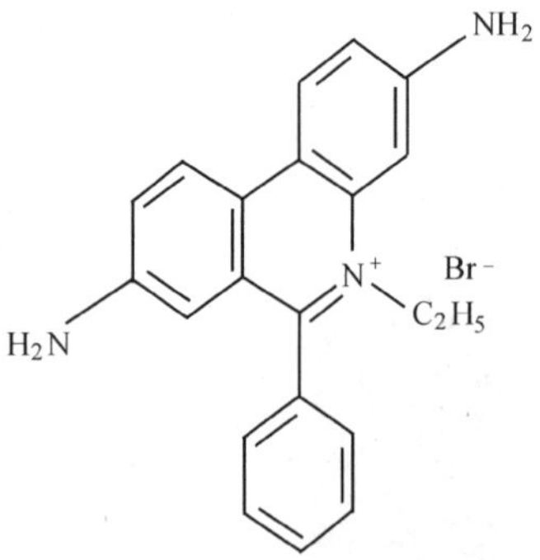

图 3-1-5　EB 分子结构

(3) EB 把所吸收的射线再以 590 nm 的波长发射出来，即出现可见的橙红色荧光。

3) 作为 DNA 染料的优点

简便、快速；灵敏度高（可检出不到 10 ng 的 DNA）；能保持 DNA 分子的完整。

4. 与聚丙烯酰胺凝胶电泳的比较

琼脂糖凝胶电泳和聚丙烯酰胺凝胶电泳是 DNA 电泳常用的两种方法。两者各有特点，现将两种方法比较如下（表 3-1-2、表 3-1-3）。

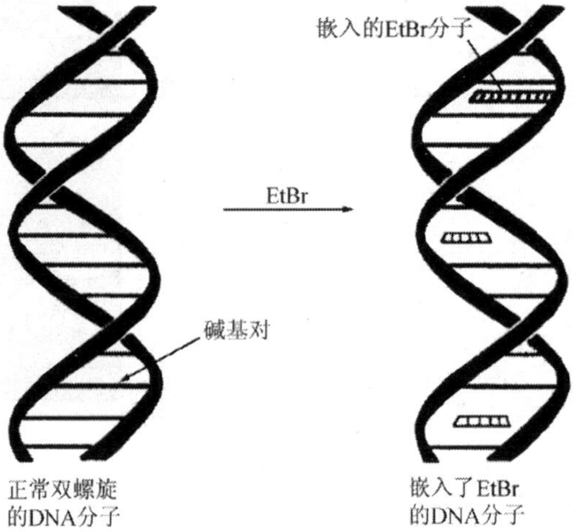

图 3-1-6　EB 插入 DNA 的机制

表 3-1-2　聚丙烯酰胺凝胶浓度与 DNA 片段大小的关系

聚丙烯酰胺凝胶/%	有效分离范围/bp
3.5	100～1 000
5.0	80～500
8.0	50～400
12.0	40～200
20.0	10～100

表 3-1-3　两种凝胶电泳的使用范围

	琼脂糖凝胶	聚丙烯酰胺凝胶
操作	简便	需要聚合
分辨力/bp	150～880 000	10～1 000
胶的浓度/%	0.1～2.5	3～20
设备	水平式电泳槽	垂直型电泳槽

实验 4　DNA 的定量分析

1.4.1　原理

DNA 定量分析是 DNA 分子操作过程中一个必不可少的过程，常用的有两种方法。

(1) 紫外光谱分析法。核酸分子(DNA 或 RNA)由于含有嘌呤环和嘧啶环的共轭双键，260 nm 处有特异的紫外吸收峰，其吸收强度与核酸浓度成正比。核酸分子的单链、双链之间的转换，对光吸收水平有一定影响，但其偏差可用特定的公式进行校正。

(2) EB 荧光分析法。EB 即溴化乙锭，它能插入 DNA 或 RNA 的碱基对平面之间并与之结合，结合后能在紫外光的激发下产生橘黄色荧光。荧光强度与被结合的 EB 的量成正比，而被结合的 EB 的量又与核酸分子长度和数量成正比，所以荧光强度可以初步代表 DNA 含量。该方法经济简便，但准确性较低。

1.4.2　材料

(1) DNA 标准液。

(2) EB 储存液(10 mg/mL)。

(3) 5×SDS 加样液：50% 甘油；0.5% SDS；0.1 mol/L EDTA；0.1% 溴酚蓝；0.1%二甲苯青 FF。

(4) 0.1×TE 溶液。

(5) 主要设备：紫外分光光度仪；琼脂糖凝胶电泳设备。

1.4.3　方案

1. 紫外光谱分析法

(1) 用 0.1× TE 对待测 DNA 样品按 1∶20 或合适倍数稀释。

(2) 用 0.1× TE 作空白对照，在波长为 260 nm、280 nm 和 310 nm 处调零时使用。

(3) 在三种波长下测量稀释好的 DNA 溶液的 OD 值。

(4) 根据 OD 值计算 DNA 浓度(μg/mL)。公式如下：

单链 DNA　[ssDNA]=33×(OD_{260} − OD_{310})×稀释倍数

双链 DNA　[dsDNA]=50×(OD_{260} − OD_{310})×稀释倍数

单链 RNA　[ssRNA]=40×(OD_{260} − OD_{310})×稀释倍数

常见问题及注意事项如下：

(1) OD_{310}值是背景，若溶液盐浓度越高，OD_{310}值也越高。

(2) DNA 的 OD_{260}/OD_{280} 约为 1.8，若高于 1.8 则可能有 RNA 污染，低于 1.8 则可能有蛋白质污染。

(3) RNA 的 OD_{260}/OD_{280} 值大约为 2.0。

2. EB 荧光分析法

(1) 琼脂糖凝胶的制备。用含 0.5 μg/mL EB 的 1×TAE 配制 1%的微型琼脂糖凝胶。

(2) 样品的准备。把待测 DNA 样品进行 1∶2 连续稀释；并准备一份 DNA 标准品作对照用。

(3) 上样。各稀释样品与加样缓冲液按 5∶1 混匀后上样。

(4) 电泳。100 V 稳压电泳至溴酚蓝达到凝胶的 3/4 处。

(5) 紫外灯检测。肉眼可见到的最高稀释度约含 DNA80 ng。

实验 5　PCR 基因扩增

1.5.1　原理

多聚酶链式反应(polymerase chain reaction，PCR)类似于 DNA 的天然复制过程。经过变性、退火、延伸多次循环(图 3-1-7)，DNA 扩增倍数可达 2^n 倍。即

$$Y = (1 + X)^n$$

式中，Y 为 DNA 扩增倍数；X 为扩增效率；n 为循环次数。

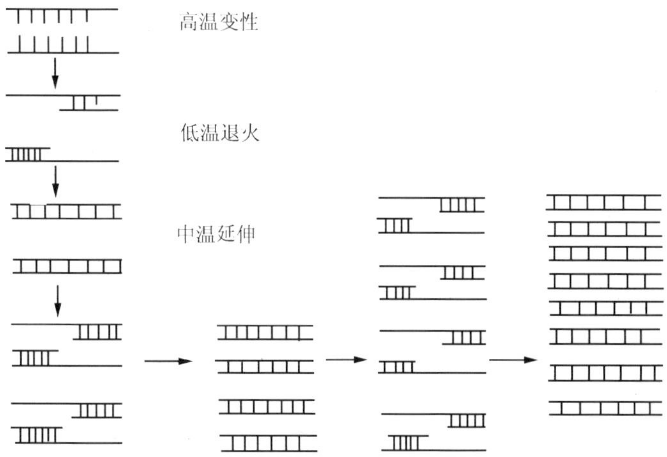

图 3-1-7　PCR 基本原理示意图

1.5.2　材料

(1) 模板 DNA;PCR 引物; *Taq* DNA 聚合酶;dNTP;PCR 缓冲液[20 mmol/L Tris-HCl 缓冲液(pH 8.3),1.5 mmol/L $MgCl_2$,25 mmol/L KCl,100 μg/mL 灭菌明胶或无核酸酶的牛血清白蛋白,0.05% Tween 20];石蜡油。

(2) 乙肝病毒基因的 PCR 检测试剂盒。

(3) PCR 扩增仪。

1.5.3　方案

1. 经典的 PCR 扩增方案

经典的 PCR 扩增方案为:

反应总体积	100 μL
模板 DNA	10^5～10^6 个分子
PCR 引物	20 pmol
Taq DNA 聚合酶	2 U
dNTP	50 μmol/L
PCR 缓冲液	
20 mmol/L	Tris-HCl 缓冲液(pH8.3)
1.5 mmol/L	$MgCl_2$

25 mmol/L　　KCl

0.05%　　Tween 20

100 μg/mL　　灭菌明胶或无核酸酶的牛血清白蛋白

等体积石蜡油覆盖

PCR 循环的温度和次数

变性　　96 ℃ 15 s

退火　　55 ℃ 30 s

延伸　　72 ℃ 90 s

25～30 个循环

最后 72 ℃ 5 min

2. 乙肝病毒基因的 PCR 检测

1) 标本处理

患者血清 40 μL + DNA 提取液 40 μL

↓混匀

沸水浴 10 min，10 000 r/min 离心 5 min

↓

留取上清用做 PCR 的模板(标本 DNA)

2) PCR 反应

PCR 反应管(含 PCR 缓冲液，*Taq* 酶，dNTP，引物等)+
标本 DNA 液 2 μL(或阳性模板液 2 μL)

↓离心数秒混匀

PCR 扩增

预变性：	93 ℃	3 min
循环 35 次：	93 ℃	45 s
	55 ℃	45 s
	72 ℃	60 s
最后	72 ℃	5 min

3) 电泳检测

扩增后 PCR 反应液 10 μL 上样

↓

琼脂糖凝胶电泳(5 V/cm)30 min

↓

紫外仪上观察结果

1.5.4 影响 PCR 的主要因素

1. 模板 DNA

单链、双链 DNA 均可作为 PCR 的模板。

DNA 样品尽量纯净，不能有核酸酶、蛋白水解酶等的污染。

模板用量依具体实验而定，一般为 100 μL 反应液有 10^5～10^6 个目标分子。

PCR 反应时模板变性要充分。

2. PCR 引物

PCR 引物设计是否成功是能否获得高质量 PCR 产物最关键的因素之一。在设计和应用时，需注意以下重要环节：

(1) 一对 PCR 引物相互之间的 3′末端序列不能有明显的互补性，以免形成引物二聚体。

(2) 要避免引物分子内序列自互补。

(3) 引物的熔点温度(T_m 值)。T_m 值与引物的碱基组成和长度有关；PCR 引物的 GC/AT 应与要扩增的模板 DNA 相当或略高些。一般熔点温度以大于 55℃为宜。

(4) 一般来说，PCR 产物≤500 bp 时，引物长度选择 16～18 bp；PCR 产物≥5 kb 时，引物长度选择 24 bp 左右为宜。

(5) 引物的 3′末端必须与模板严格互补，而 5′末端的要求可灵活些。

(6) 设计的引物应通过计算机软件对引物二聚体形成、自身互补性及特异性进行分析。

(7) 用于亚克隆的引物，常在引物的 5′端加上限制性内切核酸酶位点。为了保证内切酶有效酶切扩增产物，一般在酶切位点的 5′端再加上几个额外的碱基。

3. 热稳定 DNA 聚合酶(如 *Taq* DNA 聚合酶)

一般用量为 2.5 U/100 μL。酶量过多易导致非特异性产物的产生。

该类酶的最适温度为 75 ℃，在低温下仍保留相当高的活性，易引起不完全配对的引物-模板的非特异延伸及引物二聚体的扩增延伸，所以应注意防止非特异性产物的出现。

4. dNTP

PCR 常用的 dNTP 浓度在 50～200 μmol/L。可根据具体实验来确定最适的 dNTP 浓度。

5. PCR 缓冲液

因 PCR 反应中的 dNTP 能与 Mg^{2+} 结合，影响反应液中游离 Mg^{2+} 浓度，所以应按不同条件，确定合适的 Mg^{2+} 浓度。一般在标准的 PCR 反应中（dNTP 浓度 200 μmol/L），Mg^{2+} 浓度约为 1.5 mmol/L。

6. PCR 循环的温度

预变性：起始变性的时间应该长些，以使变性充分。一般为 94 ℃ 3 ～5 min。变性不完全时，DNA 双链会很快复性，影响 PCR 反应，但若变性温度太高（不宜超过 95 ℃），会影响 *Taq* 酶活性。

变性：一般为 94 ℃30 s 或 95 ℃20 s。

引物退火：应根据具体反应中引物与模板的碱基配对情况及实验的目的确定，一般为 50～72 ℃。退火温度增高会增强对不正确退火引物的识别，还能降低引物 3′端不正确核苷酸的错误延伸。

延伸：一般为 72 ℃ 60～90 s。最后一个循环后应在 72 ℃保留 5 min，以保证 PCR 产物合成的完整性。

7. 平台效应和 PCR 循环的次数

在 PCR 的后期，由于产物的堆积，将使原来产物以指数增加的速度变为平坦曲线，即所谓平台效应。它的出现是由于 PCR 原料的不断消耗、酶的稳定性的降低、终产物的阻滞效应及非特异性产物等多种因素造成的。所应选择合理的循环次数，既能得到足够量的 PCR 产物，又不要无意义地增加循环次数。

8. 操作环境

避免环境污染和交叉污染，如核酸酶的污染、非目标 DNA 的污染等。

实验 6 哺乳动物 mRNA 的纯化与鉴定

1.6.1 原理

RNA 纯化技术是现代分子生物学技术的基础之一，cDNA 文库构建、蛋白质体外翻译、RNA 序列分析及 Northern 杂交等都需要一定纯度和一定完整性的 RNA。

完整和均一是评价 RNA 质量的两个最关键指标。要获得完整 RNA 取决于能否最低限度地避免纯化过程中内源及外源性 RNase（核糖核酸酶）对 RNA 的降解。要获得均一的 RNA 取决于能否有效去除 DNA 和蛋白质。

采用高活性 RNA 酶抑制剂，可以防止 RNA 的降解；采用酚/氯仿抽提可以方便地去除 RNA 提取物中的蛋白质。常用的异硫氰酸胍和盐酸胍是 RNA 酶抑制剂之一，它能在裂解细胞的同时使 RNA 酶失活，而且还能使 RNA 提取过程中的蛋白质变性。

mRNA 仅占总 RNA 的 1%～5%，因此，用分离一般 RNA 方法很难获得高纯度 mRNA。但大多数真核 mRNA 具有一 3′-多聚腺苷酸残基序列，且该序列足以允许人们根据杂交互补原理，采用 oligo(dT)为配基的亲和层析法从总 RNA 中选择性分离出 mRNA。但缺点是繁琐费时，易引起 RNA 降解。

磁性分离技术纯化 mRNA 使上述问题得到了解决。磁性分离技术纯化的 mRNA 的示意图见图 3-1-8。

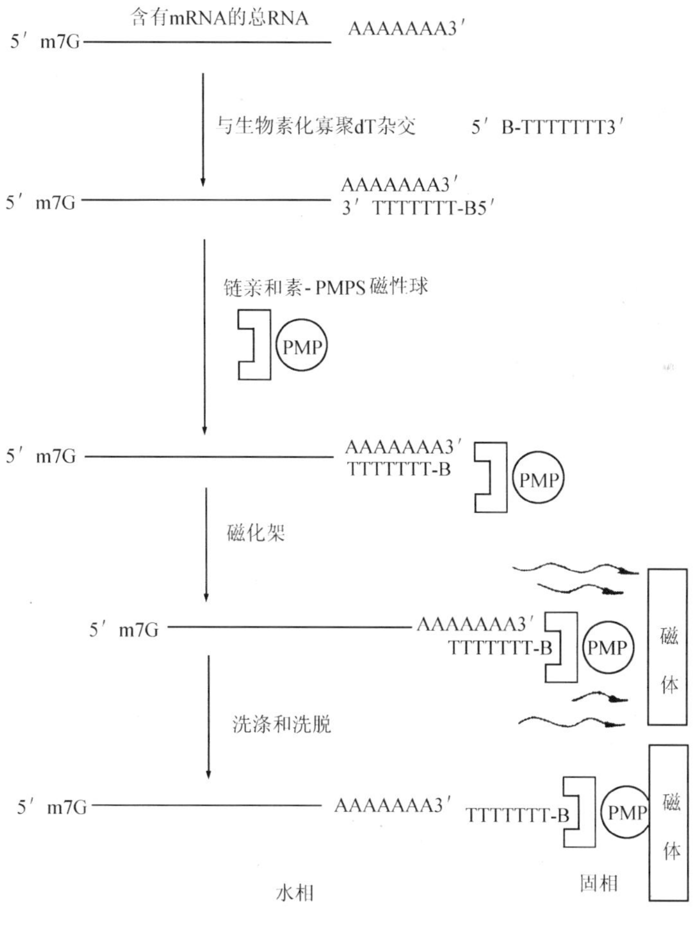

图 3-1-8 磁性分离技术分离纯化 mRNA

先将连有生物素的oligo(dT)引物与mRNA 3′端的poly (A)一起杂交,加入连有生物素结合蛋白的磁球,使杂交体与磁球结合,通过磁场作用,使连有杂交体的磁球与其他RNA分离,通过洗脱将连在磁球上的mRNA洗脱下来而得到纯化的mRNA,该方法简单、迅速、不易引起mRNA的降解。

1.6.2 主要仪器、材料和试剂

1. 仪器和材料

0.5 mL eppendorf管和50 mL的离心管(用DEPC水浸泡过),离心机,琼脂糖凝胶电泳槽,加样枪,1.4 cm×10 cm层析柱,紫外监测器,自动收集器及记录仪,紫外照相装置,一次性手套,刀、剪、镊子,研钵,oligo(dT)-cellulose,poly(A)-RNA,链亲和素-PMPS磁性球。

2. 试剂

(1) 0.1% DEPC水(二乙基焦碳酸酯-水):200 mL双蒸去离子水加1 mL DEPC混匀,37℃过夜后高压灭菌。

(2) 20% sarkosyl(十二烷基肌氨酸钠)50 mL加500 μL DEPC,65℃保温1 h。

(3) 3 mol/L NaAc·3H_2O(乙酸钠),pH7.0:3 mol/L NaAc加0.1% DEPC,高压灭菌。

(4) 1 mol/L柠檬酸钠,pH7.0:1 mol/L(柠檬酸钠)加0.1% DEPC水。

(5) 2 mol/L NaAc, pH4.0(高压灭菌)。

(6) SoLD溶液,50 mL:23.62 g GuCNS(异硫氰酸胍)溶解在20 mL无菌去离子水中;加入1 mol/L柠檬酸钠,pH7.0,1.25 mL;加入20% sarkosyl 1.25 mL加水到50 mL。

(7) 氯仿/异戊醇(49∶1)。

(8) 10×MOP液250 mL:200 mmol/LMOPS(吗琳代丙烷磺酸 MW209.3)(pH7.0),50 mmol/L NaAc(pH7.0) 50mmol/L EDTA(pH8.0)加DEPC水到250 mL。

(9) 样品缓冲液500 μL:64.6 μL 10×PBS,321 μL甲酰胺,114.4 μL甲醛。

(10) 琼脂糖电泳缓冲液(新鲜配制500mL):50mL 10×PBS,90 mL甲醛,360 mL DEPC水。

(11) 溴酚蓝指示剂:1.32 μL水,0.73 μL 85%甘油,0.38 μL溴酚蓝(饱和)。

(12) 平衡缓冲液:20 mmol/L Tris-HCl (pH7.6),0.5 mol/L NaCl,1 mmol/L EDTA;0.1% SDS;将无RNA酶的Tris-HCl、NaCl和EDTA母液混合高压灭菌,再加入已在65℃下处理1 h后的20% SDS。

(13) 洗脱液:10 mmol/L Tris-HCl(pH7.5),1 mmol/L EDTA,0.05% SDS。

(14) 预杂交液:50%甲酰胺,0.12 mol/L 磷酸氢二钠(pH7.2),0.25 mol/L NaCl,2% SDS。

1.6.3 实验方案

1. 用强烈变性剂提取 RNA 及带 poly(A)的 RNA 分离

1) 从组织中提取总 RNA

(1) 取组织 1.5～3 g。

(2) 在液氮中将上述材料分别研磨至碎粉末状。

(3) 悬浮在 5 mLSoLD 溶液中。

(4) 静置数秒。

(5) 加入 0.5 ml 2 mol/L NaAc (pH4)。

(6) 混匀后加 5 mL 重蒸酚。

(7) 加 1 mL 氯仿/异戊醇(49∶1)。

(8) 摇动 10 s,在冰上放置 5 min。

(9) 8000 r/min 离心 20 min,4 ℃取上清。

(10) 在上清中加入等体积异丙醇,放置−20 ℃冰箱中 1 h。

(11) 8000 r/min 离心 20 min,4℃,弃上清。

(12) 将沉淀物中加入 1.0 mL SoLD 溶液中溶解。

(13) 加等体积异丙醇,放置−20℃冰箱中,约 1 h。

(14) 8000 r/min 离心 10 min,4℃,弃上清。

(15) 用 75%乙醇洗涤。

(16) 8000 r/min 离心 5 min,4℃。

(17) 沉淀物溶解在 50 μL DEPC 水中。

2) 琼脂糖凝胶电泳分析总 RNA

(1) 1%琼脂糖凝胶 30 mL。取 0.3 g 琼脂糖+13 mL DEPC 水,熔化;加 3 mL 10× MOPS 液,放置至 50℃;加 5.4 mL 甲醛;加 DEPC 水至 30 mL。倒板,放置 1 h 后,备用。

(2) 电泳。上样(2 μL 样品+7 μL 样品缓冲液),65℃,5 min,加 2 μL 溴酚蓝。插好电极,注意正、负极不能反,控制电压 50 V,1.5～2 h。染色 1 h 并在水中浸泡过夜。在紫外光下拍照并分析结果。

3) mRNA 的分离纯化

用 oligo(dT)-纤维素法分离纯化 mRNA。

(1) 取 0.5 g oligo(dT)-纤维素,浸泡在双蒸水中,置于冰箱中过夜,然后转移到

0.1 mol/L NaOH 中处理 30 min。用双蒸水洗至中性,放在真空干燥器中抽气后装柱。

(2) 取总 RNA 溶液 5 mL,在室温下上柱,流速为 0.2 mL/min。用平衡缓冲液淋洗至无明显吸收。用洗脱液洗脱,流速为 0.2 mL/min。

(3) 分管收集,每管 2 mL,通常只出现一个峰,合并各管为总 mRNA 溶液。

(4) 加入 1/10 体积 3 mol/L NaAc pH5.3,2 倍体积的乙醇,置于−20℃冰箱。

(5) 将寡聚(dT)-纤维素浸泡在灭菌的平衡缓冲液中。

(6) 装柱(1 mL 体积的柱):用 3 倍体积的无菌水洗柱,约 200 mL;再用 5 倍体积的灭菌平衡液洗柱。

(7) 将 RNA 溶于灭菌水中并加热到 65℃,冷却,上柱。用 5~10 倍体积的平衡液洗柱,再用 4 倍体积含 0.1 mol/L NaCl 平衡缓冲液洗柱,使得 mRNA 进一步纯化。

(8) 收集每管的体积,分别测定 A_{260},这时可能是 poly(A)$^{-}$ RNA。用 2~3 倍体积灭菌洗脱溶液洗 poly(A)$^{+}$ RNA,收集流出液,并分别测定 A_{260}。

(9) 加乙酸钠(3 mol/L,pH5.3)至终浓度 0.3 mol/L。用 2.5 体积乙醇在−20℃沉淀 RNA,再用 70%乙醇洗沉淀物。将沉淀溶在无菌水中,置−70℃冰箱中保存。一般情况下,10^6 个细胞中产生 1~5 μg poly(A)$^{+}$ RNA。依次用 NaOH、水和平衡液洗涤使柱再生。

2. 磁性分离技术分离 mRNA

(1) 探针的退火。

① 在一管中(无菌且无 RNA 酶)加入 1~5 mg 总 RNA(方法同前),使溶液终体积为 2.43 mL。

② 将管放在 65℃水浴中加热 10 min。往管中加入 10 μL 结合有生物素的 oligo (dT)探针和 60 μL 20×SSC,轻轻混匀,放置室温直至完全冷却。

(2) 准备 5 mL 0.5×SSC 和 1.0 mL 0.1×SSC 备用。

(3) 洗脱生物素结合蛋白-磁球杂合体(SA-PMPS)。

① 轻弹含有 SA-PMPS 的离心管,使沉在底部的 SA-PMPS 悬浮起来,将离心管放置磁场中,直至 SA-PMPS 都集中在管壁一侧,小心取出上清。

② 用 0.5×SSC 洗 SA-PMPS 3 次,(每次 1.5 mL)每次通过放置磁场中将 SA-PMPS 与上清分开,并小心取出上清,最后将 SA-PMPS 悬浮在 0.5 mL 0.5×SSC 中。

(4) 吸附和洗脱退火后的 oligo(dT)-mRNA 杂交体。

① 将退火后的反应液加入到含有 SA-PMPS 的管中,室温放置 10 min。用磁场吸附 SA-PMPS,并且小心取出上清。

② 用 0.1×SSC 洗磁球 4 次(每次 1.5 mL),每次洗脱时,轻轻将磁球悬浮起来,

然后用磁场吸附磁球，取出上清。

(5) mRNA 的洗脱：往含有磁球的管中加入 1 mL 无 RNA 酶的水，轻轻悬浮磁球，然后用磁场吸附磁球，取出含有纯化 mRNA 的上清。

实验 7　基因组 DNA 文库的建立

1.7.1　原理

基因组 DNA 文库包括了基因组所有顺序的随机克隆片段。

一个好的基因组 DNA 文库的大小应足够大，以便包括所有的基因组 DNA 顺序。DNA 克隆片段也应足够大，其中包括整个基因、连接基因及它们稳定形式所需要的侧翼顺序。

为了获得高的克隆效率和较大的插入片段，λ 噬菌体载体和质粒经常被使用来构建基因组 DNA 文库。λ 噬菌体文库易于操作，噬菌体载体上有多克隆位点。

λ 噬菌体能容纳 10～50 kb 插入 DNA，载体类型应根据所要基因组 DNA 片段的大小和用途来选择。

构建一个基因组 DNA 文库的基本步骤：①分离纯化基因组 DNA；②切割 DNA 成合适大小的片段以用于克隆；③载体 DNA 的制备；④把基因组 DNA 片段和载体 DNA 连接；⑤包装重组分子；⑥测定 λ 噬菌体滴度；⑦扩增 DNA 文库；⑧评估文库的质量。

1.7.2　材料

1. 培养基

LB 肉汤；LB 琼脂平板；LB 顶层琼脂糖。

2. 缓冲液

(1) 10×Sau3A 缓冲液：

20 mmol/L	Tris-HCl(pH 7.4)
5 mmol/L	$MgCl_2$
50 mmol/L	KCl

(2) 10×BM 缓冲液 A：

330 mmol/L	Tris-HCl
100 mmol/L	乙酸镁
660 mmol/L	乙酸钾

5 mmol/L	DTT(pH 7.9)

(3) 1×TE 缓冲液：

10 mmol/L	Tris-HCl(pH 8.0)
1 mmol/L	EDTA(pH 8.0)

(4) 10×连接缓冲液：

500 mmol/L	Tris-HCl(pH 7.8)
100 mmol/L	$MgCl_2$
200 mmol/L	DTT
10 mmol/L	ATP
250μg/μL	BSA

(5) TSP：

2 mL 2 mol/L	Tris-HCl(pH 7.9)
10 mL	0.1mol/L 亚精胺
10 mL	0.1mol/L 腐胺
78 mL	水

(6) DMSO/ATP 溶液：按顺序加入下述溶液，加 ATP 之前需冷却。

85 μL	水
100 μL	DMSO
15 mL	0.1 mol/L ATP(pH 7.0)

(7) SMC 溶液：由 SMCA 和 SMCB 新鲜配制。

(8) SM 稀释缓冲液：

0.1 mol/L	NaCl
0.01 mol/L	$MgSO_4$
0.1 mol/L	Tris-HCl(pH 7.5)

3. 试剂和酶

(1) *Bam*HⅠ；*Sau*Ⅰ；*Nae*Ⅰ。

(2) T4 DNA 连接酶。

(3) λ噬菌体。

(4) 宿主菌。

(5) 对照 λDNA。

1.7.3 实验方案

1. 载体 λ 噬菌臂的制备

λ DNA 在噬菌体颗粒中呈线性双链分子，两边带有单链互补末端。大多数 λ 载体都有独特的多克隆位点。

1) 分离纯化噬菌体 DNA

噬菌体 DNA 是从单个噬菌斑的液体贮存液分离而来的。通过氯化铯平衡梯度离心中用双显带技术进行大规模噬菌体分离能得到最纯噬菌体。

2) cos 末端的连接(随机)

在剪切 λ *Zap* 之前，cos 末端一定要连上，保证它们不受降解，并保证 cos 末端的完整以便包装。

20 μg	DNA
20 μL	连接酶溶液
4 Weiss 单位	T4 DNA 连接酶

4℃ 过夜

65℃保温 15 min 灭活连接酶

3) λDNA 臂的消化

按照基因组 DNA 降解步骤，λ DNA 可被 *Bam*H Ⅰ 完全降解。

(1) 通过加入以下反应物建立降解反应：

200 μL	λ DNA(20 μg)
25 μL	10×BM 缓冲液 A
12.5 μL	*Bam*H Ⅰ (10 U/μL)
12.5 μL	*Nae* Ⅰ (10 U/μL)

Nae Ⅰ 能把填充区域降解成小片段，也可使用其他限制酶。应检查所用载体的酶切图谱以确保所用酶不会降解载体臂。

(2) 37℃反应 1 h。

(3) 苯酚/氯仿(1∶1)抽提一次。被降解的 DNA 臂可用琼脂糖凝胶电泳纯化。

(4) 加入 50 μL 8 mol/L 的醋酸铵和 300 μL 异丙醇。充分混合并离心 15 min。

(5) 加入 0.5 mL 70%乙醇冲洗沉淀并离心 2 min。

(6) 37℃干燥沉淀 10 min。

(7) 把 DNA 悬浮于 15 μLTE 缓冲液中，并在 0.5%琼脂糖凝胶电泳上分析产品。

2. 基因组 DNA 的部分降解和分级分离

(1) 将 100 μg 基因组 DNA 溶于 1×TE 缓冲液中并与 50 μL *Sau*3A 酶解缓冲液混合，并加无菌蒸馏水至终体积为 500 μL。

(2) 取出其中 95 μL(标记试管 1)，并加入 5 U *Sau*3A(10 U/μL)。

(3) 将余下溶液分成 9 管(标记成 2～9)，每管 50 μL，10 号管装余下的 5 μL。

(4) 将 1 号管中溶液取出 50 μL 至 2 号管，混匀后再取出 50 μL 至 3 号管，如此类推，直至 9 号管。

(5) 37℃，酶解反应 1 h 后，于 65℃下 10 min 终止反应。

(6) 用 0.5%琼脂糖凝胶电泳分析 DNA。部分降解 DNA 的大小可通过对比 1 号管(完全水解)和 10 号管(未水解)而给出。

(7) 合并部分降解物(3～8 号管)。

(8) 如果需要特定大小的 DNA，所有样品都应经 0.5%琼脂糖凝胶电泳分析，切下胶带提取而获得所要求的 DNA 片段。

(9) 用苯酚/氯仿(1∶1)抽提一次。

(10) 乙醇沉淀 DNA。

(11) 将 DNA 沉淀悬浮于 10 μL TE 缓冲液中，并于 0.5%琼脂糖凝胶上分析。

3. λ 噬菌臂和 DNA 片段的连接

按下述方法建立 DNA 连接反应：

2 μL	λ 噬菌臂(0.5 μg/μL)
2 μL	基因组 DNA(0.2 μg/μL)
1 μL	10×连接缓冲液
0.5 μL	T4 DNA 连接酶(5 Weiss U/μL)
4.5 μL	水

轻轻使之混匀并于 16℃反应过夜。

4. 包装抽提物的制备

(1) 在 2 L 三角瓶中放入 200 mL LB 肉汤和经过夜培养的 SMR10，初始 OD_{600} 为 0.02。34℃下充分振荡细胞 3 h，直至 OD_{600} 达到 0.8(此步充分振荡是指以 325 r/min旋转摇床)。

(2) 将 2 L 三角瓶移至 45℃条件下，充分振摇 15 min。

(3) 37℃下充分振摇三角瓶 90 min。

(4) 在冰水中迅速冷却该培养物 5 min，不要让温度从这一点再升高，余下的操作均应在冷室中进行。所有需要用的溶液事先需要预冷，所有的试管和工具必须在冰上使用。

(5) 4℃下 4000 *g* 离心 5 min。尽可能弃去上清液,余下液体用纸吸去。

(6) 加入 10 mL TSP,轻轻振荡使菌体悬浮。4℃下 4000 *g* 离心 5 min,尽可能移去上清液。

(7) 加入 150 μL TSP,用玻璃棒轻轻搅拌使菌体沉淀悬浮。

(8) 分装悬浮液,每管事先加入 5 mL DMSO/ATP 溶液,每管装 20 μL 悬浮液,轻摇几下,液氮速冻。

5. 带有插入片段的 kDNA 体外包装

(1) 从液氮中取出一管(20 μL)包装抽提物。

(2) 立即加入 10 μL 连接 DNA 载体混合物。

(3) 握住 10 s 以熔化该抽提物,用密封的玻璃管搅匀。若有小气泡产生,稍离心一下,以保证所有成分沉于管底。

(4) 28℃下恒温 1.5 h。

(5) 加入 500 μL SMC 并混匀。

(6) 加一滴氯仿并轻轻旋摇。

(7) 离心 1 min,沉降细胞碎片并收集上清。

6. 滴定有活力噬菌体颗粒

(1) 在 100 μL SM 缓冲液中对噬菌体贮存液进行 10 倍连续稀释。最终样品浓度相当于 0.1,0.01 和 0.001 包装反应。

(2) 把每个样品和 200 μL 铺板细胞混合。

(3) 37℃培养 30 min,让噬菌体颗粒吸附细菌。

(4) 加 45℃的 3 μL 0.7%顶层琼脂糖于每一管中,并立即铺在 LB 平板上。

(5) 在顶层琼脂糖凝固 10 min 后,翻转平板,倒置 37℃过夜。

(6) 对每一个平板上的噬菌斑计数,估计文库大小。

(7) 以适当噬菌斑密度铺板用以筛选或者通过文库扩增永久保存。

1.7.4 注意事项

(1) 基因组 DNA 应当非常纯,以适应 DNA 的酶解,而且基因组 DNA 应足够大(超过 100 kb)以获得两个末端的消化产物。

(2) 不论是载体 DNA 还是靶 DNA 不含外源片段是一个基本条件。

(3) 在 λ 噬菌体臂和插入 DNA 片段连接过程中有两个重要参数:λ 噬菌臂和潜在插入片段的比例;基因组 DNA 的浓度和纯度。大约 10 pg λ 噬菌臂和 4 μg DNA

能产生有效的包装。对一个典型的基因组，要产生一个可表达文库，重组子数一般大于 $1\times10^6 \sim 6\times10^6$。

(4) 包装抽提物贮存于液氮中，包装效率可保持1年多，而在－70℃中只能保存几星期，而且包装效率还会降低。

第2章 酶切与连接

实验1 限制性内切核酸酶的酶切与鉴定

2.1.1 原理

质粒是双链环状DNA,有多个限制性内切核酸酶位切点。在用特定的限制性内切核酸酶对质粒进行酶切反应后,通常采用琼脂糖凝胶鉴定酶切效果。

2.1.2 材料

(1) 重组质粒。

(2) *Bam*HⅠ和*Bam*HⅠ反应缓冲液;*Hin*dⅢ和*Hin*dⅢ反应缓冲液。

(3) 琼脂糖凝胶电泳所需试剂和设备。

2.1.3 方案

1. 小量酶解反应

(1) 按表3-2-1加入试剂。

表3-2-1 小量酶解反应所需试剂 单位:μL

	1	2	3
质粒	10	10	10
*Hin*dⅢ反应缓冲液	2	—	—
*Bam*HⅠ反应缓冲液		2	2
*Hin*dⅢ	1	—	—
*Bam*HⅠ		1	—
H_2O	7	7	8

(2) 37℃保温1~2 h。

(3) 琼脂糖凝胶电泳观察结果。

2. 双酶切反应

两个酶反应条件相同时，参照上述方法进行，反应条件不同时，需分别进行酶解反应。

(1) 第一步酶解反应：

质粒 DNA 1～2 μg(1 μg/μL)	2 μL
缓冲液 B	2 μL
*Hind*Ⅲ	1 μL
双蒸水	15 μL
总体积	20 μL

离心混匀，37℃ 1 h。

(2) 乙醇沉淀法沉淀线性化的 DNA，再重建下一步的反应体系。

(3) 第二步酶解反应：沉淀的 DNA 中加双蒸水 17 μL。

双蒸水(含上一步沉淀的 DNA)	17 μL
缓冲液 E	2 μL
*Bam*HI	1 μL
总体积	20 μL

离心混匀，37℃ 1 h。电泳鉴定。

2.1.4 注意事项

(1) 限制性内切核酸酶需保存于－20℃，操作时应将酶保持在冰浴中，避免长时间置于冰箱外。

(2) 限制性内切核酸酶溶液通常含有 50% 甘油，加入反应管后，因密度较大，往往沉淀至溶液底部，所以要充分摇匀。

(3) 注意酶的用量，酶量并不是越多越好。一般可参照说明书来确定。酶量过大(酶∶DNA≥25 U/μg)时，有产生所谓星号活性的可能，即在识别序列以外的位点进行切割。此外，反应体系中甘油的质量分数大于 12%，以及缺少 NaCl 和存在 Mn^{2+} 等情况下，都有可能出现星号活性。

(4) 互补性的黏末端在用 DNA 连接酶连接后，不能再用限制酶切割。

2.1.5 相关问题

1. 酶的保存

不同的限制酶往往保存在大致相似的缓冲液中，这种特定配方的缓冲液能使酶活性维持较长时间。常用的保存缓冲液各组分作用如下：

pH 7.4～8.0 的 Tris-Cl：维持稳定的 pH 范围。

50～100 mmol/L NaCl 或 KCl：提供一定的离子强度。

0.1 mmol/L EDTA：络合掉能激活限制酶的镁离子。

1 mmol/L DTT(二硫苏糖醇)：保护酶分子上的还原性基团。

200～500 μg/mL BSA：提高溶液中蛋白质的浓度，防止因蛋白质浓度过低而导致酶分子变性。

体积分数为 50%的甘油：使酶液保存于－20℃不至冻结。质量浓度为 1～5 g/L 的 Triton-100：这是一种非离子型表面活性剂，能防止蛋白质分子的表面变性作用。

2. 酶单位的定义

限制酶的单位通常定义为：1 U 的酶能在约 50 μL 合适的反应缓冲体系中、在 1 h内完全酶切 1 μg 的 λ DNA。确定限制酶单位的具体操作方法是分别向 1 μg 的底物中加入一系列的酶(1 U 左右)，当电泳观察到酶切片段的条带不再发生变化时说明已作用完全，完全切割的最少酶量定为 1 U 的酶量。

3. 限制酶的作用条件

限制酶切割 DNA 的反应中，酶切条件是实验成功的重要因素，其中包括反应的温度、时间与反应的缓冲体系，除了这些条件外，DNA 的纯度与浓度也都会影响酶切效果，只有在正确选择酶反应条件时才能达到最佳酶切效果。

1) 作用温度

早期的酶切反应都在 37℃进行，这种方法虽然简单、统一，但却不能达到每个酶的最适反应温度。为了达到最佳酶切的效果，最好根据所选用的酶确定所需要的反应温度。

2) 缓冲体系

限制酶反应的缓冲体系大致相同，都含有以下组分：约 100 mmol/L 的 Tris-Cl，作用是将酶反应体系的 pH 维持在 7.5～8.5；约 10 mmol/L 的 $MgCl_2$，作用是为限制酶提供激活因子；1 mmol/L 的 DTT，作用是保护还原性基团；约 150 mmol/L 的 NaCl，作用是提供合适的离子强度。由于认识的局限性，早期的限制酶反应体系仅根据其中 NaCl 含量的不同分为高盐、中盐与低盐三种，这同样不能使每种酶获得最适反应条件。现在提供酶的很多厂商能提供 4～10 种缓冲体系，其中各必需成分之间只有很小的差别，目的是使每种酶都发挥最大的作用。

缓冲液一般配成 10 倍的浓度，使用时以 1/10 的比例加入，当然为了减小吸量误差也可自行配制 5 倍的缓冲液。

3) 反应时间

常规的酶切反应一般控制在 60 min 内进行，但也可以根据切割对象与所用的酶将保温时间延长至十几个小时。

4) DNA 的纯度与浓度

除了上述酶反应条件外，影响酶切效果的最主要因素是 DNA 的纯度。例如，样品中含有大量 RNA 杂质时会因减少了酶的有效浓度而影响酶切效果；某些杂蛋白质未除净而结合在 DNA 时也会影响酶切效果。至于抽提过程中未除净的各种影响因素就更多了，可能是微量的氯仿、SDS、EDTA、酚、EB、乙醇或是琼脂糖凝胶中的硫酸根离子等。

DNA 纯度的另一个指标是不可含有微量的 DNA 酶。如果酶切后电泳结果显示出不清晰条带或成为一片红色(术语称 Smear)时，可以肯定系统中已经污染了 DNA 酶。

DNA 样品中含有大量 RNA 时可用 RNA 酶处理；含有结合在 DNA 上的杂蛋白质与 DNA 酶时都可用氯仿/异戊醇抽提；当样品中含有氯仿、SDS、硫酸根等抑制酶切的小分子物质时可以通过沉淀更换一个新的缓冲体系。当然，酶切失败时也不能排除除 DNA 外的一切因素，如无菌水、管子、吸嘴等的干净程度。

除纯度外，DNA 的浓度也会影响酶切效果，一般 DNA 质量浓度在 1 μg/20 μL 才能得到较好的酶切效果，质量浓度高达 1.5 μg/20 μL 时就有可能发生酶切困难。

5) 终止酶反应的方法

如果需对酶切片段进行连接或标记等操作时，首先要将限制酶灭活。灭活的方法可分为三种：

第一种是向反应缓冲体系中加入终浓度为 10～12.5 mmol/L 的 EDTA，原理是络合掉酶反应中所需的镁离子。但这种方法会影响需镁离子的后续酶反应。所以，一般加入 EDTA 后，要用乙醇沉淀法来更换缓冲体系，以除去 EDTA，但这样就会造成 DNA 的损失。

第二种方法是热失活：一般的酶如 *Eco*R Ⅰ等在 65℃保温 60 min 即可；另一些酶如 *Hin*d Ⅲ等需在 85℃保温 30 min 方能达到目的；极端的例子是 *Ttb*Ⅲ甚至不能用加热的方法使之失活。热失活方法的特点是简便并且未向体系中引入任何物质，特别适用于连续进行几个酶切反应；热失活法的另一个特点是不用更换体系，所以不会造成DNA的损失。

第三种方法是用酚和氯仿抽提使之失活，之后以乙醇沉淀 DNA 片段。这种方法的特点是处理条件剧烈，能使酶彻底失活（不像第一种方法中酶蛋白并未变性而只是没有激活因子而已）。

实验2 载体与目的基因的连接

2.2.1 原理

在操作连接反应时，应针对具体的实验条件，根据目的基因末端的性质和质粒载体与目的基因上的酶切位点来进行操作。

表 3-2-2 总结了几种常见的连接方式和注意事项，可作为参考。

表 3-2-2 目的基因片段与载体 DNA 的连接

外源DNA片段所带末端	重组的要求	说明
平端	要求高浓度的 DNA 和连接酶	非重组体克隆的背景可能很高；质粒和外源 DNA 接合处的限制酶切位点消失；重组质粒会带有外源 DNA 的串联拷贝
不同的突出端	用两种限制酶消化后需纯化质粒载体以尽量提高连接效率	质粒和外源 DNA 接合处的限制酶切位点常可保留；非重组体克隆的背景较低；外源 DNA 只以一个方向插入到载体中
相同的突出端	线状质粒 DNA 常用磷酸酶处理	质粒和外源 DNA 接合处的限制酶切位点常可保留；外源 DNA 会以两个方向插入到载体中；重组质粒会带有外源 DNA 的串联拷贝

2.2.2 材料

（1）同一限制性内切核酸酶酶切后的载体质粒和目的基因。

（2）T4 DNA 连接酶及连接缓冲液。

（3）恒温装置。

2.2.3 方案

（1）在反应管中依次加入以下试剂。

双蒸水	5 μL
10×连接缓冲液	1 μL
酶切后的载体	2 μL
酶切后的目的基因	1 μL
T4 DNA 连接酶	1 μL
总体积	10 μL

12～16℃保温 8～16 h。

(2) 琼脂糖凝胶电泳鉴定连接产物。

2.2.4 注意事项

(1) 连接产物经鉴定后应迅速做转化实验。

(2) 根据具体情况调节酶的用量。平端连接或接头连接都比黏端连接慢得多，而且酶的用量也增大。

(3) 单价阳离子或低浓度的聚乙二醇可提高平端连接的效率。

(4) 防止载体 DNA 自身环化，常用碱性磷酸酶处理线性载体。

(5) 正确调整载体 DNA 和外源 DNA 之间的比例有助于获得高产量的重组产物。

2.2.5 相关问题

1. 连接反应的影响因素

除了载体、供体的浓度及其比例等因素外，影响连接反应的因素还有很多，如缓冲液组分、连接温度与时间、酶浓度、DNA 浓度及片段末端的碱基序列等。

1) 连接缓冲液的影响

不同的公司提供的连接缓冲液可能有所不同，但大体上都含以下组分：20～100 mmol/L的 Tris-Cl，较多用 50 mmol/L，pH 的范围在 7.4～7.8，较多用 7.8，目的是提供合适酸碱度的连接体系；10 mmol/L 的 $MgCl_2$，作用是激活酶反应；1～20 mmol/L的 DTT，较多用 10 mmol/L，作用是维持还原性环境，稳定酶活性；25～50 μg/mL的 BSA，作用是增加蛋白质的浓度，防止因蛋白质浓度过稀而造成酶的失活。与限制酶缓冲液不同的是连接缓冲液中还含有 0.5～4 mmol/L 的 ATP，现多用 1 mmol/L，是酶反应所必需的。

2) pH 的影响

一般将连接缓冲液的 pH 调节到 7.4～7.8，较多用 7.8。有实验表明，若把 pH

为 7.5～8.0 时的酶活力定为 100%，那么体系偏碱(pH 为 8.3)时仅剩下全部活力的 65%；当体系偏酸(pH 为 6.9)时仅剩下全部活力的 40%。

3）ATP 浓度的影响

连接缓冲液中 ATP 的浓度在 0.5～4 mmol/L 之间，较多用 1 mmol/L。研究发现，ATP 的最适浓度为 0.5～1 mmol/L，过浓反而会抑制反应。例如，5 mmol/L 的 ATP 会完全抑制平末端连接，黏端的连接也有 10%被抑制；还有报道，当 ATP 的浓度为 0.1 mmol/L 时，去磷载体的自环比例最大。由于 ATP 极易分解，所以当连接反应失败时，除了 DNA 与酶的问题外，不应忘记考虑 ATP 的因素。含有 ATP 的缓冲液应于－20℃保存，溶化取用后立即放回。连接缓冲液体积较大时最好分小管贮存，防止反复冻融引起 ATP 分解。与限制酶缓冲液不同的是，含 ATP 的连接缓冲液长期放置后往往失效，所以也可自行配制不含 ATP 的缓冲液(可长期保存)，临用时加入新配制的 ATP 母液。

4）连接温度与时间的影响

因为黏性末端的 DNA 双链间有氢键的作用，所以温度过高会使氢键不稳定，但不巧的是连接酶的最适温度又恰为 37 ℃。为了解决这一矛盾，在经过综合考虑后，传统上将连接温度定为 16 ℃，时间为 4～16 h。现经实验发现，对于一般的黏性末端来说，20℃ 30 min 就足以取得相当好的连接效果，当然如果时间充裕的话，20℃ 60 min能使连接反应进行得更完全一些。对于平末端是不用考虑氢键问题的，可使用较高的温度，使酶活力得到更好的发挥。

5）酶浓度的影响

根据 New England Biolabs 公司对 T4 DNA 连接酶的定义，1 U 的酶可在 16℃ 30 min 内连接 20 μL 体系中 *Hin*d Ⅲ 酶切片段（黏性末端为 0.12 μmol/L 5′末端，此时 DNA 质量浓度约为 300 ng/μL）的 50%。日常使用的 DNA 浓度比酶单位定义状态低 10～20 倍，如果用酶量不变的话，实际上相当于用酶量多了很多倍。由于连接平末端时酶用量要比连接黏端大 10～100 倍，厂商为了满足这一要求，又往往提供高浓度的酶（几百个单位/微升），所以进行黏端连接时需先行稀释。除了立即用于反应的部分可用酶反应缓冲液稀释外，其余都应使用厂商提供的稀释液。稀释液的成分与酶保存缓冲液相同或类似，稀释液中的酶能在－20℃长时间保持活力，也便于随时取用。

6）DNA 浓度的影响

尽管有的实验手册上推荐使用 0.1～1 pmol/L 的 DNA 浓度，但考虑到用质粒作为载体克隆时，最后要求得到环化的有效连接产物，所以 DNA 浓度不可过高，一般不会超过 20 nmol/L。相比较而言，以噬菌体、cosmid 质粒为载体的克隆过程最后要求线性化的连接产物，所以，DNA 的浓度可以高些，至少是接近推荐的浓度。此外，在用大质粒载体进行大片段克隆时，以及在双酶切片段的连接反应中，DNA 浓度还应降低，甚至是 DNA 的总浓度低至几个 nmol/L。另据研究，T4 DNA 连接酶对 DNA 末端的表观 K_m 值为 1.5 nmol/L，所以，连接时 DNA 浓度不应低于 1 nmol/L，即应具有 2 nmol/L 的末端浓度。

2. 三种连接酶单位定义

1） Weiss 单位

连接酶单位最早是 1968 年由 Weiss 提出的 Weiss 单位，现也称 PPi 单位。他的单位定义为：37℃、20 min 内将 1 nm 的 ^{32}P 从焦磷酸根上置换到 ATP 分子上所需的酶量。现在大多数厂商仍使用这种单位。

2） d(A-T)环化单位

由于 Weiss 单位定义中测试的是 T4 DNA 连接酶中除连接功能外的另一种磷交换功能，并且测试温度高达 37℃，与实际连接反应相比无论在哪一方面都有一定的差距，于是，1970 年 Modrich 与 Lehman 提出了真正度量连接功能的 d(A-T)环化单位，又称外切酶抗性检测。d(A-T)环化单位的定义为：30℃、30 min 内将100 nmol/L 的 d(A-T)$_n$(约 2 kb 长)转化成抗外切酶Ⅲ的形式。

3） 黏性末端单位

与 Weiss 单位相比，d(A-T)环化单位更接近实际，但仍有一定的问题。例如，环化单位测试中用的是纯 AT 片段，与实际连接中 4 种碱基随机排列不符；再说，如果连接酶将片段连接成多聚体而未环化时，仍可能被外切酶组所切；除此之外，与实际上大多数连接使用的温度 16℃相比，30℃仍显得偏高。为了衡量实际连接条件下的酶活力，New England Biolabs 公司提出了最实用的黏性末端单位。它的单位定义为：16℃、30 min 内将 5′末端浓度为 0.12 μmol/L λ-*Hin*d Ⅲ 酶切片段的 50％连接上。

第3章　重组DNA的转化与筛选

实验1　重组质粒转化大肠杆菌及初步筛选

3.1.1　原理

$CaCl_2$ 处理后的细菌转化路线：

受体细菌

↓ 50～100 mmol/L 冰 $CaCl_2$ 处理

细菌进入感受态

↓ 42℃使细胞热休克

细菌的细胞膜通透性增加
（具摄取各种外源DNA的能力）

↓

重组DNA进入感受态细菌

3.1.2　材料

(1) LB培养基。

(2) 0.1 mol/L $CaCl_2$ 溶液：

无水 $CaCl_2$	1.1 g
双蒸水	90 mL

定容至100 mL，0.22 μm滤器过滤除菌。

E. coli 单菌。

3.1.3　方案

用氯化钙法进行感受态大肠杆菌的制备与转化。

1. 感受态细胞的制备

(1) 用画线法将大肠杆菌接种于基本培养基平皿上，于37℃倒置过夜。用无菌接种环挑取一个单菌落，接种到含有 3 mL LB 培养基的试管内，37℃ 振摇过夜。次日取菌 1 mL 接种至含有 100 mL LB 培养基的 500 mL 烧瓶中，37℃剧烈振荡 2～3 h(振速 200～300 r/min)，待 OD_{600}值达到 0.3～0.4 时将烧瓶取出，立即置冰浴 10～15 min。

以下步骤均需无菌操作。

(2) 转移细菌至一个无菌而且用冰预冷的 1.5 mL 离心管中。4℃，4000 *g* 离心，10 min回收细胞。将管倒置于滤纸上去除培养液。

(3) 加冰预冷的 0.1 mol/L $CaCl_2$ 溶液 300 μL 重悬菌体，冰浴 30 min。4℃，4000 *g* 离心，10 min，弃去上清，将管倒置于滤纸上 1 min。

(4) 再加冰预冷的 0.1 mol/L $CaCl_2$ 溶液 120 μL 重悬菌体。

(5) 置 4℃冰箱 12～24 h。

2. 细菌的转化

(1) 无菌状态下取新鲜感受态 200 μL 置于无菌的 10 mL 玻璃试管中。如果使用冻存的感受态细胞时，则将其从－70℃冰箱取出，握于手中，待其解冻后立即吸取 200 μL 转移至 10 mL 无菌玻璃试管中，剩余的感受态可弃去，不能再冻存复用。

(2) 每管加质粒 50～100 ng，轻轻旋转以混合内容物，在冰上放置 30 min。

(3) 42℃热休克 90 s，不要摇动试管。每管加无抗生素的普通 LB 培养基 800 μL，37℃摇床（100～150 r/min），温和摇振 45 min。

(4) 用无菌弯头玻璃铺菌器将 200 μL 菌液铺于含氨苄青霉素（Ap）的琼脂平板表面，37℃平放 20 min，然后倒置培养 10～14 h。

3.1.4 注意事项

(1) 整个实验过程均需置于冰上。

(2) 选用对数生长期细胞，OD_{600}不应高于 0.6。

实验 2 核酸探针的制备和标记

3.2.1 原理

1. 核酸探针

核酸探针（probe）是指能与特定核酸序列发生特异性互补的已知核酸片段，可检测待测样品中特定的基因顺序。一般来说，核酸探针带有示踪物（即标记物），未带标记物的核酸探针称之为裸探针。

核酸探针的基本职能是作为检测特异的核酸序列的标记，因此，应用极为广泛，如序列分析，Southern杂交和 Northern 杂交等。

2. 探针的种类

根据核酸探针的来源及性质可分为基因组 DNA 探针、cDNA 探针（包括单链 DNA 探针）、cRNA 探针及人工合成的寡核苷酸探针等。根据目的不同，可以选择不同类型的核酸探针。值得注意的是，并不是任意一段核酸片段均可以作为探针。探针选择不当会导致杂交结果解释不清，结论不可信。

选择探针的基本原则是考虑探针是否有高度特异性。如基因组 DNA 探针要尽可能用基因的编码（外显子）作为探针，避免使用内含子及其他非编码序列。cDNA探针不存在内含子及其他高度重复序列，是一种较为理想的核酸探针。其中单链 DNA 探针比传统的双链探针具有更大的优越性。由于不存在互补链，因而不会有因为探针的两条链重新退火形成无效杂交体的可能性。

杂交特点：

(1) RNA/RNA 和 RNA/DNA 杂交体较 DNA/DNA 杂交体的稳定性高，杂交信号强。

(2) 单链 RNA 分子由于不存在互补双链与待测核酸的竞争性结合，杂交效率较高。杂交后可用 RNA 酶 A 消化未杂交的探针。

人工合成的寡核苷酸探针的优点是可以根据要求合成相应序列。寡核苷酸探针一般只有 15～30 bp，即使其中有一个碱基不配对也会显著影响其熔解温度（T_m），特别适合于基因点突变分析。但寡核苷酸探针分子较短，所带的标记物也少，因而其灵敏度较低。

3. 各类标记物及选择

一种理想的探针标记物应具备以下特性：

(1) 高度灵敏性。

(2) 标记物与核酸探针分子结合，应绝对不影响其碱基配对特异性。

(3) 应不影响探针分子的主要理化特性，特别是杂交特异性和杂交稳定性，杂交体的解链温度（T_m）应无较大的改变。

(4) 应用酶促方法进行标记时，应对酶促活性（K_m 值）无较大的影响，以保证标记反应的效率和标记产物的比活性。

(5) 较高的化学稳定性。

(6) 对环境和生物体无或少损害。

3.2.2　材料

1. 寡核苷酸探针的制备和标记材料

(1) 10×T4 噬菌体多核苷酸激酶缓冲液：

0.5 mol/L	Tris-Cl (pH 7.6)
0.1 mol/L	$MgCl_2$
50 mmol/L	DTT
1 mmol/L	盐酸亚精胺
1 mmol/L	EDTA (pH 8.0)

(2) [γ-^{32}P] ATP (比活度 185 GBq/mol，5000 Ci/mmol)，370 kBq/μL (10 μCi/μL)。

(3) T4 噬菌体多核苷酸激酶。

2. Sephadex G-50 柱层析法材料

(1) Sephadex G-50 (中级 10 g 可得到 160 mL 悬浮液)：加入 500 mL 烧杯中，用无菌蒸馏水反复洗涤溶胀的凝胶，以除去可溶性的葡聚糖。TE (pH 7.6) 平衡凝胶，用 10 bf/in^2 (6.895×10^4 Pa) 高压蒸气灭菌后室温保存。

层析柱可用 5 mL 玻璃吸管或巴斯德吸管代替，管底用灭菌的玻璃棉填堵。

(2) 1×TEN 缓冲液：

10 mmol/L	Tris-Cl (pH 8.0)
1 mmol/L	EDTA (pH 8.0)
100 mmol/L	NaCl

(3) 盖革计数器。

3.2.3　实验方案

1. 寡核苷酸探针的制备和标记

采用 T4 噬菌体多核苷酸激酶标记寡核苷酸探针的方法。其原理是合成的寡核苷酸其 5′端缺少一个磷酸基，因此可用 T4 噬菌体多核苷酸激酶进行磷酸化反应，将 [γ-^{32}P] ATP 转移至寡核苷酸的 5′端。

(1) 在微量离心管中加入：

寡核苷酸 (10 pmol/μL)	1.0 μL
10×T4 噬菌体多核苷酸激酶缓冲液	2.0 μL
[γ-^{32}P] ATP (10 pmol)	5.0 μL

双蒸水　　　　　　　　　　　　　　11.4 μL

混匀（取反应液 0.5 μL，加入另一含有 10 μL pH 8.0 的 10 mmol/L Tris-Cl 的离心管中）。

(2) 在反应管中加入 8 U（约 1 μL）T4 噬菌体多核苷酸激酶，混匀。

(3) 37℃，45 min（取反应液 0.5 μL，加入另一含有 10 μL pH 8.0 的 10 mmol/LTris-Cl 的离心管中）。68℃，10 min，灭活 T4 噬菌体多核苷酸激酶。

(4) 按 DE-80 滤膜吸收法测定寡核苷酸比活度。

(5) 比活度太低时，补加 8 U T4 多核苷酸激酶，37℃继续温育 30 min。重复操作。

(6) 乙醇沉淀法或 Sephadex G-50 柱层析纯化。

2. 探针的纯化（凝胶过滤层析法）

这一技术利用凝胶过滤把高分子量 DNA 与小分子分开，最常用于将末端掺入的标记 dNTP 与通过切口平移或补平 3′凹端而得到标记的 DNA 分开。操作方法有两种：一是常规的柱层析法，适用于需要收集含有大小不同的各种成分的分子的洗脱组分的情况；另一种方法是把凝胶基质填装于一次性注射器内，通过离心进行层析。下面是采用 Sephadex G-50 柱层析法纯化探针，Sephadex G-50 柱层析法为：

(1) 层析柱中装填 Sephadex G-50 凝胶，数倍柱床体积的 1×TEN 缓冲液洗柱。

(2) 将 DNA 样品加于凝胶顶部（加样体积 200 μL 或以下），取约 100 μL 1×TEN 缓冲液洗涤样品管。待样品进入凝胶后，补加 1×TEN 缓冲液洗涤。

(3) 用微量离心管收集流出液，每管约 200 μL，注意补加 1× TEN。用盖革计数器监测放射性物质的进程。

(4) 合并第一放射活性峰的各组分，存放于－20℃。

实验 3　原位杂交法进行重组质粒的筛选

3.3.1　原理

采用放射性标记的探针与含有质粒的细菌菌落杂交的方法，将待检菌落从主平板转移到硝酸纤维素滤膜上与标记探针杂交，通过放射自显影等技术查出阳性菌落，再从主平板回收这些阳性菌落。对于大量转化子的筛选，此法较快速准确。

3.3.2　材料

(1) 10% SDS。

(2) 变性液：0.5 mol/L NaOH，1.5 mol/L NaCl。

(3) 中和液：0.5 mol/L Tris-Cl（pH 7.4），1.5 mol/L NaCl。

(4) 2×SSC。

(5) 预杂交液：50%甲酰胺，6×SSC，0.1% SDS，1×Denhardt，100 μg/mL 变性鲑鱼精DNA。

(6) α-^{32}P标记的双链 DNA 探针。

3.3.3 实验方案

1. 菌落转移

(1) 用铅笔在硝酸纤维素滤膜（NC 膜）上画好约 5 mm 见方的小格（直径 60 mm NC膜画 64 小格，直径 80 mm NC膜画 100 小格），将膜夹在两层普通滤纸之间，高压灭菌备用。

(2) 将灭菌后的滤膜平铺于合适的琼脂培养皿上，膜与琼脂之间不要有气泡。

(3) 用灭菌牙签挑取待检单菌落，顺序涂到滤膜小格子中间，同时也将菌落作为阳性对照，再涂一个仅含载体质粒的菌落作为阴性对照。

(4) 将两种平皿于 37℃培养箱倒置培养 10～14 h，无滤膜的平板置 4℃冰箱保存待用。取下滤膜继续进行处理。

2. 膜处理

(1) 使长有菌落的膜面向上，将 NC 膜放到浸有 10% SDS 的普通滤纸上，勿使膜与纸间有气泡，室温放 3 min。

(2) 将滤膜移至用变性液浸透的滤纸上，室温放置 5 min。

(3) 将滤膜移至中和液浸透的滤纸上，室温放置 5 min。

(4) 将滤膜移至 2×SSC 浸透的滤纸上，室温放置 5 min。

(5) 将滤膜置 80℃烤箱干烤 1～2 h。

3. 杂交

(1) 将制备好的滤膜小心地置入杂交袋中，加入预杂交液，使膜全部浸入溶液中，用封口机封口，注意勿留气泡。42℃水浴摇床轻摇 4 h。

(2) 将标记好的 α-^{32}P 双链 DNA 探针 100℃变性 5 min，迅速冰浴冷却后，加入预杂交袋中，混匀后，仔细封口，勿使杂交液外泄。

42℃水浴摇床杂交过夜。

(3) 将滤膜移至 2×SSC，0.5% SDS 中室温漂洗 5 min，弃掉洗液。加入 0.1×SSC，0.1% SDS，置 42℃ 15 min，再弃洗液，重复第二洗液洗膜两次，去除游离的及非特异结合的探针。将滤膜移到干的滤纸上，室温晾干或37℃烘干。

(4) 用保鲜膜将滤膜包好，置暗盒中，在暗室中压片。−20℃放射自显影24～72 h。

(5) 显影后，根据X光片黑色显印斑点位置判断保留的培养皿中所对应菌落，并将其挑出，进一步扩增，制备质粒，酶切鉴定。

3.3.4 注意事项

(1) NC膜严禁用手接触，以免影响结果。

(2) 转移菌落时，必须有阳性菌落对照并做好位置标记。

(3) 杂交操作时，杂交液严禁外泄，以避免造成放射性污染。

实验4 Northern杂交

3.4.1 原理

Northern杂交是一项用于检测特异性RNA的技术，RNA混合物首先按照它们的大小和相对分子质量通过变性琼脂糖凝胶电泳加以分离。分离出来的RNA被转至硝酸纤维素膜或尼龙膜上。用一个放射性同位素或酶标记的DNA探针与固定的RNA进行杂交。杂交RNA的大小和密度可通过放射自显影技术或酶促颜色检测来显示。

常用于检测或定量特异RNA的表达。

3.4.2 材料

(1) ^{32}P标记的DNA或RNA探针。

(2) 20×MOPS缓冲液：

MOPS	41.86 g
乙酸钠	6.8 g
EDTA	3.72 g

加H_2O至500 mL，pH调至7.0。

(3) 20×SSC：3 mol/L NaCl，0.3 mol/L柠檬酸钠，pH7.0。

(4) 用于硝酸纤维素膜的杂交溶液：

50%	甲酰胺（去离子）
6×	SSC
1%	SDS

0.1%	Tween 20
100 μg/mL	tRNA 或鲑精 DNA

(5) 用于尼龙膜的杂交溶液：

50%	去离子的甲酰胺
0.25 mol/L	Na_3PO_4 (pH 7.3)
0.25 mol/L	NaCl
1 mmol/L	EDTA
7%	SDS
7%	聚乙二醇（PEG，MW=8000）
100 μg/mL	鲑精 DNA

最后加 SDS 和 PEG，于 45℃加热直至溶解。

(6) 10% SDS。

(7) 硝酸纤维素膜，尼龙膜或其他膜；3MM 滤纸；密封袋或容器转移装置；杂交温箱，UV-交联仪或烘箱。

3.4.3 实验方案

1. 通过毛细管原理转移 RNA 至膜上

(1) 通过变性琼脂糖凝胶对细胞总 RNA 或poly(A)RNA 进行电泳分离，确保包括一个相对分子质量标准参照物。另外也可以在一个外泳道上跑一个细胞总 RNA 的样品，切下这个泳道并用 EB 染色凝胶。两个主要的 rRNA 条带 18 S（约 2.1 kb）和 28 S（约 4.5 kb）能被用做相对分子质量标准参照物。

(2) 电泳后，用 1× MOPS 缓冲液（pH 7.0）淋洗凝胶并将凝胶浸泡于 10× SSC 中 30 min。

(3) 切去凝胶的无用部分并测量尺寸。将一张硝酸纤维素滤膜放入水中，然后放入 10×SSC 中。戴上新手套，不要直接用手或脏手套触摸滤膜。

(4) 将硝酸纤维素滤膜放入 20×SSC。用 20 mL 20×SSC 浸泡印迹垫的底部。

(5) 进行印迹。不要留有气泡。可以使转移持续过夜。记住转移的原理是高盐溶液运输单链多核苷酸（DNA 或 RNA）至滤膜上。在微毛细管转移过程中，核酸与滤膜发生牢固的非共价结合。

(6) 用 1×SSC 淋洗硝酸纤维素膜并晾干。用一台紫外交联仪（设定自动交联或 1～2 min）或用真空炉于 80℃烘烤 10 min，使 RNA 与膜发生交联。

(7) 在 RNA 转移至硝酸纤维素膜之后，对 RNA 进行染色。将干燥的滤膜浸入 5%冰乙酸中，于室温浸泡 15 min。再将滤膜转至 0.5 mol/L 乙酸钠（pH 5.2）和 0.04%亚甲蓝溶液中，于室温浸泡 5～10 min。

(8) 用水淋洗滤膜 5～10 min，可见 RNA 相对分子质量标准参照物带型。总 poly (A)$^+$ mRNA 为一模糊的涂布状带型，范围从 500～5000 bp。mRNA 的平均大小约为 2 kb。

2. 用标记的探针杂交和检测

(1) 用 1×SSC 缓冲液将膜浸湿并在容器或密封袋中加足量的杂交液没过膜。

(2) 于 42℃预杂交 1～2 h 以封闭非特异性结合位点。

(3) 制备 ^{32}P 标记的 DNA 或 RNA 探针；比活性应大于 10^8 cpm/μg DNA 或 RNA。使用前于 90℃加热探针 3 min。

(4) 用含有 1～5×10^6 cpm DNA 探针的同体积的杂交液替换原来的杂交液。

(5) 在最适温度下 (40～65℃) 杂交过夜。

(6) 用 2×SSC/0.1% SDS 洗印迹两次，每次 15 min。用 1×SSC/0.1% SDS 洗一次，再用 0.25×SSC/0.1% SDS 洗一次。

(7) 用放射性测量计数器检查印迹，如果背景计数较高，应在更加严格的条件下再漂洗几次（较低的盐浓度和较高的温度）。

(8) 晾干滤膜，用 Sara 包装膜包裹并加 X 光片曝光 1～2 d。

3.4.4 注意事项

(1) 经典毛细管转移法是一种简单可靠的方法。

(2) 在 Northern 杂交中，高质量的 RNA 样品和探针是关键。应严格按“无 RNA 酶环境”的技术要点进行操作。

(3) 提高漂洗的严格性、特异性可明显提高杂交效率。严格的漂洗意味着低盐浓度（SSC）和高杂交温度。然而，在高严格条件下特异性的结合也下降。

(4) 如果需要额外漂洗或再杂交，滤膜不应干涸。

(5) 杂交和漂洗应在低于 T_m (5～15℃) 的条件下进行操作。

实验 5 真核细胞基因转染和筛选

3.5.1 原理

脂质体（Lipofectin）是一种特制的阳离子脂质试剂，可与靶 DNA 的磷酸骨架结合生成复合物，具有能轻易透过细胞膜的特性。可转染 DNA、RNA 和寡核苷酸至各种细胞，适于各种类型的贴壁和悬浮培养细胞。

3.5.2 材料

Lipofectin 试剂盒；待转染的质粒 DNA；细胞培养常规试剂与器械。

3.5.3 实验方案

贴壁细胞转染（图 3-3-1）：

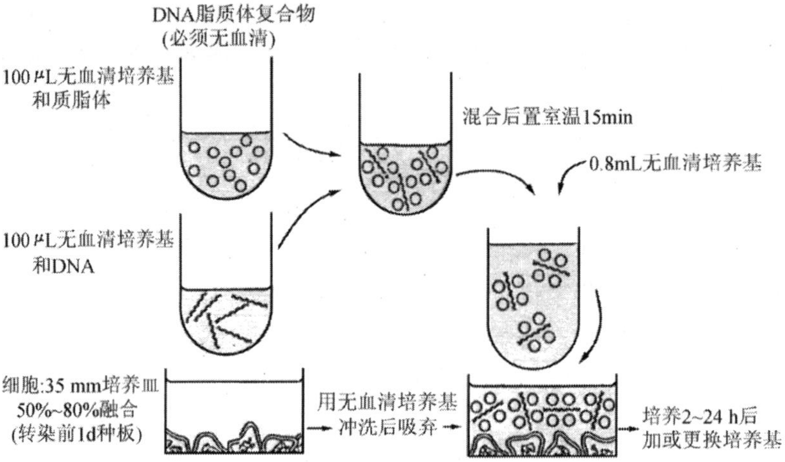

图 3-3-1　脂质体的转染

(1) 收获细胞，将 $1\sim2\times10^5$ 细胞重悬于 2 mL 完全培养基中，转种于 35 mm 培养皿中。37℃，培养 18～24 h。使细胞融合达 50%～80%。

(2) 在 12 mm×75 mm 无菌玻璃试管中制备下列溶液。

溶液 A：2～20 μg 质粒 DNA＋100 μL 无血清培养液；

溶液 B：20 μL Lipofectin＋80 μL 无血清培养液。

(3) 合并溶液 A 和溶液 B，轻轻混合，置室温 15 min。弃去培养液，用无血清培养液洗一次。

(4) 加 0.8 mL 无血清培养液至 Lipofectin-DNA 混合物中，混匀后，小心滴加至细胞上，轻轻混匀。37℃，培养 5～24 h，弃去转染液，加 2 mL 完全培养液继续培养。

(5) 转染后 48 h 更换选择性培养基，继续培养筛选。

实验6　转染细胞的筛选

3.6.1　原理

1. 转染筛选机制

已克隆的DNA被转染导入真核细胞时，只有一小部分细胞将外源DNA稳定地整合进入其基因组。所以，必须对转染细胞进行筛选。

为鉴定这些稳定的重组体，在被克隆的外源DNA上具有一个能在这些细胞的表型中产生可选择变化的显性遗传标志是必需的。其中包括在TK-细胞中的胸腺嘧啶酶基因和二氢叶酸还原酶基因，它对氨甲蝶呤有抗药性。也有的用黄嘌呤-鸟嘌呤磷酸核酸转移酶基因，它允许用黄嘌呤作底物在嘌呤补救途径中应用，从而可在加有霉酚酸的选择培养基中筛选。

2. G418筛选法

本实验采用一种真核细胞中DNA转化的显性选择标记基因。选择的机制基于细胞对氨基甙类抗生素（Geneticin或G418）的敏感性。G418影响80 S核糖体的功能和蛋白质合成。细菌磷酸转移酶（neo）可使G418失活。如将*neo*基因的编码顺序克隆于一真核细胞转录单位中使之有效表达，则当转染后该基因可稳定地整合进入基因组中，这个异源嵌合基因将授予对G418的抗性。如该标记基因与另一个在被转化细胞中要求其稳定整合的基因相连接成共整合，则对G418抗性的选择也对所要求的基因的稳定整合与表达进行了选择。

该选择系统的几个特点：真核细胞对培养基的G418浓度显示在100～1000 μg/mL之间。选择所需G418量必须对各细胞系单独测定，确定适宜水平的一种简便方法是将细胞生长于含一系列不同浓度培养基的多孔板中。适宜的G418水平是在10～14 d内杀死真核细胞的最低浓度。通常，细胞分裂越快，越容易在G418选择中被杀死。

3.6.2　材料

(1) G418：50 mg/L。

(2) 细胞培养常规试剂及用品：0.25%胰蛋白酶消化液；G418选择培养基；消毒镊子1把；3MM滤纸制备的5 mm方形滤纸块装入平皿内；6.81 kg高压灭菌15 min；24孔细胞培养板。

3.6.3　实验方案

1. G418 筛选

(1) 转染用质粒必须克隆有 *neo* 基因，或在转染时加入 *neo* 基因 1～2 μg。转染后经 48～72 h，近融合时按 1∶4 密度传代。

(2) 继续培养，至细胞密度达 50%～70%融合。弃培养液，更换浓度为 200～800 μg/mL的 G418 培养液进行筛选（G418 浓度可通过预实验来确定），同时用未加转染液的细胞做对照。

(3) 将移有克隆细胞的 24 孔板，继续置 37℃ 5% CO_2 培养箱培养，2～5 d。

(4) 当对照细胞大部分死亡时（3～5 d后），再换一次筛选液，G418 浓度可降至 150～250 μg/mL，以维持筛选作用。

(5) 10～20 d 后，可见有抗性克隆形成，待其逐渐增大后，将其移至 24 孔板继续培养。

2. 转移与扩增

(1) 将已形成克隆的培养皿置于显微观察克隆位置，并将各个克隆位置标记。在超净台内换液，弃去培养皿内的培养（图 3-3-2）。

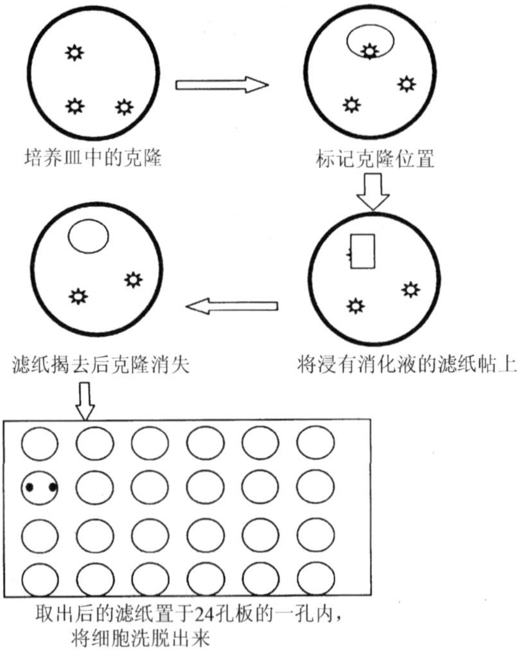

图 3-3-2　转染细胞的筛选与扩增

(2) 用镊子夹取一块滤纸块，用 0.25％胰蛋白酶消化液浸湿，置于所标记克隆位置处，5～20 s。

(3) 将 24 孔培养板每孔加 G418 选择培养基 2 mL。用镊子取出已黏附克隆细胞的滤纸块，置于一个孔中的培养基中，刷洗滤纸块数次，以使黏附的细胞脱下。镜下观察确认细胞已脱落后，将滤纸块取出弃掉。

(4) 将移有克隆细胞的 24 孔板，继续置 37℃，5％ CO_2 培养箱培养 2～5 d。

(5) 待细胞长满后，0.25％胰蛋白酶消化，并将细胞转移至 6 孔板继续培养，或传入多瓶中扩增。

3.6.4 注意事项

(1) 转染过程中严格遵守无菌操作，防止污染是关键。

(2) 用滤纸块黏附细胞克隆时间要适当，时间短可导致克隆黏附不到滤纸上，时间长则导致细胞变性或死亡。

(3) G418 用量是否恰当很重要。

(4) 如细胞贴壁后，细胞分散不好，仍呈克隆生长状态，可在原孔内用消化液消化，使细胞分散，再加选择培养基继续培养。

第 4 章　外源基因在宿主细胞中的表达

实验 1　在大肠杆菌（*E. coli*）表达蛋白产物

4.1.1　原理

1. *E. coli* 表达系统

E. coli 是重要的原核表达体系。在重组基因转化入 *E. coli* 菌株以后，通过温度的控制，诱导其在宿主菌内表达目的蛋白质，将表达样品进行 SDS-PAGE 以检测表达蛋白质。

2. 外源基因的诱导表达

提高外源基因表达水平的基本手段之一，就是将宿主菌的生长与外源基因的表达分成两个阶段，以减轻宿主菌的负荷。常用的有温度诱导和药物诱导。本实验采用异丙基硫代-β-D-半乳糖苷（IPTG）诱导外源基因表达。

不同的表达质粒表达方法并不完全相同，因启动子不同，诱导表达要根据具体情况而定。

4.1.2　材料

1. 诱导表达材料

(1) LB 培养基。

(2) IPTG 贮备液：2 g IPTG 溶于 10 mL 蒸馏水中，0.22 μm 滤膜过滤除菌，分装成 1 mL/份，-20℃保存。

(3) 1×凝胶电泳加样缓冲液：

50 mmol/L	Tris-Cl（pH 6.8）
50 mmol/L	DTT
2%	SDS（电泳级）
0.1%	溴酚蓝
10%	甘油

2. 大肠杆菌包涵体的分离与蛋白纯化材料

1）酶溶法

（1）裂解缓冲液：

50 mmol/L	Tris-Cl（pH 8.0）
1 mmol/L	EDTA
100 mmol/L	NaCl

（2）50 mmol/L 苯甲基磺酰氟（PMSF）。

（3）10 mg/mL 溶菌酶。

（4）脱氧胆酸。

（5）1 mg/mL DNase Ⅰ。

2）超声破碎法

（1）TE 缓冲液。

（2）2×SDS-PAGE 凝胶电泳加样缓冲液：

100 mmol/L	Tris-HCl（pH 8.0）
100 mmol/L	DTT
4%	SDS
0.2%	溴酚蓝
20%	甘油

4.1.3 实验方案

1. 外源基因的诱导表达

（1）用适当的限制性内切核酸酶消化载体 DNA 和目的基因。

（2）按连接步骤连接目的基因和载体，并转化到相应的宿主菌。

（3）筛选出含重组子的转化菌落，提取质粒 DNA 作限制性内切核酸酶图谱，DNA 序列测定，确定无误后进行下一步。

（4）如果表达载体的原核启动子为 P_L 启动子，则在 30～32℃培养数小时，使培养液的 OD_{600} 达 0.4～0.6，迅速使温度升至 42℃继续培养 3～5 h；如果表达载体的原核启动子为 *tac* 等，则 37℃培养细菌数小时达到对数生长期后加 IPTG 至终浓度为 1 mmol/L。继续培养 3～5 h。

（5）取上述培养液 1 mL，1000 *g* 离心，1 min，沉淀，加 100 μL 聚丙烯酰胺凝胶电泳上样缓冲液后，作 SDS-PAGE 检测。

2. 大肠杆菌包涵体的分离与蛋白质纯化

1）细菌的裂解

常用方法有：①高温珠磨法；②高压匀浆；③超声破碎法；④酶溶法；⑤化学渗透等。前三种方法属机械破碎法，并且方法①，②已在工业生产中得到应用，后三种方法在实验室研究中应用较为广泛。下面介绍酶溶法和超声破碎法的实验步骤。

(1) 酶溶法。常用的溶解酶有溶菌酶；β-1,3-葡聚糖酶；β-1,6-葡聚糖酶；蛋白酶；壳多糖酶；糖苷酶等。溶菌酶主要对细菌类有作用，而其他几种酶对酵母作用显著。主要步骤为：

① 4℃，5000 r/min 离心，15 min，收集诱导表达的细菌培养液（100 mL）。弃上清，约每克湿菌加 3 mL 裂解缓冲液，悬浮沉淀。

② 每克菌加 8 μL PMSF 及 80 μL 溶菌酶，搅拌 20 min；边搅拌边每克菌加 4 mg脱氧胆酸（在冷室中进行）。

③ 37℃，玻棒搅拌，溶液变得黏稠时加每克菌 20 μL DNase Ⅰ。室温放置至溶液不再黏稠。

(2) 超声破碎法。声频为 15～20 kHz 的超声波在高强度声能输入下可以进行细胞破碎，在处理少量样品时操作简便，液体量损失较少，同时还可对染色体 DNA 进行剪切，大大降低液体的黏稠度。

① 收集 1L 诱导表达的工程菌，40℃，5000 r/min 离心，15 min；弃上清，约每克湿菌加 3 mL TE 缓冲液。

② 按超声处理仪厂家提供的功能参数进行破菌；10 000 *g* 离心，15 min，分别收集上清液和沉淀。

③ 分别取少量上清和沉淀，加入等体积的 2×凝胶电泳加样缓冲液，进行 SDS-PAGE。

注意事项：超声破碎与声频、声能、处理时间、细胞浓度、菌种类型等因素有关，应根据具体情况掌握；超声波破菌前，标本经 3～4 次冻溶后更容易破碎。

2）包涵体的分离

蛋白质在细菌中的高水平表达，常形成相差显微镜下可见到的细胞质颗粒，即为包涵体，经离心沉淀后可用 Triton-X100/EDTA 或尿素洗涤，若为获取可溶性的活性蛋白，须将洗涤过的包涵体重新溶解并进行重折叠。

(1) 试剂与配制。

① 洗涤液 Ⅰ：

0.5%	TritonX-100
10 mmol/L	EDTA (pH 8.0)

溶于细胞裂解液中。

② 2×凝胶电泳加样缓冲液。

(2) 细胞裂解混合物12 000 *g*离心，15 min，4℃；弃上清，沉淀用9×洗涤液Ⅰ悬浮；室温放置5 min；12 000 *g*离心15 min，4℃；吸出上清，用100 μL水重新悬浮沉淀；分别取10 μL上清和重新悬浮的沉淀，加10 μL 2×凝胶电泳加样缓冲液，进行SDS-PAGE。

3) 包涵体的溶解和复性

(1) 试剂与配制。

① 缓冲液Ⅰ：

1 mmol/L	PMSF
8 mol/L	尿素
10 mmol/L	DTT

溶于前述裂解缓冲液中。

② 缓冲液Ⅱ：

50 mmol/L	KH_2PO_4
1 mmol/L	EDTA (pH 8.0)
50 mmol/L	NaCl
2 mmol/L	还原型谷胱甘肽
1 mmol/L	氧化型谷胱甘肽

③ KOH和HCl。

④ 2×凝胶电泳加样缓冲液。

(2) 用100 μL缓冲液Ⅰ溶解包涵体；室温放置1 h；加9×缓冲液Ⅱ，室温放置30 min，用KOH调pH到10.7；用HCl调至pH 8.0，在室温放置至少30 min；1000 *g*离心，15 min，室温；吸出上清液并保留，用100 μL 2×凝胶电泳加样缓冲液溶解沉淀；取10 μL上清，加10 μL 2×凝胶电泳加样缓冲液，与20 μL重新溶解的沉淀进行SDS-PAGE。

4.1.4 注意事项

(1) 不同的大肠杆菌表达载体带有不同的启动子和诱导成分。实验者必须根据特定系统和用途决定相应的实验方案。

(2) 表达和检测时，应设置对照组，如转化载体和非诱导细胞。

(3) 由于大肠杆菌中表达的重组蛋白质缺少哺乳动物细胞特异的翻译后加工，所以，其生物活性无法与天然蛋白质相提并论。

实验2　变性聚丙烯酰胺凝胶电泳

4.2.1　原理

变性聚丙烯酰胺凝胶电泳（SDS-PAGE）可用于分析和制备蛋白质及其亚基。SDS与蛋白质或多肽结合，经过热变性和二硫键的还原，形成了相对一致的带负电荷的分子，SDS与蛋白质或多肽的结合破坏了蛋白质的三级结构，形成了蛋白质分子的非折叠衍生物，SDS-PAGE具有凝胶过滤和一般电泳分离的双重效应，可灵敏地分离亚基相对分子质量不同的蛋白质。具有快速、经济和高度重复性、高度准确性和高分辨力等特点。SDS等去污剂对蛋白质的变性作用是不可逆的。

常见的二硫键还原剂有二硫苏糖醇（DTT，40～100 mmol/L）、β-巯基乙醇（<1 mol/L）。

4.2.2　材料与实验方案（垂直板型）

1. 制备不连续SDS-PAGE贮存液

SDS-PAGE贮存液的制备如表3-4-1所示。

表3-4-1　SDS-PAGE贮存液的制备

溶　液	成　分
40%丙烯酰胺：*N*, *N*′-亚甲双丙烯酰胺(37.5∶1)	37.5 g丙烯酰胺，1.0 g/100mL *N*, *N*′-亚甲双丙烯酰胺
4×分离胶缓冲液，pH 8.8	1.5 mol/L Tris-HCl；181.5 g/L Tris
4×积层胶缓冲液，pH 6.8	0.5 mol/L Tris-HCl；60.5 g/L Tris
10% SDS	10 g/100 mL，以Whatman滤纸过滤
电泳缓冲液	3 g Tris，14.4 g甘氨酸，10 μL/L 10% SDS
10%过硫酸铵溶液	1 g/10 mL过硫酸铵
TEMED(*N*, *N*, *N*′, *N*′-四甲基乙二胺)	使用贮存液

过硫酸铵溶液室温下只能保存数周，其他溶液室温下均可保存数月，丙烯酰胺溶液和TEMED需避光保存。

2. 凝胶的灌制

(1) 用洗涤剂、蒸馏水将两块玻璃板、垫条洗净、晾干；在玻璃板间夹以垫条，两玻璃板间隔约 0.75 mm，制成 20 cm×20 cm×0.75 mm 的模具，将它们放在灌胶架上或将两块玻璃板间的三个边沿夹缝用胶带密封好，以防灌胶时渗漏。

(2) 按下表在三角瓶中配制 10 mL 分离胶溶液（表 3-4-2）。依次混合各成分，真空中除气 15 min。SDS-PAGE 的浓度越高，所能够分离的蛋白质的相对分子质量越小。

表 3-4-2　分离胶溶液的配制　　单位：mL

溶液成分	SDS-PAGE/%							
	3	5	8	10	12	15	20	25
40 %丙烯酰胺，*N*，*N*′-亚甲双丙烯酰胺	0.75	1.25	2.0	2.5	3.0	3.75	5.0	6.25
1.5 mol/L Tris-HCl (pH8.8)	2.5	2.5	2.5	2.5	2.5	2.5	2.5	2.5
去离子水	6.55	6.05	5.3	4.8	4.3	3.55	2.3	1.05
10% SDS	0.2	0.2	0.2	0.2	0.2	0.2	0.2	0.2
样品蛋白大小/kDa	60～200	16～70	10～45	10～45	6～30	6～30	6～30	6～30

(3) 在 10 mL 分离胶溶液中加入 35 μL 10%过硫酸铵、7.5 μL TEMED，立即快速充分混合后迅速灌注，高度为模具高度的 70%，观察是否在模具边沿有渗漏。

(4) 在丙烯酰胺溶液上覆盖一层水饱和的异丁醇，防止形成气泡和隔绝空气，在室温下放置 45 min，等待聚合完全。聚合好的凝胶也可用湿纸巾包裹后，置于塑料袋中密封，在 4℃下保存数周。

(5) 倾出覆盖的异丁醇，用蒸馏水洗净凝胶顶部，除去未聚合的丙烯酰胺和其他杂质。选择好适合的梳子，梳子应与垫条厚度一致，梳子的齿数应合乎所需的加样孔数。

(6) 按下列方法制备积层胶（表 3-4-3）。根据下表数据在烧瓶中依次加入各成分，混匀后真空除气 15 min；然后加入 25 μL 10%过硫酸铵、5 μL TEMED，立即快速涡旋混合后灌注在已聚合的分离胶上，马上在积层胶溶液中插入梳子，45 min 后积层胶聚合完全，小心拨出梳子，用喷射的蒸馏水洗净凝胶顶部，除去未聚合的丙烯酰胺和其他杂质。

表 3-4-3　积层胶溶液的配制

溶液	剂量/mL
40 %丙烯酰胺溶液	0.4
4×贮存缓冲液（pH6.8）	1.25
重蒸馏水	3.15
10% SDS	0.05

(7) 将凝胶固定于电泳装置上，上、下电极槽中加入电泳缓冲液，用电泳缓冲液反复喷射冲洗凝胶上的加样孔。

3. 加样

(1) 通常每个加样孔上样量 15～50 μg、样品体积 5～30 μL，凝胶体积变化时，样品量可酌情调整，以能获得最佳灵敏度和分辨率为准；上样前样品中的蛋白质浓度应预先测定，计算出适当的样品上样体积，必要时应对样品稀释或浓缩。

(2) 将样品置于试管中，用重蒸馏水将样品体积调至 20～30 μL。

(3) 加入样品变性液 10 μL，混匀，置沸水中 2～3 min 或在 70℃处理 10 min，使蛋白质变性。加入 10 μL 上样缓冲液，混匀，即为上样溶液。取上样溶液适量加于加样孔底部。

(4) 样品变性液由 6.2%二硫苏糖醇（dithiothreitol，DTT）和 15%SDS 按1∶1 混合而成。

上样缓冲液由以下 4 种溶液配成：

1.5 mol/L Tris-HCl	10.0 mL
10% SDS	0.4 mL
0.05%溴酚蓝	2.0 mL
0.25 mol/L 蔗糖（或甘油）	2.0 mL

4. 进行电泳

(1) 加样完毕后，将凝胶玻板置于电泳槽中，使样品端与阴极缓冲液连通，另一端与阳极缓冲液相连，注意避免有气泡。

(2) 根据凝胶的大小、浓度和进行电泳的蛋白质样品的不同，电泳电压可选 30～100 V的固定直流电压，电流选 10～50 mA 稳定直流电流；小的凝胶只能对样品进行数小时的电泳，大块凝胶可以对样品电泳过夜。

5. SDS-PAGE 凝胶的考马斯亮蓝染色

(1) 试剂与配制。

甲醇/乙酸溶液：甲醇∶水（1∶1）90 mL 与冰乙酸 10 mL 混匀。

考马斯亮蓝染液：0.25 g 考马斯亮蓝 R250（Coomassie brilliant blue R250）溶解于上液中，Whatman Ⅰ号滤纸过滤。

(2) 电泳结束后，用至少 5 倍体积的染色液浸泡，放摇床上室温缓慢旋转 3～4 h。

(3) 换掉并回收染液，用甲醇/乙酸溶液浸泡凝胶，缓慢摇动 4～8 h，脱色，其间换液 3～4 次；继续使凝胶脱色 24 h，直到满意为止。

(4) 将脱色后的凝胶照相或干燥，也可无限期地用塑料袋封闭在含 20%甘油的水中保存。

(5) 此染色法可检测到 0.1 μg 以上的单一条带的蛋白质。

(6) 如欲更快脱色可用下述方法：用 30%甲醇、10%乙酸混合液脱色，但如脱色时间过长，蛋白质带的着色深度将会部分丧失；用正常的脱色液在 45℃下脱色；正常的脱色液中加入数克阴离子交换树脂或一块海绵，吸附染料。

（7）染色后的凝胶不应存放在脱色液中，否则蛋白带会褪色。

6．SDS-聚丙烯酰胺凝胶的干燥

凝胶干燥时遇到的主要问题是凝胶的变形和破裂。将凝胶放在 Whatman 3MM 滤纸上可防止干燥凝胶变形，但凝胶是否破裂则取决于凝胶的厚度和干燥器的质量，因此，应尽量使用薄胶并使凝胶干燥器处于良好状态，使其真空压力波动极少。

（1）试剂与配制。

固定液：冰乙酸∶甲醇∶水（10∶20∶70）。

（2）电泳后的凝胶用 5～10 倍体积固定液在室温下固定，酸性固定液扩散后可使凝胶中的溴酚蓝变黄。蓝色全部消失后，继续固定 5 min。为防止凝胶破裂，在进行步骤 2 之前可将凝胶浸泡于含 20%甲醇、30%甘油的溶液中过夜。

（3）将凝胶标记好方向后放在保鲜膜或玻璃纸上面，上面放一张比凝胶四周长出 1～2 cm 的 Whatman 3MM 滤纸。

（4）另将一张滤纸放在凝胶干燥器上。将 Whatman 3MM 滤纸/凝胶/保鲜膜或玻璃纸，放在凝胶干燥器上的滤纸上面，保鲜膜或玻璃纸在最上面。

（5）放下凝胶干燥器的盖子，抽真空使凝胶四周封闭以干燥凝胶，干燥时间常由厂家提供，一般 0.75 mm 厚凝胶干燥 2 h，如 50～65℃可加快干燥进程。

（6）释放真空。如加热状态下干燥，则先停止加热并自然冷却 10 min 后再释放真空。

4.2.3 注意事项

（1）聚丙烯酰胺凝胶的单体溶液有神经毒性作用，操作时注意防护。

（2）灌胶时防止渗漏是成功的关键。

（3）电泳电压和时间应根据具体实验调整。当凝胶浓度较高时，电压也要求较高，电泳时间也往往需要延长。

（4）在电泳过程中常常会产生较多的热量；过多的热量对样品蛋白不利，会使电泳结果复杂化，难以分析。因此，高浓度凝胶的电泳应在制冷条件下进行。

实验 3　蛋白质杂交法检测表达蛋白

4.3.1 原理

蛋白质分析中应用的 Western 杂交技术也是通过电泳区分不同的组分，并转移至固相支持体，再通过特异试剂（抗体）作为探针，对靶物质进行检测。

蛋白质的 Western 杂交技术结合了凝胶电泳的高分辨率和固相免疫测定的特异敏感等多种优点，可检测到1～5 ng中等大小的靶蛋白。

4.3.2 材料与实验方案

1. 组织和细胞的裂解

1）哺乳细胞的裂解

（1）试剂与配制：

1×SDS凝胶电泳缓冲液

0.01 mol/L PBS（pH7.2）

（2）用PBS液洗2次细胞，弃去洗液并吸干PBS残液（细菌样品可直接于4℃收集细菌，经PBS漂洗后加入1×凝胶缓冲液裂解）。

（3）加适量的1×凝胶电泳缓冲液（100～200 μL）加热至85℃，用橡胶刮子刮下细胞，并将黏稠的细胞裂解液吸入微量离心管中。

（4）沸水煮5～10 min；用超声波处理，剪切DNA，直至溶液不黏稠为止；10 000 *g*离心，10 min。上清转至另一离心管中，测定蛋白质浓度。

2）悬浮细胞和组织碎片的裂解

（1）试剂与配制。

悬浮缓冲液：

0.1 mol/L	NaCl
0.01 mol/L	Tris-Cl（pH 7.6）
0.001 mol/L	EDTA（pH 8.0）
1 μg/mL	aprotinin
100 μg/mL	PMSF。

（2）用预冷的PBS液在冰浴中洗细胞或组织碎片2次；300 *g* 离心5 min，4℃，估计管底沉淀物的体积；弃上清，吸干管壁上的液滴。

（3）加入5倍体积预冷的悬浮缓冲液，吹打沉淀；迅速加入等体积的2×凝胶电泳缓冲液。

（4）同“哺乳细胞的裂解”中的（4）。

2. 蛋白质的电转移与膜的封闭

1）试剂与配制

（1）转移缓冲液：

39 mmol/L	甘氨酸
48 mmol/L	Tris-Cl

0.037%	SDS

（2）凝胶染色试剂同“考马斯亮蓝法”。

（3）封闭液：

5%	低脂奶粉
0.01%	防沫剂（antifoam）
0.02%	叠氮钠

溶于 PBS 中。

（4）氨基黑染液。

2）操作

（1）剪 6 张与电泳凝胶大小一致的 Whatman 3MM 滤纸和一张硝酸纤维素滤膜，带手套操作。

（2）将上述滤纸及 NC 膜用转移缓冲液浸泡 3～5 min。

（3）蛋白转移，可采用半干电转移仪或真空转移装置，具体方法可参照厂家提供程序进行。

（4）转移结束后，将 NC 膜取出用铅笔标记或剪去一角以标记膜的方向。

（5）切下其中一个孔对应膜的 1/2，用氨基黑染色 30 s，10% 乙酸脱色，或对凝胶进行考马斯亮蓝染色检查转移是否完全。

（6）将 NC 滤膜放在一张干净滤纸上，室温干燥 30～60 min。

（7）将 NC 膜放至一平皿中，加浸过滤膜量的封闭液，室温振荡 1～3 h。

3. 抗原抗体反应

Western 杂交中多用两步法或间接法，一抗未标记，而通过酶标的二抗（抗免疫球蛋白或 SPA 蛋白）的放大显色进行检测。

1）试剂与配制

（1）一抗的稀释（用封闭液）。

多克隆抗体：1∶100～1∶5000；

杂交瘤细胞培养上清：不稀释或 1∶100；

荷瘤小鼠腹水：1∶1000～1∶100 000。

（2）漂洗液Ⅰ：

0.01 mol	PBS（pH 7.2）

（3）漂洗液Ⅱ：

150 mmol	NaCl
50 mmol	Tris-Cl（pH 7.5）

(4) 封闭液。

2) 操作

(1) 封闭结束后，将膜放入一塑料袋中，剪去一个小角，加入溶有一抗的新鲜配制的封闭液（1 cm^2 膜面积上的溶液体积为 1 mL)，塑料封口机封口。

(2) 4℃轻轻振荡 2 h，孵育时间越长，灵敏度越高，特异性越差。

(3) 剪开塑料袋，用大量（200 mL）漂洗液Ⅰ洗 3 次，各 1.0 min，室温，以除去过量的一抗。

(4) 用漂洗液Ⅱ洗 1 次，10 min，室温，除去 NC 膜上的磷酸及叠氮钠。

(5) 将膜转入另一个塑料袋中，加入溶于封闭液中的二抗（也可用含 5%低脂奶粉的漂洗液Ⅱ稀释二抗)，1 cm^2 膜面积上的溶液体积仍为 0.1 mL。封口后室温振荡孵育 1～2 h。

(6) 取出滤膜，用大量漂洗液Ⅱ洗 3～5 次，各 10 min，室温，以除去未结合的二抗。

4. 显色

可采用放射标记的二抗用放射自显影技术检测和酶标抗体检测的显色方法。

附:常用生物化学实验技术

实验1　不连续聚丙烯酰胺凝胶电泳

1　目的

熟悉聚丙烯酰胺盘状电泳的基本原理和操作技术。

2　原理

聚丙烯酰胺凝胶是一种人工合成的凝胶,由丙烯酰胺单体和少量交联剂在催化剂和加速剂的作用下发生聚合反应制得。

聚丙烯酰胺凝胶具有网状结构,其网眼的孔径大小可用改变凝胶液中单体的浓度来加以控制。一般分离蛋白质选用7.5%聚丙烯酰胺凝胶。

凝胶电泳具有电泳和分子筛的双重作用,所以其分辨力较高。

3　材料

(1) 电泳仪(600 V)及盘状电泳槽。

(2) 电泳玻璃管(碱性较低的玻璃管),内径5～7 mm,长80～100 mm。

(3) 玻璃架(制胶时用来垂直插放玻璃管)。

(4) 微量注射器或微量吸管;带长针头的注射器。

(5) 日光灯。

(6) 试剂配制。

4　操作

【方法一】

配制试剂如附表1-1所示。

1) 分离胶的制备

将贮存液由冰箱中取出，待达到室温后再按上表中的比例配制工作溶液。先将分离胶液与过硫酸铵溶液分别放在真空干燥器中，待抽出溶解的空气后取出，赶快混匀，用带长针头的注射器吸取一定量的胶液，沿着管壁加到预先准备好的玻璃管中（玻璃管的一端用带有玻璃珠或小段玻璃棒的乳胶管塞住，在乳胶管中加2滴40%蔗糖后插在玻璃架上），灌入的分离胶液高约6.5 cm，然后立即用带弯针头的小注射器在已加入的分离胶胶面上（距胶面约0.1 cm处）沿管壁缓缓加入

3～5 mm高的蒸馏水层，切忌使加入之水呈滴状坠入胶液，这样会使顶部凝胶浓度变稀，改变凝胶孔径。

附表 1-1　溶液配制

贮液	100 mL溶液中的含量		pH	工作溶液混合比
1	1 mol/L盐酸	48.0 mL	8.9	小孔凝胶(分离胶)：
	Tris	36.6 g		1份1号贮液；
	TEMED	0.23 mL		2份2号贮液；
2	Acr	28.0 g		1份水；
	Bis	0.753 g		4份3号贮液；
3	过硫酸铵	0.14 g		pH8.9,凝胶浓度7%
4	1 mol/L盐酸	约48 mL	6.7	大孔凝胶(浓缩胶、样品胶)：
	Tris	5.98 g		
	TEMED	0.46 mL		1份4号贮液；
5	Acr	10.0 g		2份5号贮液；
	Bis	2.5 g		1份6号贮液；
6	核黄素	4.0 mL		4份7号贮液；
7	蔗糖	40.0 g		pH6.7,凝胶浓度2.5%
电极缓冲液				
	Tris	6.0 g	8.3	用时稀释10倍
	甘氨酸	28.8 g		
	加水到1 000 mL			

注:①贮液放冰箱中一般可保存1～2月,3号贮液只能保存一周;如有不溶物要过滤。

②表中试剂:Acr ——丙烯酰胺;Bis —— *N*,*N'*-亚甲基双丙烯酰胺;TEMED ——四甲基乙二胺;Tris ——三羟甲基氨基甲烷。

水层放好后,静置胶液使之进行聚合反应。正常情况下10 min开始聚合,应控制在30 min～1 h完成聚合。

刚加水时看出有界面,后逐渐消失。等到再看出界面时表明凝胶已经聚合,再静置30 min使聚合完全。

2) 浓缩胶的制备

用注射器吸去分离胶上的水层,用滤纸条吸去残留的水液(滤纸不要接触胶面)。按比例混匀浓缩胶液(也预先抽气,抽气时不要与核黄素混合,抽完气后再混合),先用这种胶液很快漂洗一下分离胶的顶部,除去漂洗液后,按上法加入浓缩胶0.5～1 cm高,并立即仔细加水层。然后在距管口10 cm处用日光灯照射进行光聚合。正常情况下照射6～7 min就可看到浓缩胶显乳白色,表明聚合开始。继续照半小时，使聚合完全。

除去水层，吸干后用上电极槽缓冲液洗涤，再将这种缓冲液加至管顶，在室温放置0.5～1 h就可使用。

浓缩胶应在临用前再制备。

3）加样

盘状电泳所需样品很少。1 mg/mL浓度的样品，每管需5～100 μL。

加样前先把玻璃管下边的橡胶塞除去，要注意先拉开乳胶管使空气进入，再拔下来，防止将凝胶拉坏。下槽中放满缓冲液，把管固定在上槽的洞中，要保证凝胶管垂直和橡皮塞孔密封不漏。管的下端悬上一滴缓冲液，再把上格放在下槽上，避免管下有气泡。管中凝胶表面上部及上槽均灌满电极缓冲液。

将4号贮液1份，水3份，20%蔗糖溶液4份混合，然后取血清3 μL，加上述混合液0.15 mL，混匀后小心地加在浓缩胶与电极缓冲液界面处，因样品液密度大，即平铺在凝胶表面。

指示染料一般用溴酚蓝或酚红，通常每管加0.1%的染料溶液0.005 mL，指示染料与样品混合后加入。

4）电泳

加完样后接通电源，负极在上，正极在下。调节电流，开始时用1～2 mA/管，电泳1～2 min，再升高电流到3～5 mA/管，开始电流不要很高。电流最好不超过5 mA，以免产热过多，必要时应进行冷却或在冷库内进行。

当指示染料迁移到凝胶柱的下端附近时就可停止电泳，取出玻管。

缓冲液可再行使用，但上下槽缓冲液不能混淆，因下槽已混入催化剂及氯离子（快离子），如将它当作上槽液用就要影响电泳效果。

5）凝胶的取出

将一针头长约10 cm的注射器吸满水，把针头插入凝胶与管壁之间，并紧贴管壁，一面注入水一面慢慢旋转玻管并推针前进，靠水流压力和润滑作用使玻管内壁与凝胶分开，待水从玻管一端流出时，再慢慢将针头退出。然后去掉针头，用注射器向玻管中快速注射水，将凝胶压出玻管。如凝胶浓度较高，取也困难，可用10%的甘油水溶液代替水注入。一般剥胶方向从浓缩胶端开始。

6）固定

为防止凝胶柱内已分离成分的扩散，需进行固定。方法是把剥出的凝胶柱浸泡在7%乙酸或12.5%三氯乙酸的水溶液中几分钟或浸泡在用7%乙酸或12.5%三氯乙酸液配制的染色液中，同时进行固定和染色。

7）染色

蛋白质的染色有多种方法，各有特色。附表1-2列出了常用的几种蛋白质染色法，可供选择。

附表 1-2 蛋白质电泳染色法

方 法	固 定	染 液	染色时间	脱 色
氨基黑10B	甲醇 7%乙酸	用0.1 mol/L氢氧化钠配制的1%氨基黑 用7%乙酸配制的0.5%~1%氨基黑	5 min(室温) 2 h(室温)或10 min(96℃)	5%乙醇 7%乙酸
考马斯亮蓝R250	20%磺基水杨酸 10%三氯乙酸 含尿素的在5%三氯乙酸	0.25%R250水液 10%三氯乙酸和1%R250 19:1(V/V) 5%磺基水杨酸和1% R250 19:1(V/V)	5 min(室温) 0.5 h(室温) 1 h(室温)	7%乙酸 10%三氯乙酸 90%甲酸
考马斯亮蓝G250	6%乙酸 12.5%三氯乙酸	6%乙酸中1% G250 12.5%三氯乙酸中0.1% G250	10 min(室温) 30 min(室温)	甲醇:水:浓氨水(64:36:1)
Fonceau 3R	12.5%三氯乙酸	0.1 mol/L NaOH中1% 3R	2 min(室温)	5%乙醇
固绿	7%乙酸	7%乙酸中1%固绿	2 h(5℃)	7%乙酸
氨基萘酚磺酸	2 mol/L盐酸浸几秒钟	0.1 mol/L磷酸盐缓冲液(pH6.8)中0.003%染料	3 min	

【方法二】

试剂配制：

(1) 缓冲液(pH8.9)：取 1 mol/L HCl 48 mL，三羟甲基氨基甲烷(Tris)36.6 g，四甲基乙二胺(TEMED)0.4 mL，加蒸馏水至 100 mL，调 pH 至 8.9。

(2) 缓冲液(pH6.7)：取 1 mol/L HCl 48 mL，Tris 89 g，TEMED 0.4 mL，加蒸馏水至 100 mL。

(3) 单体溶液：取丙烯酰胺(Acr)30 g，*N*，*N′*-亚甲基双丙烯酰胺(Bis)0.8 g，加蒸馏水溶解至 100 mL。

(4) 单体溶液：取 Acr 10 g，Bis 2.5 g，加蒸馏水溶解至 100 mL。

(5) 4%核黄素液：取 4 mg 核黄素加蒸馏水溶解至 100 mL(棕色瓶 4℃保存 2 周)。

(6) 20%蔗糖液：取蔗糖 20 g，加蒸馏水溶解至 100 mL。

(7) 0.14%过硫酸铵液：取 140 mg 过硫酸铵，加蒸馏水至 100 mL(4℃保存 1 周)。

(8) 蒸馏水。

(9) 电极缓冲液：取 Tris 0.6 g，甘氨酸 2.88 g，加蒸馏水溶解至 1000 mL，测 pH＝8.3。

(10) 5％三氯乙酸溶液（TCA）：取 TCA 5 g，加水到 100 mL 混匀。

(11) 0.5％氨基黑 10B 染色液：取氨基黑 10B 0.5 g 溶于 7％乙酸 100 mL 中。

(12) 洗脱液：取 70 mL 冰乙酸加蒸馏水至 1000 mL 混匀。

(13) 0.1％溴酚蓝：取 100 mg 溴酚蓝加水至 50％甘油 100 mL 溶解。

1) 原理

不连续盘状电泳往往包含两种以上的缓冲溶液、pH 和凝胶孔径。在小玻璃管内，把性质不完全一样的聚丙烯酰胺凝胶重叠起来，如附图 1-1 所示，包含浓缩胶和分离胶，分离胶其孔径一般比浓缩胶小，pH 也不同。浓缩胶是单体溶液在 Tris-HCl 缓冲液中由核黄素催化合成的大孔胶，pH6.7；分离胶是单体溶液在 Tris-HCl 缓冲液（pH8.9）中通过过硫酸铵催化剂聚合成的小孔胶。将含有这两种凝胶的玻璃管放在含有 Tris-甘氨酸缓冲液（pH8.3）的电泳槽内进行电泳，就是不连续的盘状聚丙烯酰胺凝胶电泳。

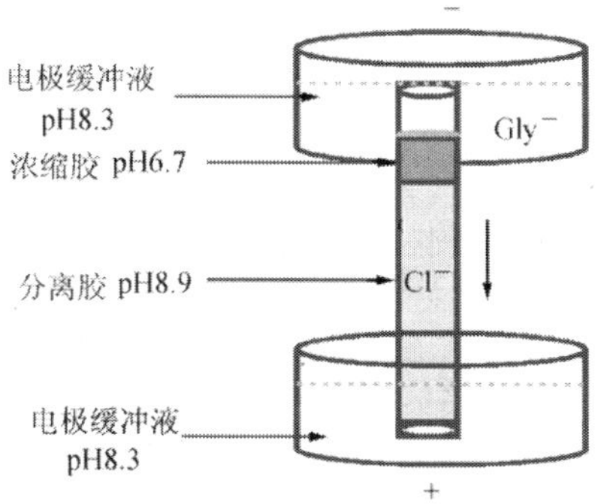

附图 1-1　盘状电泳装置

(1) 浓缩效应。

样品通过浓缩胶被浓缩成高浓度的样品薄层。浓缩胶是用 pH6.7 的 Tris-HCl 缓冲液制成的，电泳时，由于 HCl 解离度大，几乎全部释放出 Cl^-；而在电泳槽中，Tris-甘氨酸缓冲液是 pH8.3，甘氨酸的等电点为 6.0，电泳过程中只有极少数分子（1％～0.1％）解离成 $H_2N\text{-}CH_2\text{-}COO^-$。一般酸性蛋白质在此 pH 下也解离为带负电荷的离子，但其解离度比 HCl 小，比甘氨酸大。这 3 种离子带有同性电荷，在一定的电场作用下，它们的泳动率是不一样的。

有效泳动率最大的称为快离子，最小的称为慢离子（附图 1-2）。电泳开始时两种凝胶中都含有快离子，只有电泳槽中的缓冲液含有慢离子。电泳开始后，由于快离子的泳动率最大，在快离子后面就形成一个离子浓度低的区域，即低电导区。电导与电势梯度是成反比的，低电导区就产生了较高的电势梯度，这种高电势梯度使蛋白质和慢离子在快离子后面加速移动，因而在高电势梯度区和低电势梯度区之间形成一个迅速移动的界面。由于样品蛋白质的有效泳动率恰好介于快、慢离子之间，所以也就聚集在这个移动的界面附近，被浓缩成一狭小的样品薄层(附图 1-3)。

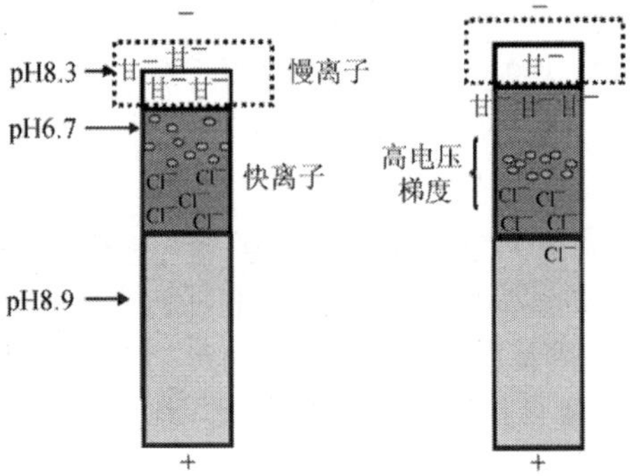

附图 1-2　盘状电泳中的快离子和慢离子

(2) 电荷效应。

蛋白质混合物在界面处被高度浓缩，堆积成层，形成一狭小的高浓度的蛋白质区带，但由于每种蛋白质分子所带的电荷不同，因而泳动率也不同，各种蛋白质以一定的顺序排列成一个个圆盘状蛋白质区带(附图 1-3)。

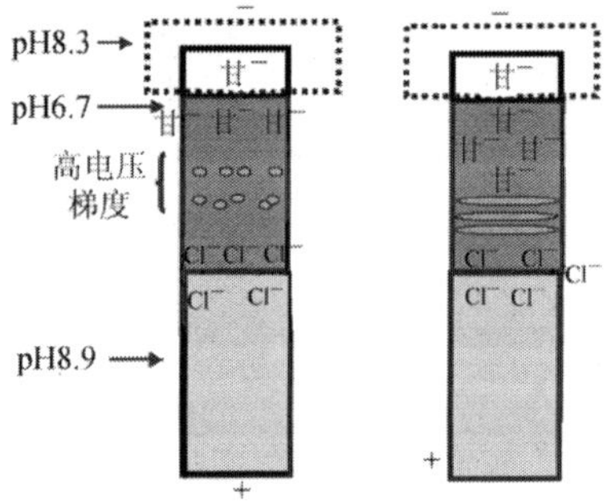

附图 1-3　浓缩效应

(3) 分子筛效应。

蛋白质进入分离胶时，由于 pH 和凝胶孔径突然改变，使甘氨酸的解离度增大，它的有效泳动率也增加，此时甘氨酸很快就赶上并超过了蛋白质分子，这样高电势梯度不存在了，使蛋白质样品进入一个均一的电势梯度和 pH 条件的分离胶中。分离胶的孔径较小，相对分子质量或构型不同的蛋白质通过分离胶，所受摩擦力为分子筛的作用。即使净电荷相似，泳动率相等的蛋白质分子也会由于分子筛效应在分离胶中被分开(附图 1-4)。

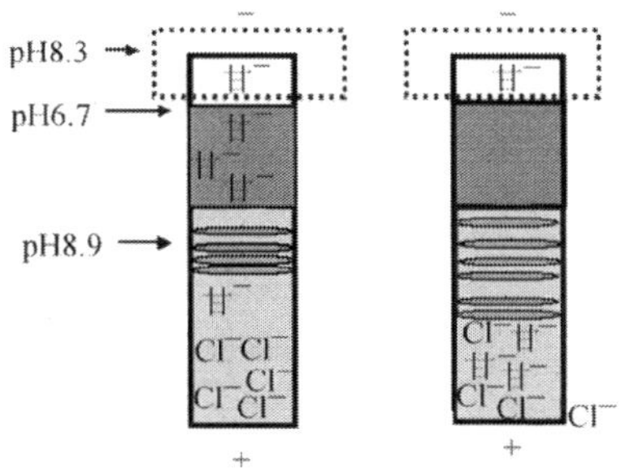

附图 1-4　分子筛效应

2) 操作步骤

整个电泳装置如附图 1-5 所示,包括上下两槽,凝胶置小玻璃管内。电泳完成后需剥出凝胶条,染色后观察结果。

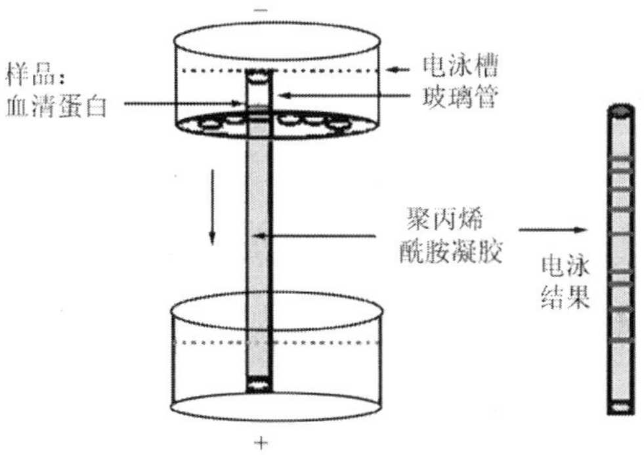

附图 1-5　电泳装置

(1) 封管。

制胶前先将玻璃管的一端封口以便灌胶,封口后垂直置于管架上(附图 1-6)。

(2) 制胶。

① 制备 6%的分离胶(4 人配一份)(附图 1-7)。

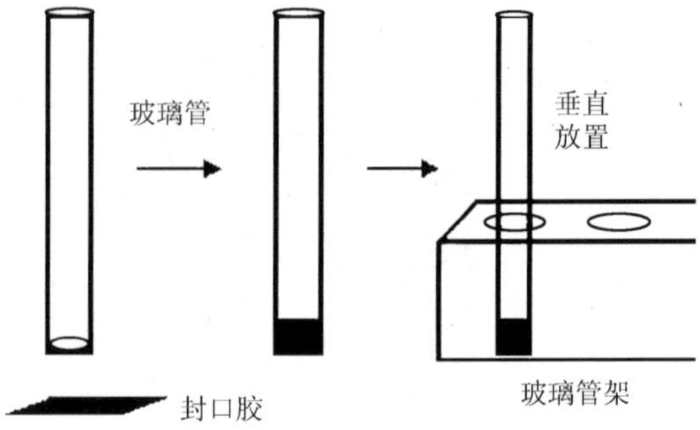

附图 1-6　玻璃管封口

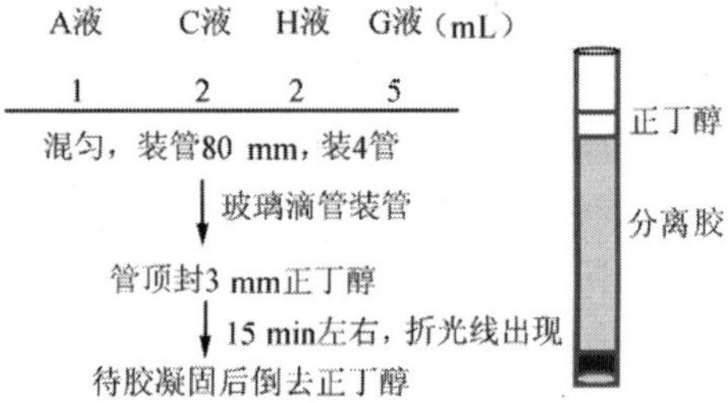

附图 1-7　分离胶的制备

② 制备 3%浓缩胶(4 人配一份)(附图 1-8)。

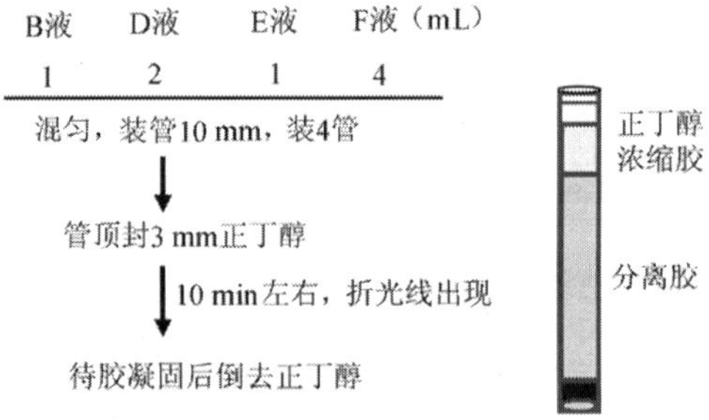

附图 1-8　浓缩胶的制备

(3) 安装、加样、电泳。制好胶后将其安装于电泳槽上，加样于浓缩胶上使成一薄层。按 2～3 mA/管通电，至指示染料迁移到凝胶柱的下端附近时停止电泳，取出玻管(附图 1-9)。

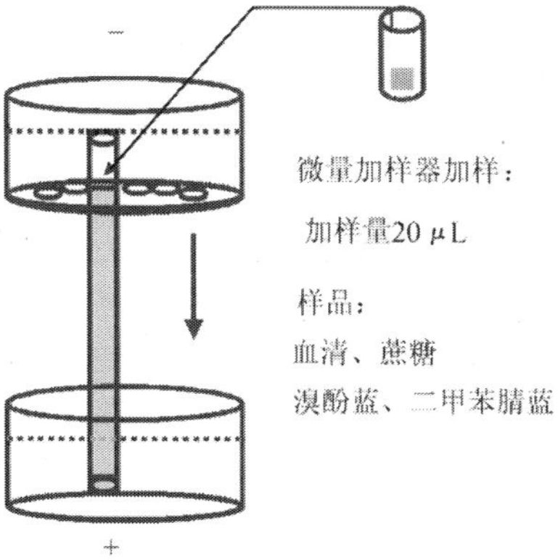

附图 1-9　玻璃管的安装

(4) 剥胶、固定、染色、脱色。把剥出的凝胶柱浸泡在 12.5%三氯乙酸的水溶液中 5 min，然后浸泡在用 12.5%三氯乙酸液配制的染色液中染色 2 min。漂洗液中漂洗至背景透亮(附图 1-10)。

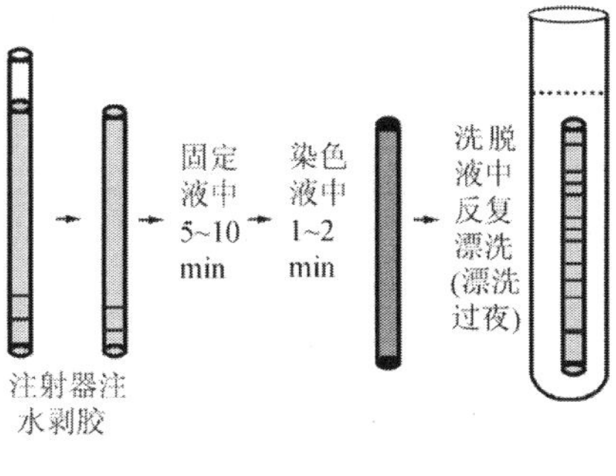

附图 1-10　凝胶的固定和显色

实验 2　凝胶过滤法测定蛋白质相对分子质量

1　目的

熟悉凝胶过滤法的工作原理、基本操作技术。

2　原理

凝胶过滤是广泛应用于蛋白质、酶、核酸等生物高分子分离分析的有效方法之一，它是以被分离物质的相对分子质量差异为基础的一种层析方法。此类层析的固相载体是具有分子筛作用的凝胶。目前，使用较多的是具有各种孔径范围的葡聚糖凝胶（商品名为 Sephadex），其他还有聚丙烯酰胺凝胶（商品名为 Biogel）及琼脂糖凝胶（商品名为 Sepharose）。

葡聚糖凝胶是由一定平均相对分子质量的葡聚糖（右旋糖）和甘油基以醚桥形式相互交联形成的三维空洞网状结构，是一种不溶于水的物质。通过控制交联剂环氧氯丙烷和葡聚糖的配比及交联时的交联度而获得具有不同“网眼”的凝胶。“网眼”的大小决定了被分离物质能够自由出入凝胶内部的相对分子质量的范围（附图 2-1）。

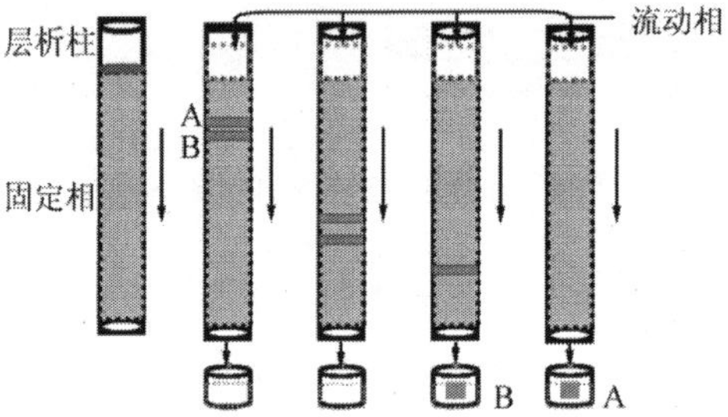

附图 2-1　凝胶层析原理

3　材料

（1）层析柱：直径 2～2.5 cm、长 50～60 cm 或直径 0.9～1.2 cm、长100～150 cm 的玻璃管，要求内水体积大于 100 mL。

（2）恒压瓶：部分收集器。

（3）紫外及可见光分光光度计。

（4）细长滴管：锥形瓶；内径稍小于层析柱的长玻璃管。

（5）试剂：

① 葡聚糖凝胶 G-200。

② 0.9%氯化钠溶液。

③ 蓝葡聚糖 2000。

④ 标准样品：细胞色素 c（相对分子质量 11 700）、卵清蛋白（相对分子质量 43 000）、牛血清清蛋白（相对分子质量 68 000）、γ-球蛋白（相对分子质量 165 000）。

⑤ 未知样品（核糖核酸酶）。

4　操作

1）凝胶溶胀

根据预计的总床体积和所用干胶的床体积，称出所需干凝胶，放入 250 mL 锥形瓶中,并根据其得水值加入适量的蒸馏水(水可略多一些),热后置于沸水浴中煮沸5 h,冷却至室温。

2) 装柱

按照附图 2-2 安装柱、恒压瓶及部分收集器。装柱前将溶胀的凝胶减压抽气10 min以除尽气泡。

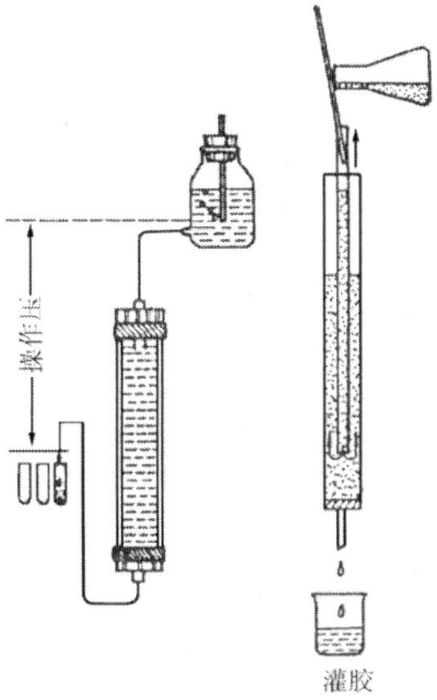

附图 2-2 凝胶过滤装置

在柱内先注入 1/5～1/4 的水,再插入一根直径稍小的长玻管,一直到柱的底部,然后轻轻搅动凝胶(切勿搅动太快,以免空气再进入),使形成均一的薄胶浆,并立即沿玻棒倒入长玻管内。待凝胶开始沉降时打开出口,并缓缓提起长玻管。然后一边灌凝胶,一边提升玻管(长玻管的作用是可以减少器壁效应以使柱装得比较均匀),直至液体充满整个柱时再将玻管抽出。柱要一次装完,不能间歇。如抽出玻管后凝胶尚未倒完,则不待凝胶完全沉降形成胶面时就吸出上清液;用玻棒轻轻搅动上部凝胶,再继续加入凝胶,如此重复,直至完全装好为止。待凝胶沉降后放置15～20 min,与盛有 0.9%氯化钠溶液的恒压洗脱瓶连接,开始流动平衡。此时流速不能太大,必须低于层析时所需的速度,在平衡过程中逐渐增加到层析时的速度。一般用 3～5 倍总床体积的洗脱液流过柱就可以了[附图 2-3(a)]。

3) 柱的检验及调定外水体积

称取 2～3 mg 蓝葡聚糖 2000 溶于 0.4 mL 0.9%氯化钠溶液中。

将凝胶床面上的液体吸掉,面上留下一些液体从柱的出口流出。等到凝胶床面上的液体正好流干时,用滴管将蓝葡聚糖加到凝胶床面上,注意不要破坏床面。要从床面中央开始加，逐渐转到外围，要避免沿柱壁滴加，以免样品从柱壁滑下(加完后如不够均匀，可用玻棒浅浅地、缓缓地搅动床面)，待其正好流干时再加少量 0.9%氯化钠溶液，等到流干后再加 0.9%氯化钠溶液，使床面上液体高度不小于 5 cm。这样滴入洗脱液时不会冲动凝胶床面。然后连接洗脱瓶进行洗脱，同时用部分收集器收集洗脱液(上完样后立即开始收集)，流速控制在 2～3 min 内流过 1 mL。注意观察蓝色区带向下移动的情况，如前沿平齐，区带均匀，说明柱是均匀的，可以使用[附图 2-3(b)、附图 2-3(c)]。

在蓝葡聚糖全部流出柱后，用 610 nm 波长测定各管的光吸收值，其洗脱体积(从第一管至峰值管的洗脱液体积)即为柱的外水体积。

4) 标准曲线的制作

称细胞色素 c、卵清蛋白、牛血清清蛋白及 γ-球蛋白各 2～3 mg，分别溶于 0.4～0.5 mL 0.9%氯化钠溶液中，然后像洗脱蓝葡聚糖那样，分别上样、洗脱、收集，并用 230 nm 波长测定光吸收值(细胞色素 c 也可用 410 nm 波长测定)。求出 V_e。

画出洗脱曲线，算出每一种蛋白质的 V_e/V_o[附图 2-3(c)、附图 2-3(d)]，然后以 V_e/V_o 对 lg M_r 作图。

凝胶过滤层析过程图示如下：

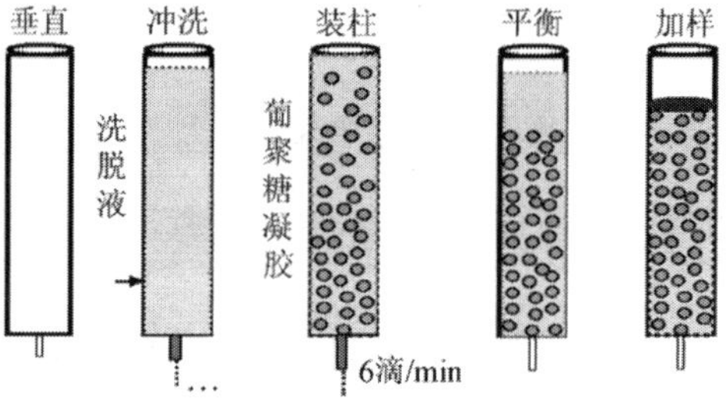

(a)

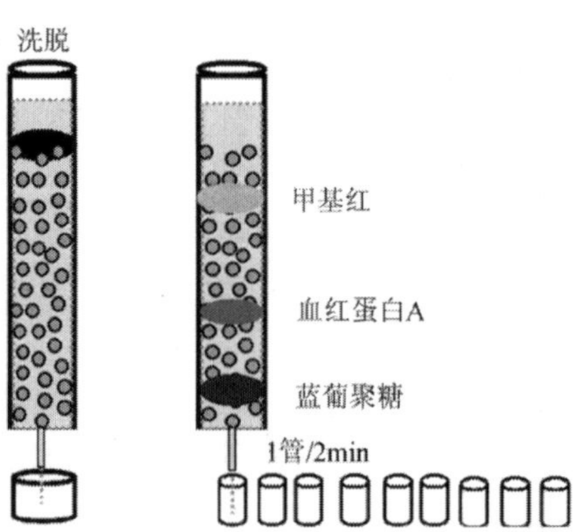

(b)

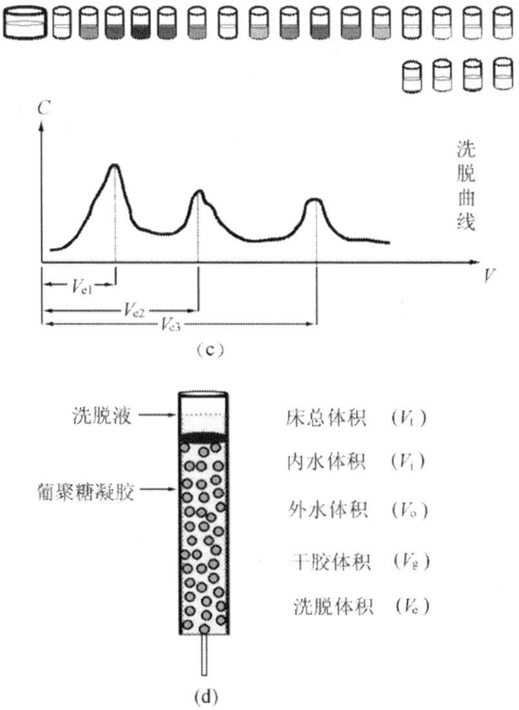

附图 2-3 凝胶层析步骤

5）未知样品的测定

称取未知样品 2～3 mg，溶于 0.4～0.5 mL 0.9%氯化钠溶液中。用同样方法，测出其 V_e，计算 V_e/V_o，再在图上找出对应的 lg M_r 值，从而求出 M_r。

实验3 透析实验

1 目的

学习透析的基本原理和操作。

2 原理

蛋白质是大分子物质，它不能透过透析膜，而小分子可以自由透过。在分离提纯蛋白质的过程中，常利用此法使蛋白质与其中夹杂的小分子物质分开。

3 材料

(1) 透析管或玻璃纸。

(2) 电磁搅拌器。

(3) 试剂:蛋白质的氯化钠溶液(3个除去卵黄的鸡卵蛋清与700 mL水及300 mL饱和氯化钠溶液混合后,用数层干纱布过滤);10%硝酸溶液;10%硝酸银溶液;10%氢氧化钠溶液;1%硫酸铜溶液。

4 操作

(1) 用蛋白质溶液进行双缩脲反应。

(2) 向火棉胶制成的透析管中装入10~15 mL蛋白质溶液并放在盛有蒸馏水的烧杯中。

(3) 约1 h后,自烧杯中取水1~2 mL,加10%硝酸溶液数滴使之成酸性,再加入1%硝酸银溶液1~2滴,检查氯离子的存在。

(4) 从烧杯中另取1~2 mL水,做双缩脲反应,检查是否有蛋白质存在。

(5) 不断更换烧杯中的蒸馏水(并用电磁搅拌器不断搅动蒸馏水)以加速透析过程。数小时后从烧杯的水中不再能检出氯离子,此时停止透析并检查透析袋内容物是否有蛋白质或氯离子存在(此时应观察到透析袋中球蛋白沉淀,这是因为球蛋白不溶于纯水的缘故)。

实验4 双缩脲反应

1 原理

尿素加热至180℃左右,生成双缩脲并放出一分子氨。双缩脲在碱性环境中能与Cu^{2+}结合生成紫红色化合物,此反应称为双缩脲反应。蛋白质分子中有肽键,其结构与双缩脲相似,也能发生此反应。可用于蛋白质的定性或定量测定。

2 材料

尿素	10 g
10%氢氧化钠溶液	250 mL
1%硫酸铜溶液	60 mL
2%卵清蛋白溶液	80 mL

3 操作

取少量尿素结晶，放在干燥试管中。用微火加热使尿素熔化。熔化的尿素开始硬化时，停止加热，尿素放出氨，形成双缩脲。冷后，加10%氢氧化钠溶液约1 mL，振荡混匀，再加1%硫酸铜溶液1滴，再振荡。观察出现的粉红颜色（要添加过量硫酸铜，否则，被生成的蓝色氢氧化铜所掩盖）。向另一试管加卵清蛋白溶液约 1 mL 和 10%氢氧化钠 2 mL，摇匀，再加 1%硫酸铜溶液 2 滴，随加随摇。观察玫瑰色的出现。

实验 5　胰岛素及肾上腺素对血糖含量的影响

1　目的

观察这两种激素对血糖含量有何影响。

2　原理

胰岛素能促使肝糖原及肌糖原的生成，促使组织对葡萄糖的氧化与利用，因而可使血糖含量下降。肾上腺素则能使肝糖原分解，增加血糖含量，在这方面它的作用与胰岛素相反，肾上腺素在生理上尚有其他重要作用。

3　材料

(1) 胰岛素(80 U/mL)。

(2) 肾上腺素(1/1000，即每毫升含 1 毫克)。

(3) 测定血糖试剂。

(4) 兔子两只。

4　操作

1) 胰岛素试验

(1) 称量动物体重。

(2) 计算胰岛素注射剂量：按照 4 U/kg(以体重计)计算。

(3) 注射激素以前先从心脏穿刺取血 2～3 mL，放于含有抗凝剂的试管内，用做血糖测定。

(4) 按计算剂量于动物皮下注入胰岛素，注意记录时间。

(5) 1 h 后，再取血 1 次，作血糖测定。

2) 肾上腺素试验

肾上腺素注射量：0.25 mg/kg(以体重计)，皮下注射，注射后 15～30 min 取血。其余操作与上同。

3) 测定激素注射前后的血糖含量

4) 比较胰岛素及肾上腺素注射前后血糖的含量

实验6　血糖含量测定[①]

1　目的

熟悉血糖测定方法和临床意义。

2　原理

葡萄糖氧化酶 GOD 法测定。

葡萄糖可由葡萄糖氧化酶氧化成葡萄糖酸并产生过氧化氢，后者与苯酚及4-氨基安替吡啉在过氧化物酶作用下产生红色化合物。测定该有色化合物的吸光度将能计算葡萄糖含量。

整个反应可简单表示如下：

葡萄糖＋氧＋水 $\xrightarrow{\text{葡萄糖氧化酶}}$ 葡萄糖酸 ＋ 过氧化氢

过氧化氢＋苯酚＋4-氨基安替吡啉 $\xrightarrow{\text{过氧化物酶}}$ 红色化合物

3　材料

本试剂盒内装有3种试剂：

(1) 酶试剂(含适量的稳定剂)。

(2) 苯酚溶液(1%)。

(3) 葡萄糖标准液 5.55 mmol/L(1 mg/mL)。

4　操作

(1) 用蒸馏水将1%苯酚溶液稀释至0.1%；用时将1%苯酚溶液与等量酶试剂混合成酶酚混合液。

(2) 手工操作法。在一系列试管中按附表6-1加入各溶液：

①用本试剂盒测定血清中葡萄糖含量，其线性范围为 0～27.75 mmol/L(0～500 mg/dL)。参考值：空腹血糖为 3.89～6.11 mmol/L(70～110 mg/dL)。

附表 6-1　血糖含量测定

溶液	空白管	标准管	测定管
血清	—	—	0.020
葡萄糖标准液(5.55 mmol/L)	—	0.020	—
蒸馏水	0.020	—	—
酶酚混合物	3.00	3.00	3.00

注:将各管分别混匀,置37℃水浴中保温20 min,然后冷却至室温。比色(波长505 nm),以空白管校正"0"点,读取各管光密度。

葡萄糖含量的计算公式为:

葡萄糖含量 =(测定管光密度/ 标准管光密度)×5.55

实验7　蛋白质定量测定

常用的蛋白质含量测定方法如附表7-1所示。

附表 7-1　常用蛋白质含量测定法

方　法	测定范围/(mg/mL)	最大吸收波长/nm	特　点
双缩脲法	1～10	540	重复性好、灵敏度差
Lowry法	0.005～0.1	750	灵敏度好、干扰因素多
紫外分光法	0.1～1.0	280	灵敏、快速、半定量
	0.02～0.1	215～225	灵敏、快速、较准确
考马斯亮蓝G 250法	0.01～0.1	595	灵敏、简便、误差较大

1　紫外吸收法——A_{280}光吸收法

原理:由于蛋白质分子中酪氨酸和色氨酸残基的苯环含有共轭双键,因此蛋白质溶液在275～280 nm处有一紫外吸收高峰,在一定浓度范围内280 nm的光吸收值与其浓度成正比。灵敏度在0.1～1.0 mg/L。

方法:取3 mL蛋白质溶液以缓冲液作为对照,用光径1 cm石英比色池,在A_{280}测光吸收值,然后用标准蛋白对照法或标准曲线法测定蛋白浓度。此法一般常用于生化制备柱层析分离。

2　考马斯亮蓝G250染色法

考马斯亮蓝G250在酸性溶液中呈棕褐色,它与蛋白质通过疏水结合作用后,变为蓝色,最大吸收光谱从470 nm移至595 nm,在一定条件下,蛋白质的浓度与595 nm吸光度呈正比例。该法灵敏度在0.01～1.0 μg/mL。快速简便,但在不同蛋白质之间差异甚大，且标准曲线在高浓度时线性关系较差。

1) 试剂

(1) 蛋白质染色液(含0.01%考马斯亮蓝G250，4.7%乙醇，0.5%磷酸)，贮在棕色瓶可保存1个月。

(2) 标准蛋白液：先配0.5 mg/mL BSA贮液，再稀释成100～500 μg/mL系列浓度。

2) 标准曲线制作

在一系列试管中按附表7-2加入各溶液：

附表7-2　蛋白质定量测定

溶液	0管	1管	2管	3管	4管	5管
系列标准蛋白液/mL	—	0.1	0.1	0.1	0.1	0.1
实际蛋白质含量/μg	—	10	20	30	40	50
0.9%生理盐水/mL	0.1	—	—	—	—	—
蛋白质染色液/mL	5.0	5.0	5.0	5.0	5.0	5.0

轻轻摇匀，5 min后以0管调空白，595 nm分光光度法测光密度值，描出标准曲线(附图7-1)。未知样品从标准曲线上查出相应浓度。

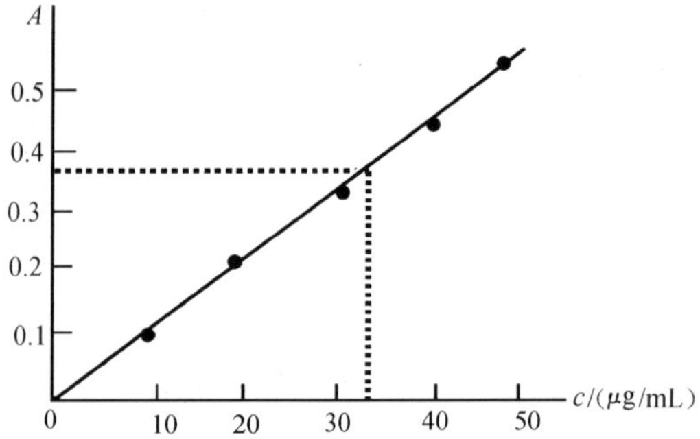

附图7-1　蛋白含量标准曲线

第四篇　分子生物学实验室基本操作和数据

第 1 章　分子生物学实验室常规仪器设备

一个标准的分子生物学实验室大致可以分为：实验室、仪器分析室、离心机室、细胞培养室、放射性核素操作室、冷室、暗室、消毒室、洗涤室和动物饲养室等。

1.1　实验室的常规仪器及设施

1.1.1　温度控制系统

一个正规的分子生物学实验室应该是一个恒温、恒湿的环境，因为许多生物实验在恒温、恒湿条件下进行操作才较为理想，所以实验室应具备空调装置，有的还需空气加湿器。但大多数实验室，尤其是仪器分析室要求保持干燥。这样才能保证一年四季不因温度和湿度的变化而影响实验的操作和实验结果。

根据药品、试剂及多种生物制剂保存的需要，必须具备不同控温级别的冰箱，其中最常使用的有：4℃、－20℃和－80℃冰箱。有些实验应在低温环境下进行操作，如电泳、层析、离心和保存琼脂菌板等，所以，还需有一个体积较大的冷室或冷柜，温度在 0～10℃为宜。

某些实验材料，如细胞株、菌株、某些器官组织，以及纯化的样品等，要求速冻和长期保存在超低温环境下，这就需要一个中等容量的液氮罐，像 35 L 和 50 L 的液氮罐。由于 35 L 和 50 L 的液氮罐不便于移动，所以还需要准备一个 10 L 的液氮罐，用于往大液氮罐中定期添加液氮，千万要防止液氮罐里的液氮干了或过少致使实验材料变质。

37℃恒温箱主要应用于细菌的固体培养和细胞培养；CO_2 培养箱适用于培养各种细胞；利用 37℃恒温空气摇床可以进行液体细菌的培养；25～100℃水浴摇床可用于分子杂交实验、各种生物化学酶反应等实验的保温；25～100℃水浴箱用于常规实验；循环式或恒温水浴箱是可以制冷也可以加热的水浴箱，主要用于 DNA 探针缺口标记、酶反应试验、电泳冷却循环用水等；烤箱主要应用于烘干实验器皿，有些需要温度高些，有些需要温度低些，如 RNA 方面的实验用具，就需要在 250℃烤箱中进行烘干，而有些塑料用具只能在 42～45℃的烤箱中进行烘干。

1.1.2 水的净化装置

随着分子生物学的飞速发展，许多实验对水的纯度要求越来越高。第一次蒸馏的水(即单蒸水)常常难以满足实验要求，要进行第二次蒸馏(即双蒸水)，它可以去除水中的大部分有机杂质，但制作时间较长，而且无机杂质仍然很多。许多实验还需要去离子水，这就需要阴阳离子交换树脂进行处理。

目前，许多国家的实验室都使用高质量的超纯水。应用超纯水在高精度的仪器分析中是不可缺少的。美国微孔滤膜公司的 Milli-Q 超纯水制造系统所制造的超纯水，符合美国材料试验学会(ASTM)、美国病理学会(CAP)和临床医学会(NCC-LS)的Ⅰ型(试剂等级)的规格，可用蒸馏水、离子交换水或反渗透纯水作为生产超纯水的供水，通过磁铁耦合齿轮泵使供水不断地循环，在需要时能立即采水使用。供水经过 Nuclear-Grade 的临床离子交换树脂柱和活性炭柱，可以除去溶解的无机粒子和吸附的有机物，出水的终端使用 40 层的 0.22 μm 的微孔滤膜，可完全除去孔径以上的粒子微生物。

这种高质量的超纯水适用于许多学科领域，如分子克隆、各种色谱分析、氨基酸分析、DNA 测序、酶反应、组织和细胞培养等实验都需要高质量的超纯水。

1.1.3 消毒设备

细菌和细胞培养及核酸等有关实验，所用的试剂、器皿及其他实验用具，应严格灭菌，有的实验还要求没有核酸酶的污染，故应将实验器械、试剂等进行高压消毒。对于经过导入 DNA 重组分子的菌株，操作后必须进行严格的高压消毒灭活处理，有些动物材料应在实验后进行焚毁。

大批实验物品、试剂、培养基可以使用大型消毒器定时进行消毒，但是，在实验中还经常需要一个 1.56 kg/cm^2 的高压消毒锅，以进行小批量的物品随时消毒。

一些不能经受高压、高温消毒的试剂可用滤器滤膜除菌，器皿可用紫外线照射、75 %乙醇或 0.1%的十二烷基硫酸钠(SDS)浸泡消毒。

所有的细胞培养、细菌培养的操作，都应在紫外线消毒后的超净工作台中进行。

1.1.4 计量系统

1) 称量系统

常用的天平可备有台秤、架盘药物天平、扭力天平、摆动天平、尼阻分析天平、电光分析天平(全自动、半自动)、上皿电子天平和精密电子分析天平等。

2) 液体体积的度量

量筒:常用的量筒有 5～2000 mL 等各种规格。

移液管:玻璃移液管应有 0.1～10 mL 等各种规格。

可调式微量移液器: 1～5000 μL 等各种规格。

微量液体处理系统:微量液体处理系统是在电脑软件控制下,进行微量移液和液体稀释的由针筒和气阀组成的可程序化稀释器/喷注器,可处理 1～10 000 μL 范围的液体。将预注稀释剂吸入左边的针筒内,同时把样品液吸入右边的针筒内,样品液与试剂或稀释剂混合后一起喷出,且有不同的记忆程序。

还应备有一些用于粗量液体体积的刻度试管、刻度离心管、刻度烧杯及刻度锥形瓶等。

3) pH 计

是测定溶液中氢离子直接电位的仪器,它主要是通过一对电极,在不同的 pH 溶液中产生不同的电动势,把电压表测得的电池电动势用 pH 表示出来。

pH 试纸只适用于培养液、酚饱和液、缓冲液或其他试剂溶液的 pH 的粗略估计,而大部分试剂的配制要求严格的 pH,因此应具有一台精确度高的(精确到小数点后两位)电脑 pH 计。目前精确的 pH 计基本上都是在微处理机控制下进行酸度测定,测定范围也很广泛,pH 从 0～16,分辨率随仪器的性能而有粗有细,有些还带有错误信息指示、连续记忆等功能。值得注意的是,许多缓冲液的 pH 与温度有密切关系,所以在调 pH 时,要将 pH 计的指示温度调至以后反应所需温度,这样才能保证在所需的反应温度条件下溶液的精确 pH。应当记住,不是所有的试剂的配制都是在 37℃或室温下进行 pH 调整的。

4) 分光光度计

是利用物质在可见光和紫外线区域中的吸收光谱来鉴定该物质的性质及其含量的一种仪器。

它是由光源、单色器、吸收池、接收器、测量仪表或显示屏幕所组成。光密度是许多溶液中溶质定量的方便指标之一,通过所产生的单色光而测定某一溶液对该单色光的吸收值,利用它可进行核酸溶液定量和纯度的初步判断。实验室经常使用的大都是紫外与可见光合并在一起的紫外与可见光分光光度计。

1.1.5 其他设备

1) 微波炉

便于一些溶液的快速加热与定温加热,如对配制的电泳琼脂凝胶液进行熔化,68℃核酸杂交洗膜液的定点加温等。对于核酸溶液不要用微波炉加热,以防止对核酸链的破坏。

2）真空加热干燥箱

广泛应用于核酸在硝酸纤维素膜和尼龙膜上的固定，用于 Southern、Northern 等杂交实验。

3）紫外交联仪

使样品与膜经紫外线而交联在一起的仪器，其速度快且膜不变脆。其工作原理是紫外线直接照射在膜上的样品（蛋白质、核酸等），使光波转换成热能，而把样品固定在膜上，当累积热能量达到要求时，仪器中的传感器自动关掉紫外线而停止工作。适应 Southern、Northern、Western、Southwestern 狭缝和斑点印迹及菌落和噬菌斑的筛选等杂交膜的样品交联。

4）电泳凝胶干燥器

是将电泳后的凝胶进行脱水干燥的仪器，一般可将凝胶干燥到一张玻璃纸上，干燥后的凝胶易于保存。

5）液氮冷冻干燥仪

适用于活性蛋白质样品的干燥与结晶。例如，提纯后的蛋白质如酶、膜蛋白、脂蛋白、免疫球蛋白、抗原和受体等样品溶液，量大且不易保存，所以应进行冷冻干燥成干品，才易保存且不易变质。

许多实验都需要抽真空，例如，用于细胞培养的血清需要在真空泵抽负压的情况下过滤灭菌；乙醇沉淀后核酸样品的干燥；电泳凝胶的干燥；Southern、Northern 转移、斑点及狭缝杂交的核酸样品点样制膜的固定。

6）制冰机

用于制造大多数核酸、蛋白实验操作所需要的低温环境，以减少核酸酶或蛋白酶的降解。

7）紫外线灯

对于电泳后含溴化乙锭的核酸样品需要在紫外线灯下进行观察，其波长一般为 254 nm、366 nm 两种。前者灵敏度高，但对核酸链有损害作用，并引起褪色，长时间照射，影响观察和照相效果，更重要的是回收的 DNA 片段质量不佳，所以，应尽可能减少照射时间；后者对核酸损伤小，但灵敏度不如前者。辐射式紫外灯对观察者照射少，而透射式紫外线灯的照相效果好，但必须佩戴有机质防护面罩。

此外，磁力搅拌器、多角度旋转混匀器、快速振荡混匀器，均为很实用的小型设备。

在进行样品分离提纯的实验中，还应准备组织匀浆或超声组织及细胞破碎器。

可调式电加热帽和玻璃蒸馏器用于酚等有机试剂的蒸馏。

常规的玻璃或塑料器皿，应包括平皿、试管、烧杯、量瓶、试剂分液滤斗等。有些需避光的试剂，应使用棕色试剂瓶保存，如饱和酚、巯基乙醇等。

另外还有以下一些小型设备及用具:定时器、封口蜡膜、3 MM 滤膜、塑料热封膜机、记号笔、一次性塑料或乳胶手套、防酸橡胶手套、防护眼镜和鸭嘴镊等。

1.2 离心机室的装备

在研究生物的结构与功能中，离心技术是不可缺少的一种物理技术手段。因为各种物质在沉降系数、浮力和质量等方面有差异，可利用强大的离心力场，使其分离、纯化和浓缩。目前有各式各样的离心机，可供少于 0.05 mL 的样品离心之用。有些离心机的转速和温度控制是粗略的;有些则很精确，可将这些参数控制在 5%以内。离心技术的应用相当广泛，包括收集和分离细胞、细胞器和生物大分子等。下面介绍几种实验室常用的离心机。

普通离心机:最大转速为 6000 r/min;最大离心力为 6000 *g*。

高速离心机:最大转速为 25 000 r/min;最大离心力为 89 000 *g*。

超速离心机:最大转速为 90 000 r/min;最大离心力为 694 000 *g*。

台式超速离心机:最大转速为 120 000 r/min;最大离心力为 625 000 *g*。

(1) 医用或台式离心机。它们最常用于压紧或收集小量快速沉降的物质(如红细胞、粗大的沉淀物、酵母菌和细菌)。大多数台式离心机的最大速度每分钟不超过 3000 转,并且都在室温下运转。

(2) 低速冷速离心机。主要用于细胞、细胞核、细胞膜、细菌的沉淀、收集。

(3) 台式离心机有常温和冷冻两种,最大转速为 12 000～15 000 r/min,主要用于生物大分子的微量操作。

(4) 高速离心机。是指转速高达 20 000～25 000 r/min 的一些离心机。它们多数用于制备、收集微生物、细胞碎片、细胞、大的细胞器、硫酸铵沉淀物及免疫沉淀物等。

(5) 超速离心机。以其能超过 500 000 *g*(75 000 r/min, r=8 cm)的离心力，开辟了完全崭新的研究领域。此法已成为分离、提纯、鉴定、分析生物大分子的技术之一。

应用差速离心、等密梯度离心、密度梯度离心等方法，可以分离制取线粒体、微粒体、染色体、溶酶体、质粒、肿瘤病毒等各种亚细胞物质;用强大向心力长时间离心，可以获得具有生物活性的大分子核酸、各种与蛋白质合成有关的酶系和蛋白因子等，用分析性超离心可以检测生物大分子的构象变化、测定相对分子质量及计算沉淀系数。因此，超离心的应用不仅为遗传工程、酶工程、蛋白质工程、细胞工程、分子生物学工程和生物工程的发展提供了物质基础，而且已成为生物化学、分子生物学理论进展的动力。

1.3　分析仪器室的设置

仪器室是放置公用的大型或高精密仪器的场所。大多数仪器都怕热、怕阳光、怕灰尘、怕潮湿、怕震动。仪器室安装的玻璃窗都是双层的，而且还配有百叶窗帘、空调设备，而且有的仪器室还需要几道门，以缓冲不必要的空气流动和灰尘。分子生物学实验室的精密分析仪器一般有以下几种：电子分析天平、各种电泳装置、各种层析装置、DNA 合成仪、DNA 顺序仪、多肽合成仪、氨基酸顺序仪、激光扫描仪、分光光度计、酶标仪等。下面我们着重介绍一些分子生物学研究中常用的仪器设备。

1.3.1　电泳装置

自从 1937 年 Tiselius 利用电泳现象制造了界面电泳仪，用于蛋白质的研究后，各种电泳仪器相继诞生。

目前，电泳技术不仅是检测、鉴定各种生物大分子纯度、含量及描述它们特征的主要工具，甚至还是分离、纯化、回收和浓缩样品的主要工具之一。我们知道，核酸和蛋白质等分子都带有电荷，当它们被置于电场中时能够移动。电泳装置由两部分组成：电源装置、电泳装置。

电源装置：电源需经整流后通过稳压器，这样既能提供稳定的直流电，又能输出稳定的电压。电源装置可分为常压稳压电泳仪、中压稳压电泳仪和高压稳压电泳仪。常压稳压电泳仪一般为输出 0～500 V 和 0～150 mA 的电源装置。中压稳压电泳仪一般为 400～1000 V 的电源装置。高压稳压电泳仪一般为 1000 V 以上的电源装置。

电泳槽装置：一般可分为水平电泳槽装置和垂直电泳槽装置。

水平电泳槽装置可用于纸上电泳、醋酸纤维薄膜电泳、薄层电泳、琼脂糖凝胶电泳等。

垂直电泳槽装置又可分为垂直平板电泳槽装置和圆柱形电泳槽装置等。

一般的电泳仪在每个实验室都能见到，以下介绍一些新型的电泳装置。

1. 毛细管电泳分析仪

缩短传统的电泳分离时间，提高精确度，一直是研究人员的期望。目前，世界上许多公司都竞相推出自己在电泳仪器设备方面的崭新科技，毛细管电泳分析仪就是其中的一种。

在自由溶液中，由于电泳迁移率的差异能把相对分子质量不同的物质相互分开，这就提供了一种强有力而又简单的分离方法。

毛细管微小的内径(50～100 μm)使热量能快而有效地散发,所以能应用较高的电压达到更快速的分离效率。

毛细管原理是将 50 μm × 50 cm 的毛细管,放在正负两极的溶液中,加上高达 30 000 V 的高压电源,产生强大的电动渗透流,带动样品作分离,再作定性和定量检测。检测方法可有紫外/可见光、荧光、电化学、激光及同位素检测等,适合各种样品的测试。

一般分离只需 1～30 min,最低可检测 10^{-16} mol/L 的分子,特别适合分离氨基酸衍生物、肽、蛋白质、核酸、药物、病毒、水溶性维生素、糖类衍生物及其有极性的有机物质及无机离子化合物。

ACE(analytical capillary electrophoresis)有其独特的优点:分辨率高、塔板数高、定量准确、所需进样量小。ACE 是对传统电泳技术的一次革命,是一种比传统电泳更优越的分离分析技术。同时,ACE 以其独特的选择性,为高效液相色谱(HPLC)提供了一种补充技术,使 HPLC 的结果得到进一步确认。通过毛细管,还可以进行样品的浓缩,以达到微量组分的分析。浓缩 250 倍后,可测低至 5 ng/mL 的多肽样品,灵敏度可明显提高。

高效电泳色谱仪是将凝胶电泳解析度和快速液相色谱技术的优点融为一体的自动电泳仪,是由美国生物系统公司在电泳方面开创的又一种新性能的仪器。这种世界首创的新技术产品,为 DNA 片段、蛋白质及多肽等生物大分子的分离、回收的定量纯化技术提供了新的方法。

它既具有凝胶电泳固有的高分辨率、生物相容性的优点,又可方便地连续洗脱样品,随时观察定量和自动收集样品。在从凝胶中洗脱样品时,连续的洗脱液流载着分离好的成分,通过一个连机的检测器,并且进入积分部分收集器,检测器的定量输出在标准实验室记录器、打印器或数据系统上显示出来。

2. 蛋白质分析仪

蛋白质分析仪是快速、高分辨分离蛋白及核酸的电泳系统,它利用微型电脑自动操作,可以进行电泳过程中的各个工序,包括电泳、染色、记录及扫描。

它与其他电泳的区别: 在高场强 (20～2000 VDC)下, 泳动距离虽短, 但分辨率较高。在电泳时有冷却系统, 染色时有加温系统, 大大缩短了实验时间。例如, 常规 PAGE 电泳、等电聚焦电泳、SDS-PAGE 电泳只需 30 min; 2D-PAGE 电泳只需 40 min; 考马斯亮蓝染色只需 25 min; 银染色只需 60 min; 电转移只需 10～30 min。因为它有电脑控制分离染色过程及均匀的 Peltier element 电子冷却恒温设备, 电泳可编程序在 0～70℃任何温度进行, 所以可以确保实验结果的高分辨率和高重复性。凝胶或转移膜上的二维影像,根据电脑软件 Phast Image™ 计算, 可化作三维图谱处理，获取最广泛的分析资料。每一次操作也可对两块胶板或膜进行分析或比较。

蛋白质分析仪可供进行各种分析性蛋白电泳及核酸电泳(10～2000 bp)，加样量可低至0.3 μL，一次可同时跑两块凝胶及进行两块凝胶的染色。电泳时，每块凝胶可加样达12个。

3. 双向电泳仪

当各种蛋白质进行分离的时候，若应用单向分离技术，那只是按不同的相对分子质量进行分离，所以有一定的局限性，而双向分离技术，则能很出色地对来自同源相对分子质量的条带按不同的电荷而分成不同的品种。

Millipore公司的双向电泳仪系一台整合式的系统，而不是一般组合应用的个别装置。对于那些比较复杂的蛋白质的混合液，需要以较大的分辨力才能去分离同形异构样品，对那些被检样品在电泳之后所产生的细微变化的鉴定，尤其适用。在进行双向PAGE电泳时，它的分辨率比标准凝胶高4倍。由于电泳时，凝胶的温度和电泳的条件都经过电脑程序的精确调控，因此能保证蛋白质的斑点恒速移动。

4. 脉冲电场凝胶电泳系统

脉冲电场凝胶电泳系统是“高分辨”分离DNA大片段的有效电泳分离系统。自Pharmacia公司首先研制出世界上第一台脉冲电场凝胶电泳系统之后，各厂家又相继推出不同型号的脉冲电泳仪。此类仪器主要由电源、控制单元、电泳仪和恒温水浴组成。其中控制单元可编辑及贮存许多程序。Schwarz等于1982年首次用脉冲电泳仪分离了50 kb DNA片段，随着技术设备的逐步完善，迄今可应用脉冲电场凝胶电泳系统有效地分离20 bp～12 000 kb的DNA片段。电场角度可以根据需要选择从“0°～360°”各种角度进行变换。脉冲交变时间由2 ms～18 h，可作恒定、阶段梯度或线性等变化。六角形电极套装即使在分离DNA片段非常大的情况下，也能确保样品道笔直。为使实验结果的重复性较好，在电泳仪中附加冷却系统以保证温度的恒定。

其应用范围较为广泛，例如染色体DNA的分离、基因图谱分析、相对分子质量大的DNA的印迹和探针杂交、染色体异常的检出、各种细菌及酵母DNA的特征确定、肿瘤细胞的基因诊断、酵母人工染色体的电泳分析、质粒和病毒DNA的分析、核型电泳分析、寄生虫DNA的分析、限制性内切核酸酶长度多态性分析等。

1.3.2 层析装置

层析分离法又称色谱分离法，是一种分离多组分混合物的有效物理方法。

层析法的种类很多：

(1) 根据其作用机制的不同,可分为吸附层析、分层层析、离子交换层析、凝胶排阻层析和亲和层析等。

(2) 根据所使用的固定相和流动相的不同,可分为气-固色谱、气-液色谱、液-固色谱、液-液色谱等。

(3) 根据操作条件的不同,又可分为柱层析、纸层析,薄层层析、高效液相层析等。

由于层析法操作简便,设备不复杂,样品量可大可小,易与光学仪器组成自动化系统,所以早已成为生化分析中常用的分离分析方法。

下面简单介绍几种层析仪器装置。

1. 气体层析装置

它是一种以气体为流动相的柱层析分离装置,它根据被气化的混合物中各组分在液相和气相之间的不同分配系数,即溶解-解析、吸附-脱附及其亲和作用的差异而进行分离。

它适合于分析、分离脂肪酸、氨基酸、糖类、菌类及激素等物质。

它的特点主要有以下几点。

(1) 分离效率高。可以分离性质十分相近的组分复杂的混合物,用毛细管柱一次可分离 1000 多个组分。

(2) 灵敏度高。可检测出 10^{-14} g 的物质。

(3) 分析速度快。在已知分析条件下,仅用几分钟到十几分钟即可完成一次分析,某些快速分析只需几秒钟。目前,由于电子计算机的应用,色谱的操作和数据处理已完全自动化,所以在很短时间内给予样品组分定性、定量的测定已成为现实。

2. 标准液相层析系统

它又称低压液相层析系统,一个完整的自动化的低压液相层析系统包括蠕动泵、紫外监测器、缓冲液选择器、梯度控制器、部分收集器、记录仪,以及各种各样的预装柱子、收集管、阀和其他附件。它可以提纯分离蛋白质、多肽、核苷酸、激素、单克隆抗体、免疫球蛋白等。

3. 高压液相层析装置

它是在高压条件下,以液体流动相对样品进行柱层析的高效能分离分析的一种仪器。

色谱级的溶剂由高压泵(最高 500 kg/cm^2,一般输出压力为 150~300 kg/cm^2)压入装有细目分配物质(固定相)的层析柱。样品常用微量注射器注入(注入量一般为 1～10 μL，1%样品)，或用高压进样阀注入。加样后，经高压泵将梯度洗脱液流经检测系统，由记录仪自动记录，测定后的各组分溶液流入部分收集器。

高效液相层析法分离能力强，测定灵敏度高，可在室温下进行，应用面极广，极性到非极性的、小分子到大分子的、热稳定与不稳定的化合物都可用此法测定。对于挥发性低、极性高、热稳定性差、相对分子质量大的高分子化合物及离子型化合物，如蛋白质、氨基酸、生物碱、类固醇、类脂、核酸等，尤为有利。

4. 快速蛋白液相色谱系统(FPLC)

生物分子的纯化是目前生命科学、医学及医药工业、食品工业等中最常遇到的问题，以前利用沉淀、离心或高效液相方法解决了部分问题，但当遇到有活性的生物分子尤其是生物大分子时，利用高效液相方法往往令生物分子失活，大大地降低其回收率。这是由于高效液相系统一般利用有机溶剂，而某些生物分子在有机溶剂下容易变性失活。另外，一般高效液相系统的流路均为非惰性的不锈钢，往往会在工作时脱落金属离子，而这些金属离子对很多生物分子有影响。FPLC 是根据生物分子的特性而设计的系统，能有效而快速地纯化各种蛋白、多肽、核酸等生物分子，其应用广泛、分辨率高、重复性强。其系统的流路均采用全惰性材料，以确保生物分子活性不受影响，分离一般在 20 min 内完成，流速范围 1～499 mL/h，最大压力为 4.0 mPa。

FPLC 能纯化各种蛋白质、酶、膜蛋白、免疫球蛋白、核酸、质粒等，在医学中可做快速诊断检定工作，尿蛋白、脑脊液蛋白、血液中蛋白分析；在医药工业中，可以进行药物下游方法的建立及放大，瞬时检定生产情况，产品质量检测。

5. 微量纯化层析系统

随着生物化学及分子生物学的飞速发展，生化研究者渐渐集中于有活性生物分子的研究。但是，由于这些分子很多都是不太稳定的物质，而且其含量相当小，故要提纯这些分子并对其结构和功能等进行研究是十分困难的。不论科技人员起初有多少原材料可供使用，但在纯化过程中，在量和生物活性方面的损耗，往往会使科技人员无法纯化出足够的物质作进一步的研究。

Pharmacia 公司于 1991 年生产出世界上第一台专为微量纯化生物分子而设计的层析系统——SMART system，它是一种包括凝胶、层析柱、仪器和智能资讯知识相结合的新技术。利用微量层析方法，SMART system 可以提纯低至微克和纳克水平的分子，并能保持分子的生物活性和获得高的回收率，使科研人员能获得足够的生物活性分子，来做以后的研究。

它的流速为 10～2000 μL/min。

1.3.3 光密度仪

激光光密度计是一部适用于多种电泳结果分析的仪器。无论是凝胶(凝胶块或圆盘凝胶)、印迹膜，还是放射自显图、负片、图片皆可以利用其进行精确定量及定性分析。它的光源为激光，透射性强，线性范围广，为一般光密度计所不能比拟，而且激光光束又窄，仪器的分辨率因此而提高了。它不但能进行单向电泳结果分析，也可以进行双向电泳结果分析。该仪器在电脑的处理下，可以进行一维、二维图像处理，二维图像还可以进行彩色打印。

1.3.4 印迹系统

核酸真空印迹系统是一种利用真空原理将已经分离的 DNA 片段和 RNA 从凝胶转移到膜上的仪器。它是由印迹仪和真空印迹泵组成，印迹效率接近 100%，重复性强，程序简易快捷，全部过程只需 30 min。核酸变性、中和、印迹等所有步骤均在印迹仪中完成，既简便又避免凝胶受损。

1.3.5 DNA 合成仪

DNA 合成仪是利用各种核苷酸合成寡核苷酸链的全自动仪器。

经典的 DNA 合成方法都是液相合成方法，费时、费力而又难掌握，固液相合成技术与磷酸三酯法和亚磷酸胺三酯法相结合后，使 DNA 的化学合成跃上一个新的台阶，尤其是 DNA 合成仪的出现，更是使 DNA/RNA 的合成成为简单易得的事情。

它的基本工作原理是：将要合成的 DNA 片段 3′末端的第一个核苷酸固定于不溶性载体上(厂家提供的载体上含有要的第一个核苷酸)，然后从此核苷酸开始与另一个核苷酸进行缩合反应，其后用洗涤法除去多余的反应物和副产物，再用同样的步骤重复与下一个进行核苷酸循环的反应。每循环反应一次就接长一个核苷酸，一般一个循环只需几分钟，接长的链始终被固定在不溶的固相载体上，合成结束后，将寡核苷酸链从固相载体洗脱下来，再进行去保护基及进一步的纯化过程。

1.3.6 DNA 测定仪

第一台 DNA 全自动测序仪是由 ABI 公司制造的。其工作原理是：在 A、C、G、T 各反应中，引物以 4 种不同的荧光物标记于 5′端或 ddNTP 上。电泳进样时，将 4 个反应物先混合，并加入同一个样品槽中。在仪器中，凝胶较下的部分是区带检测区，此检测区的检测系统由一个激光光源、一个带有4种波长滤光片的滤光轮片(fitter whell)及一个光电倍增管检测器组成。激光光源来回扫描于检测区，当激光打在进入检测区的电泳带上时，荧光标记被激发并放出荧光讯号，该讯号经过滤光轮片(对应波长的滤光片)，最后被检测器接收并输入计算机中。其优点是由于4种不同的碱基加在同一样品槽中，所以加入不同样品的数量多(可达32个)；4套反应的电泳均在同一样品槽中，电泳结果受凝胶的不均匀性影响可减到最低。

A.L.F.™ DNA自动激光荧光测序仪，是根据德国海德堡(Heidelberg)的欧洲分子生物学实验室(EMBL)提出的设计方案而制造的全自动DNA测序仪。一套完整的A.L.F.系统由一个电泳单元、一个电源单元、一台运行A.L.F.管理软件的个人计算机及一个包括灌胶和运行测序仪所需各种物品在内的附件盒组成。

A.L.F.™ DNA自动激光荧光测序仪的原理是基于普通的Sanger双脱氧法，测序反应仍和手工测序一样进行，不过DNA片段是由荧光标记的引物或dUTP来作标记的，而不是采用放射性标记。测序时再将4种反应物加载到4个分开的样品槽上，不同大小的片段则在从胶上电泳下去的过程中被分开。在胶底部有一个由激光源和探测器阵列组成的探测系统。每个电泳通道前都有一个光探测器，激光则在由数个光探测器组成的探测器阵列前从凝胶的一侧穿越到另一侧。当片段(电泳带)迁移到探测区域并遇上激光时，荧光标记便会被激发，由电泳带发出的光被光探测器检测到并被作为一个信号传送给计算机收集和保存。由于是按特定的顺序上样的，如A、C、G、T，所以由第一个(最左边)探测器检测到的信号代表“A”，而由第二个探测器检测到的信号则代表“C”，等等。电泳结束后，计算机便可以搜到一套完整的信号(原始数据)，加以处理后就可以得到最终的序列。无论是打印或是屏幕显示，原始数据和处理后的数据均能以彩色的色谱图形式显示出来，表示4种碱基的曲线还可以被叠在一起。

与手工测序时4条电泳带在放射自显影底片上彼此分开的情况相比，色谱图可以使数据被更好地加以分辨并且更容易解释。其优点：电泳时间短，只需3.5 h，凝胶的质量仍可保持得相当完好，故可以再作一次电泳而不必担心损失分辨率；仪器使用的是固定的激光源和灵敏度的探测器，而且因为只用了一种染料，无需用诸如旋转滤光片轮等来分辨不同波长的发射荧光，所以，不必使用强激光激发荧光标记来获得最大强度的信号，激光源的输出功率可以设置得低到3 mW，激光源的寿命可长达10 000 h。因为采用了获得专利的恒温板设计，使整个测序凝胶的温度能保持均匀与恒定，从而消除了任何由于温度变化对片段迁移所造成的不良影响，保证了结果的高度重复性。

Base Station系统运用单一荧光引物自动进行双脱氧链终止法分析顺序，电泳、检测条带及碱基分析都自动进行，工作人员需做的只是进行反应及制胶。

它的工作原理：荧光素标记的DNA上样至胶上后与标准电泳方法一样，按其大小分离，泳动中的DNA通过电荷耦合元件（charged coupled device，CCD）照相机前，从而得到一张显示条带的照片。

为使DNA条带显色，100 W白炽灯源，先过滤至荧光素的激光波长，然后照向胶面。受激发的荧光素发出的光被照相机的CCD晶片接收，CCD晶片是由25 000个独立的检测器组成的列阵，每一个检测都能捕获被释放的光子，其结果使照相机获得一条条水平的DNA条带荧光信号，也就是顺序的阶梯。

照相机在电泳过程中摄取胶上条带图像，合并成一行条带图。每个图像得到后，仪器自动进行条带定位，分析形式，校正胶中条带，非常精确地确定碱基。为保证测定时间尽量快，该系统在分析运行的同时收集数据，仪器运行结束后，数据分析也完成，整个胶就显示成一张荧光图，它就和传统顺序阶梯放射自显影图一样。另一个优点是无需等到运行结束后才看到数据结果，DNA条带向胶下端移动过程中所得到的条带图，及时显示在屏幕上，从屏幕上可获知顺序化学反应的质量情况。

1.3.7 PCR仪

PCR（polymerase chain reaction）仪：也称DNA热循环仪、基因扩增仪。它使一对寡核苷酸引物结合到正负DNA链上的靶序列两侧，从而酶促合成拷贝数为百万倍的靶序列DNA片段，它的每一循环包括在三种不同温度进行DNA变性、引物复性、DNA聚合酶催化的延伸反应三个过程。

PCR仪从操作上可分为两大类：一类是安装机器手的半自动化，一类是用微处理机控制的自动化。

各类PCR仪的温度控制又分以下几种：①用液体加热和冷却：在PCR仪上设有三个不同温度的水浴槽；②电阻加热/液体冷却：在PCR仪上的加热块是电阻丝，它用微机来控制恒温，冷却部分是液体循环在启动压缩泵工作下来实现的，可快速制冷；③电阻加热/半导体制冷。

PCR仪主要应用于基础研究和应用研究等许多领域，如基因分析、序列分析、进化分析、临床诊断、法医学等。

1.4 核素实验室

人们把放射性核素作为示踪原子，应用于医学界，从而揭开了生物体内和细胞内的理化过程的奥秘，阐明了生命活动的物质基础，例如蛋白质的生物合成、核酸结构测定、生物大分子代谢转变的化学途径、转变的速度、代谢产物在体内及细胞内的位置，以及维生素、激素等重要物质的定量、定性测定，药物在体内的代谢及途径。放射性核素是自显微镜发明以来生物学研究领域非常有效的工具之一，同时也是生物科学史上的一个里程碑，现在它不仅仅应用于医学、农林业，而且还广泛地应用于工业、食品、国防等其他科学领域。

放射性核素具有极不稳定的原子核，能发射出射线，而它又很容易地被探测器所检测，所以，利用这一特征来研究生命细胞的新陈代谢、物质的运动和规律。

标准的放射性核素实验室基本分为放射性核素操作实验室、放射性核素测定室。

放射性核素操作实验室的仪器设备一定要与一般实验室的仪器设备分开，单有自己的一套仪器设备。

1.4.1 放射性核素操作实验室

在放射性核素操作实验室进行与放射性核素有关的实验操作，例如 DNA 序列的测定、分子的杂交、核酸的体外标记等实验。

放射性核素操作实验室的仪器基本与常规实验室相同。其主要有：DNA 序列测定的电泳系统、纯化标记探针的层析系统、离心机、分子杂交仪、恒温水浴、多用振荡摇床、封膜机、射线警报探测器、X 射线曝光盒等。

1) 分子杂交仪

分子杂交仪是专门用来进行已知比放射性强度的核素标记核酸和已知量的同一来源的变性核酸膜杂交的仪器，它有滚筒式和板式两种，可定时、定温、定旋转速度等功能。

2) 射线警报探测器

自动检测空气中射线强度的警报探测器，它用在薄云母目的窗口的 GM 管自动检测电离射线。GM 管是完全封闭在仪器内的，当一种射线或电离射线的粒子撞击 GM 管时，被自动检测，由闪光计数灯和计量表显示出来。它应用范围较广，可以用于跟踪探测放射性核素的强度和位置。

3) X 射线曝光盒

是广泛应用于放射自显影中的器械。在放射性核素蜕变过程中，其放射出的核射线可以与照相机乳胶片发生作用而产生电子，其电子使乳胶中的化学成分溴化银还原成金属银。根据这一原理，在放射性核素示踪实验中将带有放射性的样品杂交膜与感光灵敏的 X 线片紧密接触而使后者感光，经化学显像后，在乳胶片中出现一定形态的黑色影像，这便是核射线在 X 线片留下的痕迹。其放射性杂交膜与感光材料是在 X 射线曝光盒中进行感光过程的。这样，在分子生物学中，利用放射性标记的探针去寻找印迹载体上能与之结合的杂交分子带。

1.4.2 放射性核素测定室

1）液体闪烁计数器

是根据辐射线与某种化合物(闪烁剂或荧光剂)相互作用而产生荧光的闪烁或闪烁现象,利用光电倍增管把闪烁的光转变为电脉冲,经过放大并用定标器记录下的一种探测器。它的主要特点是闪烁体为液体,由有机闪烁剂溶于适当的溶剂中而组成。放射性样品溶于或吸附于固体支持物上,浸泡在由溶剂及第一闪烁剂和第二闪烁剂组成的闪烁计数体系中。放射性粒子在与溶剂分子碰撞时,射线的大部分先被溶剂分子所吸收并使之受激,溶剂分子从激发态回到基态时,所释放的能量传给闪烁剂,闪烁剂从激发态复原时将多余的能量以光子形式释出。不同闪烁剂有不同的发射光谱,若发射光谱与光电倍增管的光谱相匹配,则光子到达光阴极后形成光电子,经放大后输出脉冲至记录系统,如光谱匹配不良可加第二闪烁剂,后者吸收第一闪烁剂发出的光子释放出本身的特征光子,使光谱匹配改善。

Pharmacia 的 1400 液闪计数器,对样品的全部能谱数码化处理后加以分析计算,有与传统的能窗法完全两样的测量标准。根据探头及样瓶材料中的闪烁与液体中的闪烁所表示的不同特性,脉冲形状分析器(PSA)可以分清本底脉冲和样品脉冲。另外,还应用脉冲高度比较器(PAC)来防止串音信号进入本底,进一步提高了仪器的性能。测量各种类型的样品,使用不同规格的样瓶,如小体积、低活性、多标记、微型管等。以往的计数器产品,须加适配管才能测量微型离心管或 Eppendorf 管,这样就会引起本底计数的增加。现在可以直接对微型离心管或 Eppendorf 管进行计数,降低实验成本,一次可测样品量为 336～1248 个。

2）数字式放射自显影分析仪

数字式放射自显影分析仪(digital autoradiograph,DAR)是一台新型的测定非常灵敏的电离放射探测器。它可用于放射性核素标记的 TLC 板、醋酸纤维素薄膜、电泳胶及任何表面带有放射性电离的分布中,例如,HPLC 柱的馏分,结合在滤纸上的受体分析,印迹,DNA 序列,蛋白质的分布和组织切片等的测定、定量、定位,放射性电离的二维分布强度等。DAR 是一个 T 二维的、定位灵敏的电网均衡室,大小有 20 cm×20 cm,能测定极其灵敏的区域,空间分辨力非常高。由 ^{3}H、^{125}I、^{14}C 及 γ 射线发射体(^{99}Tc、I)标记的化合物,其 γ 射线被内部探测器的光电效应和康普顿效应转变成电子。

探测器由三层水平网组成,即 X、Y 和 Z 面。中间水平面(Z 面)处于大约 1800 V 的高压位置,该室充满了 10 b(1 b=0.453 kg)的气体(90％氩和 10％甲烷)。实际上,从电离射线进入该室中 Z 面产生电荷信号,该电荷信号相互垂直地穿过高于和低于 Z 面的另外两个 X 和 Y 面,探测器从 X 和 Y 面接收 α 粒子、β 粒子和 γ 射线。

信号从三网面穿过，进入前置放大器(PA)、脉冲发生器(PS)、数字电路检测器(DL)到数字模拟变换器(ADC)，最后将数字贮存于计算机内。

该仪器还可以进行多样品的三维放射性分布的检测，即检测放射性斑点在 X 和 Y 面的位置，以及在 Z 范围内斑点散射出放射线总量的彩色模样。$X-Y$ 面可以在任何角度和任何距离中进行观察。探测器系统的效率是非常高的，可以检测到接近100%的 α 粒子和 β 粒子。

1.5 细胞培养室

细胞培养室不同于其他实验室，由于细胞培养在无菌条件下进行操作，这就要求工作环境和实验条件保证无微生物污染并不受其他有害因素的影响。

细胞培养实验室包括：无菌操作室、实验培养室、清洗消毒室，如有必要的话还要增加同位素和暗室。

由于许多实验室的条件有限，在一间房内划分几个不同功能区也可进行实验操作，但要将无菌操作室设在室内较少走动的里倒，实验和观察活动可与培养在同一室内，而清洗和消毒最好在另一室中，如难做到也应设在靠出入口处。

1.5.1 无菌操作设施

无菌操作设施主要有无菌操作室、超净工作台。

无菌操作室：用于进行细胞培养和各种无菌操作的实验室，与外界隔离一般为5 m^2 左右，最小也要能容下两人同时操作。该室密闭不能通风，湿度和温度很高，紫外线消毒后产生的臭氧有害于工作人员的身体健康，所以该室要装恒温恒湿的空气调节器。

另外，无菌操作室应避免日光直射，天花板不宜过高，一般为2.5 m左右，以确保紫外线的消毒作用。

缓冲间：是其他实验室与无菌操作室隔离的中间区域，它能保护无菌操作的环境，可与更衣间为同一间，其间设有吹风机，可对操作人员在进入无菌操作室之前进行吹风消尘。还可设有恒温培养箱和小型低速离心机等，它可以同时和几个操作间相通。

超净工作台：是细胞培养不可缺少的无菌操作装置，其原理是利用鼓风机驱动空气，经过高效滤器净化后通过工作台面，使实验操作区域成为无菌的环境。超净台按气流方向的不同大致有几种类型。

(1) 倒流式。净化后的气流，从左侧或右侧通过工作台面，流向对侧，也有从上往下或从下往上流向对侧的流动，它们都能形成气流屏障而保持台面无菌。它的缺点是:在净化气流和外边气体交界处,可因气流的流动出现负压,使少量的未净化气体混入,而造成污染。

(2) 外流式。气流是面向操作人员的方向的流动,从而保证外面的气体不能混入。它的缺点是:在进行有害物质实验时,对操作人员不利,但可采用有机玻璃把上半部遮挡起来,使气流经下方流出。

1.5.2 温育和贮存区

该区主要为 CO_2 培养箱旋转温箱、冰箱、烘干箱、液氮罐等区域。其环境要求虽不如无菌操作区那么严格，但也需清洁、无灰尘，空气湿度不能大。

(1) 电热恒温培养箱。哺乳动物离体细胞和体内细胞一样，都需要在恒定温度下才能生存，温差变化一般不应超过 0.5℃，因此，要求培养箱应具有较高的灵敏度。

(2) 二氧化碳培养箱。它能恒定地提供一定量的 CO_2,通常为 5%,用来维持培养液的酸碱度。培养室内与外界应保持通气。

(3) 电热烘干箱,主要用于烘干和干热消毒玻璃器皿。在干热消毒时,温度一般要达到 160℃,有的如核酸用具要升温到 250℃,由于升温高,而且所需消毒的玻璃器皿数量较多,因此应选择比较大型规格的电热烘干箱(650 mm×500 mm×500 mm)。

(4) 冰箱。有普通冰箱和低温冰箱两种。普通冰箱的温度为 4℃,主要贮存细胞培养用的溶液和药品,如培养液、血清、生理盐水、消化液等;低温冰箱的温度为 −20℃,主要贮存血清、酶、消化液和配制好的抗生素。注意:冰箱内禁止存放挥发、易燃、易爆及有害的药品。

(5) 液氮罐。液氮温度为 −196℃,主要用于冷冻贮存细胞、细胞株、菌株,组织和器官标本,它具有经济、省力和较好地保持细胞生物学特性的优点。

根据实验室的需要,应备置 35 L 或 50 L 液氮罐为长期贮存罐,10 L 的小型液氮罐由于行动方便,可备为定期添补液氮或临时贮存之用。

1.5.3 观察和研究室

根据研究内容的需要,可设置不同的实验室。培养细胞要每天进行观察、了解细胞的生长状况,所以需配置显微镜,根据需要还可配制破碎细胞组织的匀化器、基因导入装置等。

(1) 显微镜。用于观察了解细胞的生长状况,以便进行调整,如发现污染,要及时采取补救措施和处理方法。显微镜最好为倒置显微镜,上面要附带照相装置,便于摄下细胞的生长状况。

(2) 匀化器。用于破碎组织和细胞的装置，这些装置有手动的玻璃匀浆器或电动的玻璃匀浆器、叶片式(搅拌式)匀浆器、超声波式的匀化器，这些匀浆器速度慢、破碎不均匀，时常摩擦产热。现在出现一种新型的匀化器，它可以连续柔软破碎细胞和组织，大块的组织被稳定而柔软地匀化，匀化后的细胞核、线粒体、细胞质溶胶内的酶、蛋白质等的破坏与变性极少。

转速最高可达 1200 r/min,为数码控制。

(3) 基因导入装置。是一种高压电脉冲仪,通过高压电脉冲穿孔打洞,将 DNA、蛋白质等生物大分子物质高效地转入宿主细胞中(包括真核细胞、原核细胞)。众所周知,将 DNA 转入细胞中,是研究基因结构与功能的重要前提条件之一。其与用化学方法进行 DNA 分子转化相比较,脉冲电穿孔法具有操作简便、节省时间、重复性好、转化效率高等优点,因而在分子生物学研究领域,逐渐受到人们重视。

(4) 离心机。培养细胞经常需要制备成细胞悬液,对细胞进行洗涤,为了去除不需要的药物或不利于细胞生长的悬液,要进行离心处理。离心速度一般为 1000 r/min。

(5) 天平。对于细胞培养来说,天平是必不可少的,一般需要有普通天平、扭力天平、电子分析天平。

1.5.4 清洗和消毒

主要进行培养器皿的洗刷、浸酸、消毒、蒸馏水制备等。注意,清洗室、消毒室要与其他室分开,以免因潮湿和洗液酸气而影响其他实验。

(1) 纯化水装置。细胞培养对水的质量要求极高,现代的实验室都使用高纯度的水来配制各种培养用液,即使玻璃器皿的冲洗也要使用纯化水。在细胞培养中,过去很少使用离子交换纯水装置,因为它不能有效去除有机物,超纯水制造装置采用了紫外灯后净化柱,并最大限度地除去水中的有机物,经纯化后的水电阻为 18.2 MΩ,终端因使用了 0.22 μm 孔径的过滤器,所以能将细菌和 0.22 μm 以上的微粒子完全除去。

(2) 洗刷装置。在细胞培养工作中，大量的玻璃器皿需要洗刷，由人工洗刷，既费时又费力，超声波洗涤器和洗刷装置有效地解决了这一问题。

(3) 抽滤装置。各种培养液和许多药液,由于不能高压消毒,只能使用过滤的方法进行除菌消毒处理,这就需要真空压力泵及与其连接的各种滤器。滤器有 Zeiss 滤器、玻璃滤器、微孔滤膜滤器。目前,许多实验室都使用微孔滤膜滤器、针夹式细菌过滤器。

真空过滤装置可以快速有效地消毒去除缓冲液、染料或生物介质等水溶性液体中的细菌并使之澄清。

1.6 暗　　室

在分子生物学的研究领域中，暗室不仅是处理照相乳胶和感光材料的场所，例如，凝胶照相、冲洗放大和放射性自显影的X射线片的处理；它还能进行核酸与荧光物质溴化乙锭结合后在紫外线下的观察操作等。

暗室中用于分子生物学实验的仪器和用具有：照相装置、放大机、曝光箱、翻拍仪、自动冲片机、紫外线照射设备、X射线曝光盒、计数器、显影罐和暗袋等等。

1.7 冷　　室

在生物化学和分子生物学实验中，例如蛋白质等生物大分子的提取、分离、纯化，都要求在低温环境下进行操作。可是在冰浴中、在冷柜中，有时地方太小，这就需要一个冷室，一般的温度为4℃左右。

在冷室中可以进行柱层析、电泳、生物大分子的提取和分离、硫酸铵沉淀蛋白质、各种物质的透析及暂时贮存生物制品等。

第 2 章　实验室基本操作

2.1　玻璃仪器的洗涤

将新购买的玻璃仪器用自来水冲洗其表面的污物，然后浸泡在1%～2%盐酸溶液中过夜。待用自来水冲净后再进一步洗涤。

使用过的玻璃仪器先用自来水冲洗，然后将所有待洗的玻璃仪器放在含有洗衣粉的温水中细心刷洗。待用自来水充分冲洗后用少量蒸馏水刷洗数次。凡洗净的玻璃仪器其内外壁上都不应带有水珠，否则表示未洗干净。仪器上的洗衣粉必须冲净，因为洗衣粉可能干扰某些实验。

比较脏的器皿或不便刷洗的仪器（如吸管）先用软纸擦去可能存在的凡士林或其他油污，用有机溶剂（如苯、煤油等）擦净后，用自来水洗后控干，再放入铬酸洗液中浸泡过夜。取出后用自来水反复冲洗至除去痕量的洗液。最后用蒸馏水刷洗数次。

普通玻璃仪器可在烘箱内烘干，但定量的玻璃仪器不能加热，一般采取控干或依次用少量酒精、乙醚油洗后用温热的气流吹干。

铬酸洗液的配制方法有多种，现介绍常用的一种方法：小心加 100 mL 工业用浓硫酸，同时缓慢加入 5 g 工业用重铬酸钾粉末。搅拌，待全部重铬酸钾溶解后，冷却备用。洗液应贮入带塞的玻璃器皿中，玻璃器皿底部最好垫有玻璃纤维以减少仪器破损。此洗液可重复使用多次，如洗液变为绿色或过于稀则失效。

病毒、传染病患者的血清等玷污过的容器，应先进行消毒后再进行清洗。盛过各种毒品，特别是剧毒药品和放射性同位素物质的容器必须经过专门处理，确知没有残余毒物存在时方可进行清洗。

2.2　搅拌和振荡

配制溶液时，必须充分搅拌或振荡混匀。常用的溶液混匀方法有以下 3 种：

1）搅拌式适用于烧杯内溶液的混匀

（1）搅拌使用的玻璃棒必须两头都烧圆滑。

（2）搅棒的粗细长短，必须与容器的大小和所配制的溶液的多少呈适当比例关系。

（3）搅拌时，尽量使搅棒沿着器壁运动，不搅入空气，不使溶液飞溅。

(4) 倾入液体时,必须沿器壁慢慢倾入,以免有大量空气混入。倾倒表面张力低的液体(如蛋白质溶液)时,更需缓慢仔细。

(5) 研磨配制胶体溶液时，要使搅棒沿着研钵的一个方向进行，不要来回研磨。

2) 旋转式适用于锥形瓶、大试管内溶液的混匀

振荡溶液时，手握住容器后以手腕、肘或肩作轴旋转容器，不应上下振荡。

3) 弹打式适用于离心管、小试管内溶液的混匀

可由一手持管的上端，用另一手的手指弹动离心管。也可以用同一手的大拇指和食指持管的上端，用其余 3 个手指弹动离心管。手指持管的松紧要随着振动的幅度变化。还可以把双手掌心相对合拢，夹住离心管来回搓动。

在容量瓶中混合液体时,应倒持容量瓶摇动,用食指或手心顶住瓶塞,并不时翻转容量瓶。

在分液漏斗中振荡液体时,应用一手在适当斜度下倒持漏斗,用食指或手心顶住瓶塞,并用另一手控制漏斗的活塞,一边振荡,一边开动活塞,使气体可以随时由漏斗泄出。

2.3 容量玻璃仪器的使用方法

容量仪器有装量和卸量两种。量瓶和单刻度吸管为装量仪器。滴定管、一般吸管和量筒等均为卸量仪器。近年来，自动取样器已广泛应用于生物化学教学和科学研究中，是一种取液量连续可调的精密仪器，使用极为方便。

1) 吸管

吸管是生物化学实验中最常用的卸量容器。移取溶液时，如吸管不干燥，应预先用所吸取的溶液将吸管冲洗 2～3 次，以确保所吸取的操作溶液浓度不变。吸取溶液时，一般用右手的大拇指和中指拿住管颈刻度线上方，把管尖插入溶液中。左手拿吸耳球，先把球内空气压出，然后把吸耳球的尖端接在吸管口，慢慢松开左手指，使溶液吸入管内。当液面升高至刻度以上时，移开吸耳球，立即用右手的食指按住管口，大拇指和中指拿住吸管刻度线上方，再使吸管离开液面，此时管的末端仍靠在盛溶液器皿的内壁上。略微放松食指，使液面平稳下降，直到溶液的弯月面与刻度标线相切时，立即用食指压紧管口，取出吸管，插入接受器中，管尖仍靠在接受器内壁，此时吸管应垂直，并与接受器约呈 15°夹角。松开食指让管内溶液自然地沿器壁流下。遗留在吸管尖端的溶液及停留的时间要根据吸管的种类进行不同处理。

使用注意事项：

(1) 应根据不同的需要选用大小合适的吸管,如欲量取 1.5 mL 的溶液,显然选用 2 mL 吸管要比选用 1 mL 或 5 mL 吸管误差小。

(2) 吸取溶液时要把吸管插入溶液深处，避免吸入空气而将溶液从上端溢出。

(3) 吸管从液体中移出后必须用滤纸将管的外壁擦干，再行放液。

2) 量筒

量筒不是吸管或滴定管的代用品。在准确度要求不高的情况下，用来量取相对大量的液体。不需加热促进溶解的定性试剂可直接在具有玻璃塞的量筒中配制。

3) 容量瓶

容量瓶具有狭窄的颈部和环形的刻度，是在一定温度下(通常为20℃)确定准确体积的容器。使用前应检查容量瓶的瓶塞是否漏水；合格的瓶塞应系在瓶颈上，不得任意更换。容量瓶刻度以上的内壁挂有水珠会影响准确度，所以应该洗得很干净。所称量的任何固体物质必须先在小烧杯中溶解或加热溶解，冷却至室温后才能转移到容量瓶中。容量瓶绝不应加热或烘干。

2.4 分光光度计的使用

2.4.1 721型分光光度计

1. 操作方法

(1) 在接通电源之前，应该对仪器的安全性进行检查，电源线接线应牢固，通地要良好，各个调节旋钮的起始位置应该正确。

(2) 电表的指针必须位于零刻线上。若指针偏离，则可用电表上的校正螺丝进行调节。

(3) 将仪器的电源接通，打开比色皿暗箱盖，使电表指针处于零位。预热20 min后，才能使用。

(4) 调节波长旋钮至所需用的单色光波长，选择相应的放大灵敏度挡，再用零位电位器校正，电表指针指在零位。

(5) 将预先装好空白溶液和待测溶液的比色皿依次放入暗箱内的比色皿架上，此时空白溶液应位于光路上。盖上暗箱，使光电管见光，旋转光量调节器，使光电管输出的光电讯号能使电表指针正确处于100%。

(6) 按上述方法连续几次调整零位使电表指针指在100%后，可进行测定工作。

(7) 在最后一次调节电表指针，使它指在透光率100%后，轻拉比色皿定位装置的拉杆，使待测溶液进入光路。此时，由标尺上可直接读出光吸收值和透光率的读数。

2. 注意事项

(1) 可根据不同的单色光波长和光能量选用放大器灵敏度挡。各挡的灵敏度范围是:第一挡×1倍,第二挡×10倍,第三挡×20倍。原则是能使空白挡良好地用光量调节器调整于100%处。

(2) 仪器底部放有2只干燥剂筒,用以保持仪器的干燥。此外,在仪器停止工作期间,比色皿暗箱内、塑料仪器套内都应放防潮硅胶袋。

(3) 仪器的连续使用时间不应超过2 h。使用后必须间歇半小时,才能再用。

(4) 务必保持比色皿透光面的清洁。不要用手摸比色皿光滑的表面,更不要用毛刷刷洗比色皿,以免影响读数的准确。

(5) 脏的比色皿可浸泡在肥皂水中,然后再用自来水和蒸馏水冲洗干净。倒置晾干备用。

(6) 比色皿外边沾有水或待测溶液时,可先用滤纸吸干,再用镜头纸拭净。

(7) 把比色皿放入比色皿架时,要注意尽量使它们的位置前后一致。

(8) 测定时应尽量使被测溶液的光吸收值在0.1~0.65范围内。

(9) 仪器的周围应干燥。仪器使完后,应该用塑料套子罩住,并在套子内放数袋防潮硅胶。

(10) 经常注意单色光器的防潮硅胶是否受潮,并及时调换或烘干。

2.4.2 751G型分光光度计

751G型分光光度计的操作方法如下:

(1) 检查电源电压是否与仪器所要求的电压相符,然后再插上电源插头。

(2) 根据测定所要求的波长选择光源灯。在波长320~1000 nm范围内用钨灯。在波长200~320 nm范围内,用氢弧灯作为光源。拨动光源选择杆使所需要的光源灯进入光路。根据需要可以把滤光片推入光路,以减少杂散光,但通常情况下没有这种必要。把波长刻度旋到所要的波长上。

(3) 检查仪器的各种开关和旋钮使处于关闭位置。然后再打开电源开关,使仪器预热20 min。

(4) 选择适当波长的光电管。如涵定的波长在200~625 nm范围内,用紫敏光电管,此时应将手柄推入。如测定的波长在625~1000 nm范围,用红敏光电管,应将手柄拉出。

(5) 根据波长选择比色皿。测定的波长在350 nm以上时,用玻璃比色皿。测定波长在350 nm以下时,则需用石英比色皿。在比色皿中装好溶液,放在暗箱内的托架上,然后把暗箱盖好。

(6) 把选择开关拨到“校正”位置上。调节暗电流使电表指针指到“0”。为了得到较高的准确度,每测量一次都应校正一次暗电流。

(7) 在一般情况下,旋转灵敏度旋钮从左边停止位置顺时针转动三圈左右。

(8) 旋转读数钮，使刻度盘位于透光串 100%位置上。把选择开关拨到“×1”处，然后拉开暗电流闸门，使单色光进入光电管。

(9) 调节狭缝，使电表指针接近零位。然后再用灵敏度旋钮细致调节，使电表指针正确地指在“0”上。

(10) 把比色皿定位装置的拉杆轻轻地拉出一格(注意应使滑板处在定位槽中)，使试样溶液进入光路，这时电表指针偏离零位。转动读数电位器旋钮，重新使电表指针移到“0”位上，此时刻度盘上的读数即为试样的透光串和相应的光吸收值。取得读数后，应及时将暗电流闸门重新关上，以保护光电管，防止受光时间过长而疲劳。在读取透光率和相应消光值的数值时，若选择开关在“×1”处，透光率范围为0～100%。当透光率小于 10%时，则可把选择开关拨到“×0.1”位置，此时所读取的透光串数值，应以 10 除之，而所读出的消光值应加上 1.0。测定完后，应把各个旋钮和开关复原、关闭，拔下插销。

2.5 干燥箱和恒温箱

干燥箱用于物品的干燥和干热灭菌，恒温箱用于微生物和生物的培养。这两种仪器的结构和使用方法相似，干燥箱的使用温度为 50～250℃，常用鼓风式电热以加速升温；恒温箱的最高温度为 60℃。

1. 使用方法

(1) 将温度计插入座内(在箱顶放气调节器中部)。

(2) 把电源插头插入电源插座。

(3) 将电热丝分组开关转到 1 或 2 位置上(视所需温度而定)，可开启鼓风机促使热空气对流。电热丝分组开关开启后，红色指示灯亮。

(4) 注意观察温度计。当温度计温度将要达到所需温度时，调节自动控温旋钮，使绿色指示灯正好发亮，10 min 后再观察温度计和指示灯，如果温度计上所指温度超过需要，而红色指示灯仍亮，则将自动控温旋钮略向反时针方向旋转，直到温度恒定在要求的温度上，指示灯轮番显示红色和绿色为止。自动恒温器旋钮在箱体正面左上方，它的刻度板不能作为温度标准指示，只能作为调节用的标记。

(5) 在恒温过程中，如不需要三组电热丝同时发热时，可仅开启一组电热丝。开启组数越多，温度上升越快。

(6) 工作一定时间后，可开启顶部中央的放气调节器将潮气排出，也可以开启鼓风机。

(7) 使用完毕后将电热丝分组开关全部关闭，并将自动恒温箱的旋钮沿反时针方向旋至零位。将电源插头拔下。

2. 注意事项

(1) 使用前检查电源,要有良好地线。

(2) 干燥箱无防爆设备,切勿将易燃物品及挥发性物品放入箱内加热。箱体附近不可放置易燃物品。

(3) 箱内应保持清洁,放物网不得有锈,否则影响玻璃器皿洁度。

(4) 使用时应定时监看,以免温度升降影响使用效果或发生事故。

(5) 鼓风机的电动机轴承应每半年加油一次。

(6) 切勿拧动箱内感温器,放物品时也要避免碰撞感温器,否则温度不稳定。

(7) 检修时应切断电源。

2.6 电热恒温水浴

电热恒温水浴用于恒温加热和蒸发，最高工作温度为 100℃，此仪器利用控温器控制温度，所以工作原理和使用方法与干燥箱相似。但应注意使用前在水浴槽内加足量的水以避免电热管烧坏。如较长时间不使用，必须放尽水槽内的全部水。

2.7 酸 度 计

酸度计是测量 pH 的精密仪器,也可用来测量电动势。

2.7.1 使用方法

1) 安装

(1) 电源的电压与频率必须符合仪器牌上所指明的数据,同时必须接地良好,否则在测量时可能指针不稳。

(2) 仪器配有玻璃电极和甘汞电极。将玻璃电极的胶木帽夹在电极夹的小夹子上,将甘汞电极的金属帽夹在电极夹的大夹子上。可利用电极夹上的支头螺丝调节两个电极的高度。

(3) 玻璃电极在初次使用前,必须在蒸馏水中浸泡 24 h 以上。平常不用时也应浸泡在蒸馏水中。

(4) 甘汞电极在初次使用前,应浸泡在饱和氯化钾溶液内,不要与玻璃电极同泡在蒸馏水中。不使用时也浸泡在饱和氯化钾溶液中或用橡胶管套住甘汞电极的下端毛细孔。

2) 校整

(1) 将“pH—mV”开关拨到 pH 位置。

(2) 打开电源开关，指示灯亮，预热 30 min。

(3) 取下放蒸馏水的小烧杯，并用滤纸轻轻吸去玻璃电极上的多余水珠。在小烧杯内放入选择好的、已知 pH 的标准缓冲溶液。将电极浸入。注意应使玻璃电极端部小球和甘汞电极的毛细孔浸在溶液中。轻轻摇动小烧杯，使电极所接触的溶液均匀。

(4) 根据标准缓冲液的 pH，将量程开关拧到 0～7 或 7～14 处。

(5) 调节控温钮，使旋钮指示的温度与室温相同。

(6) 调节零点，使指针指在 pH7 处。

(7) 轻轻按下或稍许转动读数开关使开关卡住。调节定位旋钮，使指针恰好指在标准缓冲液的 pH 数值处。放开读数开关，重复操作，直至数值稳定为止。

(8) 校整后，切勿再旋动定位旋钮，否则需重新校整。取下标准液小烧杯，用蒸馏水冲洗电极。

3) 测量

(1) 将电极上多余的水珠吸干或用被测溶液冲洗两次，然后将电极浸入被测溶液中，并轻轻转动或摇动小烧杯，使溶液均匀接触电极。

(2) 被测溶液的温度应与标准缓冲溶液的温度相同。

(3) 校整零位，按下读数开关，指针所指的数值即是待测液的 pH。若在 pH 量程 0～7 范围内测量时指针读数超过刻度，则应将量程开关置于 7～14 处再测量。

(4) 测量完毕，放开读数开关后，指针必须指在 pH7 处，否则重新调整。

(5) 关闭电源，冲洗电极，并按照前述方法浸泡。

2.7.2 注意事项

(1) 防止仪器与潮湿气体接触。潮气的浸入会降低仪器的绝缘性，使其灵敏度、精确度、稳定性都降低。

(2) 玻璃电极小球的玻璃膜极薄，容易破损。切忌与硬物接触。

(3) 玻璃电极的玻璃膜不要沾上油污，如不慎沾有油污可先用四氯化碳或乙醚冲洗，再用酒精冲洗，最后用蒸馏水洗净。

(4) 甘汞电极的氯化钾溶液中不允许有气泡存在，其中有极少结晶，以保持饱和状态。如结晶过多，毛细孔堵塞，最好重新灌入新的饱和氯化钾溶液。

(5) 如酸度计指针抖动严重，应更换玻璃电极。

2.7.3 标准缓冲液的配制

酸度计所用的标准缓冲液的试剂容易提纯,也比较稳定。常用的配制方法如下:

(1) pH = 4.00 的标准缓冲液:称取在 105℃ 干燥 1 h 的磷苯二甲酸氢钾 5.078 g,加重蒸馏水溶解,并定容至 500 mL。

(2) pH=6.88 的标准缓冲液:称取在 130℃干燥 2 h 的磷酸二氢钾(KH_2PO_4) 3.4018 g,磷酸氢二钠($Na_2HPO_4 \cdot 12H_2O$)8.958 g 或无水磷酸氢二钠(Na_2HPO_4) 3.549 g,加重蒸馏水溶解并定容至 500 mL。

(3) pH=9.18 的标准缓冲液:称取硼酸钠($Na_2B_4O_7 \cdot 10H_2O$)3.814 48 g 或无水硼酸钠 2.02 g。

第 3 章　实验室常用数据

表 4-3-1　高相对分子质量标准参照

蛋白质	相对分子质量
肌球蛋白	212 000
β-半乳糖苷酶	116 000
磷酸化酶 B	97 400
牛血清白蛋白	66 200
过氧化氢酶	57 000
醛缩酶	40 000

表 4-3-2　中相对分子质量标准参照

蛋白质	相对分子质量
磷酸化酶 B	97 400
牛血清白蛋白	66 200
谷氨酸脱氢酶	55 000
卵白蛋白	42 700
醛缩酶	40 000
碳酸酐酶	31 000
大豆胰蛋白酶抑制剂	21 500
溶菌酶	14 400

表 4-3-3　低相对分子质量标准参照

蛋白质	相对分子质量
碳酸酐酶	31 000
大豆胰蛋白酶抑制剂	21 500
马心肌球蛋白	16 900
溶菌酶	14 400
肌球蛋白(F_1)	8 100
肌球蛋白(F_2)	6 200
肌球蛋白(F_3)	2 500

表 4-3-4 遗传密码

密码子的第二位

密码子的第一位（5′端）	U	C	A	G	密码子的第三位（3′端）
U	UUU Phe	UCU Ser	UAU Tyr	UGU Cys	U
	UUC Phe	UCC Ser	UAC Tyr	UGC Cys	C
	UUA Leu	UCA Ser	UAA 终止(赭石)	UGA 终止(乳白)	A
	UUG Leu	UCG Ser	UAG 终止(琥珀)	UGG Trp	G
C	CUU Leu	CCU Pro	CAU His	CGU Arg	U
	CUC Leu	CCC Pro	CAC His	CGC Arg	C
	CUA Leu	CCA Pro	CAA Gln	CGA Arg	A
	CUG Leu	CCG Pro	CAG Gln	CGG Arg	G
A	AUU Ile	ACU Thr	AAU Asn	AGU Ser	U
	AUC Ile	ACC Thr	AAC Asn	AGC Ser	C
	AUA Ile	ACA Thr	AAA Lys	AGA Arg	A
	AUG Mel	ACG Thr	AAG Lys	AGG Arg	G
G	GUU Val	GCU Ala	GAU Asp	GGU Gly	U
	GUC Val	GCC Ala	GAC Asp	GGC Gly	C
	GUA Val	GCA Ala	GAA Glu	GGA Gly	A
	GUG Val	GCG Ala	GAG Glu	GGG Gly	G

表 4-3-5 各种 pH 的 Tris 缓冲液的配制

所需 pH(25℃)	0.1 mol/L HCl 的体积/mL	所需 pH(25℃)	0.1 mol/L HCl 的体积/mL
7.10	45.7	8.10	26.2
7.20	44.7	8.20	22.9
7.30	43.4	8.30	19.9
7.40	42.0	8.40	17.2
7.50	40.3	8.50	14.7
7.60	38.5	8.60	12.4
7.70	36.6	8.70	10.3
7.80	34.5	8.80	8.5
7.90	32.0	8.90	7.0
8.00	29.2		

表 4-3-6　染料在非变性聚丙烯酰胺凝胶中的迁移速度

凝胶浓度/%	溴酚蓝/bp	二甲苯青 FF/bp
3.5	100	460
5.0	65	260
8.0	45	160
12.0	20	70
15.0	15	60
20.0	12	45

表 4-3-7　染料在变性聚丙烯酰胺凝胶中的迁移速度

凝胶浓度/%	溴酚蓝/bp	二甲苯青 FF/bp
5.0	35	140
6.0	26	106
8.0	19	75
10.0	12	55
20.0	8	28

表 4-3-8　琼脂糖凝胶浓度与线性 DNA 分辨范围

凝胶浓度/%	线性 DNA 长度/bp
0.5	1 000～30 000
0.7	800～12 000
1.0	500～10 000
1.2	400～7 000
1.5	200～3 000
2.0	50～2 000

表 4-3-9　温度对 50 mmol/L Tris-Cl 液 pH 的影响

4℃	25℃	37℃
8.1	7.5	7.2
8.2	7.6	7.3
8.3	7.7	7.4
8.4	7.8	7.5
8.5	7.9	7.6
8.6	8.0	7.7
8.7	8.1	7.8
8.8	8.2	7.9
8.9	8.3	8.0
9.0	8.4	8.1
9.1	8.5	8.2
9.2	8.6	8.3
9.3	8.7	8.4
9.4	8.8	8.5

表 4-3-10　常见的市售酸碱的浓度

溶质	分子式	相对分子质量	浓度/(mol/L)	浓度/(g/L)	重量百分比/%	密度	配制 1 mol/L 溶液的加入量/(mol/L)
冰乙酸	CH_3COOH	60.05	17.4	1 045	99.5	1.05	57.5
乙酸		60.05	6.27	376	36	1.045	159.5
甲酸	HCOOH	46.02	23.4	1 080	90	1.20	42.7
盐酸	HCl	36.5	11.6	424	36	1.18	86.2
			2.9	105	10	1.05	344.8
硝酸	HNO_3	63.02	15.99	1 008	71	1.42	62.5
			14.9	938	67	1.40	67.1
			13.3	837	61	1.37	75.2
高氯酸	$HClO_4$	100.5	11.65	1 172	70	1.67	85.8
			9.2	923	60	1.54	108.7
磷酸	H_3PO_4	80.0	18.1	1 445	85	1.70	55.2
硫酸	H_2SO_4	98.1	18.0	1776	96	1.84	55.6
氢氧化铵	NH_4OH	35.0	14.8	251	28	0.898	67.6
氢氧化钾	KOH	56.1	13.5	757	50	1.52	74.1
			1.94	109	10	1.09	515.5
氢氧化钠	NaOH	40.0	19.1	763	50	1.53	52.4
			2.75	111	10	1.11	363.4

表 4-3-11　分子克隆常用缓冲液

TE

pH7.4

10 mmol/L Tris-Cl(pH7.4)

1 mmol/L EDTA(pH8.0)

pH7.6

10 mmol/L Tris-Cl(pH7.6)

1 mmol/L EDTA(pH8.0)

pH8.0

10 mmol/L Tris-Cl(pH8.0)

1 mmol/L EDTA(pH8.0)

STE(也称 TEN)

0.1 mol/L NaCl

10 mmol/L Tris-Cl(pH8.0)

1 mmol/L EDTA (pH8.0)

STET

0.1 mol/L NaCl

10 mmol/L Tris-Cl(pH8.0)

1 mmol/L EDTA (pH8.0)

5% Triton X-100

TNT

10 mmol/L Tris-Cl(pH8.0)

150 mmol/L NaCl

0.05% Tween 20

表 4-3-12　磷酸缓冲液

pH	1 mol/L K_2HPO_4/mL	1 mol/L KH_2PO_4/mL
5.8	8.5	91.5
6.0	13.2	86.8
6.2	19.2	80.8
6.4	27.8	72.2
6.6	38.1	61.9
6.8	49.7	50.3
7.0	61.5	38.5
7.2	71.7	28.3
7.4	80.2	19.8
7.6	86.6	13.4
7.8	90.8	9.2
8.0	94.0	6.0

注：25℃下 0.1 mol/L 磷酸钾缓冲液的配制。

表 4-3-13　常用的电泳缓冲液

缓冲液	使用液	浓贮存液/L
Tris-乙酸(TAE)	1×：0.04 mol/L Tris-乙酸 0.001 mol/L EDTA	50×：242 g Tris 碱 57.1 mL 冰乙酸 100 mL 0.5 mol/L EDTA(pH8.0)
Tris-磷酸(TPE)	1×：0.09 mol/L Tris-磷酸 0.002 mol/L EDTA	10×：108 g Tris 碱 15.5 mL 85%磷酸(1.679 g/mL) 40 mL 0.5 mol/L EDTA(pH8.0)
Tris-硼酸(TBE)1)	0.5×：0.045 mol/L Tris-硼酸 0.001 mol/L EDTA	5×：54 g Tris 碱 27.5g 硼酸 20 mL 0.5 mol/L EDTA(pH8.0)
碱性缓冲液2)	1×：50 mmol/L NaOH 1 mmol/L EDTA	1×：5 mL 10 mol NaOH 2 mL 0.5 mol/L EDTA(pH8.0)
Tris-甘氨酸3)	1×：25 mmol/L Tris 250 mol/L 甘氨酸 0.1% SDS	5×：15.1 g Tris 碱 94 g 甘氨酸(电泳级)(pH8.3) 50 mL 10% SDS(电泳级)

1) TBE 浓溶液长时间存放后会形成沉淀物，应予以废弃。

2) 碱性缓冲液应现用现配。

3) Tris-基氨酸缓冲液用于 SDS-PAGE。

表 4-3-14 凝胶加样缓冲液

缓冲液类型	6×缓冲液	贮存温度
Ⅰ	0.25%溴酚蓝 0.25%二甲苯青 FF 40%(*W*/*V*)蔗糖水溶液	4℃
Ⅱ	0.25%溴酚蓝 0.25%二甲苯青 FF 15%聚蔗糖(Ficoll400)	室温
Ⅲ	0.25%溴酚蓝 0.25%二甲苯青 FF 30%甘油水溶液	4℃
Ⅳ	0.25%溴酚蓝 40%(*W*/*V*)蔗糖水溶液 300 mmol/L NaOH 6 mmol/L EDTA	4℃
Ⅴ (碱性加样缓冲液)	18%聚蔗糖(Ficoll400) 0.15%溴甲酚绿 0.25%二甲苯青 FF	4℃

表 4-3-15 常用溶液的配制

溶　液	配制方法
30%丙烯酰胺[1)]	将29 g丙烯酰胺和 1 g*N*, *N*′-亚甲双丙烯酰胺溶于总体积为 60 mL 的水中。加热至 37℃溶解之,补加水至终体积为 100 mL。用 Nalgene 滤器(0.45 μm 孔径)过滤除菌,查证该溶液的 pH 应不大于 7.0,置棕色瓶中保存于室温
40%丙烯酰胺[2)]	把380 g丙烯酰胺(DNA 测序级)和 20 g *N*, *N*′-亚甲双丙烯酰胺溶于总体积为 600 mL 的蒸馏水中。继续按上述配制 30%丙烯酰胺溶液的方法处理,但加热溶解后应以蒸馏水补足至终体积为 1L
放线菌素 D[3)]	把20 mg放线菌素 D 溶解于 4 mL100%乙醇中,1∶10 稀释贮存液,用 100%乙醇作空白对照读取 OD_{440}值。放线菌素 D(相对分子质量为 1255)纯品在水溶液中的摩尔消光系数为 21 900,故而 1 mg/mL 的放线菌素 D 溶液在 440 nm 处的吸光值为 0.182,放线菌素 D 的贮存液应放在包有箔片的试管中,保存于－20℃
0.1 mol/L 腺苷三磷酸(ATP)	在0.8 mL 水中溶解 60 mgATP,用 0.1 mol/L NaOH 调 pH 至 7.0,用蒸馏水定容至 1 mL,分装成小份保存于－70℃
10 mol/L 乙酸铵	把 770 g 乙酸铵溶解于 800 mL 水中。加水定容至 1L 后过滤除菌
10%过硫酸铵	把1 g 过硫酸铵溶解于终容量为 10 mL 的水溶液中,该溶液可在 4℃保存数周
BCIP	把0.5 g 的 5-溴-4-氯-3-吲哚磷酸二钠盐(BCIP)溶解于 10 mL 100%的二甲基甲酰胺中,保存于 4℃

续表

溶 液	配制方法
2×BES缓冲盐溶液	用总体积 90 mL 的蒸馏水溶解 1.07 gBES[*N*,*N*-双(2-羟乙基)-2-氨基乙磺酸]、1.6 g NaCl 和 0.027 g Na_2HPO_4，室温下用 HCl 调节该溶液的 pH 至 6.96，然后加入蒸馏水定容至 100 mL，用 0.22 μm 滤器过滤除菌，分装成小份，保存于－20℃
1 mol/L $CaCl_2$	在200 mL 纯水中溶解 54 g $CaCl_2 \cdot 6H_2O$，用 0.22 μm 滤器过滤除菌，分装成 10 mL 小份贮存于－20℃
2.5 mol/L $CaCl_2$	在20 mL 蒸馏水中溶解 13.5 g $CaCl_2 \cdot 6H_2O$，用 0.22 μm 滤器过滤除菌，分装成 1 mL 小份贮存于－20℃
1 mol/L 二硫苏糖醇(DTT)	用20 mL 0.01 mol/L 乙酸钠溶液(pH5.2)溶解 3.09 g DTT，过滤除菌后分装成 1 mL 小份贮存于－20℃
脱氧核苷三磷酸(dNTP)	把每一种 dNTP 溶解于水至各浓度为 100 mmol/L 左右，用微量移液器吸取 0.05 mol/L Tris 碱分别调节每一 dNTP 溶液的 pH 至 7.0(用 pH 试纸检测)，把中和后的每种 dNTP 溶液各取一份适当稀释，在下表中给出的波长下读取光密度计算出每种 dNTP 的实际浓度，然后用水稀释成终浓度为 50 mmol/L 的 dNTP，分装成小份贮存于－70℃

碱基	波长/nm	消光系数(ε)/[L/(mol·cm)]
A	259	1.54×10^4
G	253	1.37×10^4
C	271	9.10×10^3
T	260	7.40×10^3

比色杯光径为 1 cm 时，吸光度＝ε*M*

溶 液	配制方法
0.5 mol/L EDTA(pH8.0)	在800 mL 水中加入 186.1 g 二水乙二胺四乙酸二钠($EDTA\text{-}Na \cdot 2H_2O$)，在磁力搅拌器上剧烈搅拌，用 NaOH 调节溶液的 pH 至 8.0(约需 20 g NaOH 颗粒)，然后定容至 1L，分装后高压灭菌备用
溴化乙锭[4)] (10 mg/mL)	在100 mL 水中加入 1 g 溴化乙锭，磁力搅拌数小时以确保其完全溶解，然后用铝箔包裹容器或转移至棕色瓶中，保存于室温
2×HEPES 缓冲盐溶液	用总量为 90 mL 的蒸馏水溶解 1.6 g NaCl、0.074 g KCl、0.027 g $Na_2HPO_4 \cdot 2H_2O$、0.2 g 葡聚糖和 1 g HEPES，用 0.5 mol/L NaOH 调节 pH 至 7.05，再用蒸馏水定容至 100 mL。用 0.22 μm 滤器过滤除菌，分装成 5 mL 小份，贮存于－20℃
IPTG	IPTG 为异丙基硫代-β-D-半乳糖苷(相对分子质量为 238.3)，在 8 mL 蒸馏水中溶解 2 g IPTG 后，用蒸馏水定容至 10 mL，用 0.22 μm 滤器过滤除菌，分装成 1 mL 小份贮存于－20℃
1 mol/L 乙酸镁	在800 mL 水中溶解 214.46 g 四水乙酸镁，用水定容至 1L，过滤除菌

溶　液	配制方法
1 mol/L $MgCl_2$[5]	在800 mL水中溶解203.3 g $MgCl_2 \cdot 6H_2O$，用水定容至1L，分装成小份并高压灭菌备用
β-巯基乙醇(BME)[6]	一般得到的是14.4 mol/L溶液，应装在棕色瓶中保存于4℃
NBT	把0.5 g氯化氮蓝四唑溶解于10 mL 70%的二甲基甲酰胺中，保存于4℃
酚/氯仿[7]	把酚和氯仿等体积混合后用0.1 mol/L Tris-Cl(pH7.6)抽提几次以平衡这一混合物，置棕色玻璃瓶中，上面覆盖等体积的0.01 mol/L Tris-Cl(pH7.6)，液层，保存于4℃
10 mmol/L 苯甲基磺酰氟(PMSF)[8]	用异丙醇溶解PMSF成1.74 mg/mL(10 mmol/L)，分装成小份贮存于−20℃。如有必要可配成浓度高达17.4 mg/mL的贮存液(100 mmol/L)
Tris缓冲盐溶液(TBS)(25 mmol/L Tris)	在800 mL蒸馏水中溶解8 g NaCl、0.2 g KCl和3 g Tris碱、加入0.015 g酚红并用HCl调pH至7.4，用蒸馏水定容至1 L，分装后在15 lbf/in^2(1.034×10^5 Pa)高压下蒸气灭菌20 min，于室温保存
X-gal	X-gal为5-溴-4氯-3-吲哚-β-D-半乳糖苷。用二甲基甲酰胺溶解X-gal配制成20 mg/mL的贮存液。保存于一玻璃管或聚丙烯管中，装有X-gal溶液的试管需用铝箔封裹以防因受光照而被破坏，并应贮存于−20℃。X-gal溶液无需过滤除菌

1) 丙烯酰胺具有很强的神经毒性并可通过皮肤吸收，其作用具累积性。称量丙烯酰胺和亚甲双丙烯酰胺时应戴手套和面具。聚丙烯酰胺无毒，但也应谨慎操作，因为它还可能会含有少量未聚合材料。

一些价格较低的丙烯酰胺和双丙烯酰胺通常含有一些金属离子，在丙烯酰胺贮存液中加入大约0.2体积的单床混合树脂(MB-1 Mallinckrodt)，搅拌过夜，然后用Whatman 1号滤纸过滤以纯化之。

在贮存期间，丙烯酰胺和双丙烯酰胺会缓慢转化成丙烯酰和双丙烯酸。

2) 40%丙烯酰胺溶液用于DNA序列测定。

3) 放线菌素D是致畸剂和致癌剂，配制该溶液时必须戴手套并在化学通风橱内操作，而不能在开放的实验桌面上进行，谨防吸入药粉或让其接触到眼睛或皮肤。

药厂提供的作治疗用途的放线菌素D制品常含有糖或盐等添加剂。只要通过测量贮存液在440 nm波长处的光吸收确定放线菌素D的浓度，这类制品便可用于抑制自身引导作用。

4) 溴化乙锭是强诱变剂并有中度毒性，使用含有这种染料的溶液时务必戴上手套，称量染料时要戴面罩。

5) $MgCl_2$极易潮解，应选购小瓶(如100 g)试剂，启用新瓶后勿长期存放。

6) BME或含有BME的溶液不能高压处理。

7) 酚腐蚀性很强，并可引起严重灼伤，操作时应戴手套及防护镜，穿防护服。所有操作均应在化学通风橱中进行。与酚接触过的部位应用大量的水清洗，并用肥皂和水洗涤，忌用乙醇。

8) PMSF严重损害呼吸道黏膜、眼睛及皮肤，吸入、吞进或通过皮肤吸收后有致命危险。一旦眼睛或皮肤接触了PMSF，应立即用大量水冲洗之。凡被PMSF污染的衣物应予丢弃。

PMSF在水溶液中不稳定。应在使用前从贮存液中现用现加于裂解缓冲液中。PMSF在水溶液中的活性丧失速率随pH的升高而加快，且25℃的失活速率高于4℃。pH为8.0时，20 μmol/L的PMSF水溶液的半衰期大约为85 min。这表明将PMSF溶液调节为碱性(pH>8.6)并在室温放置数小时后，可安全地予以丢弃。

第 4 章　常用载体图谱

概述：pGEM-3Z 质粒可作为一般克隆载体和高效率 RNA 体外合成的模板。这个载体在多克隆位点两侧分别含有 SP6 和 T7 RNA 聚合酶启动子。此载体还含有 *lacZ* α-肽编码基因及多克隆位点，可在含 IPTG 和 X-gal 的平板上对重组子进行蓝/白颜色筛选。

宿主：建议用 JM109 作受体菌。

浓度：1 μg/μL。

储藏条件：10 mmol/L Tris-HCl，pH7.5，1 mmol/L EDTA，−20℃。

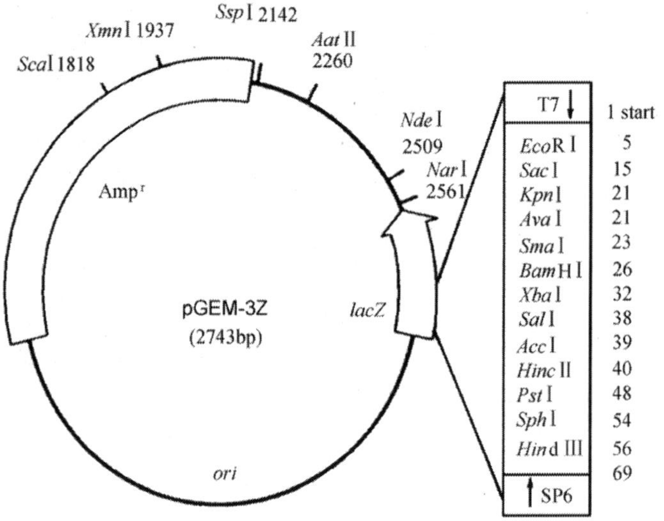

pGEM-3Z 载体环状图谱

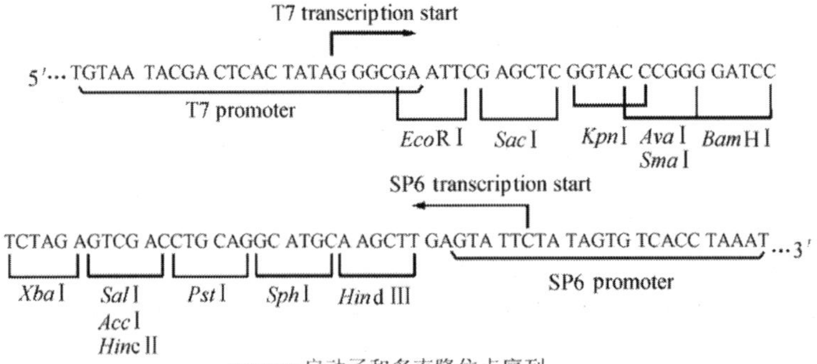

pGEM-3Z 启动子和多克隆位点序列

概述：pGEM-3Zf(＋)和 pGEM-3Zf(－)可用做克隆载体来制备 SP6 RNA 聚合酶或 T7 RNA 聚合酶的体外转录的模板，因其含有丝状噬菌体 f1 的复制位点，所以也可用做制备环状单链 DNA(ssDNA)的模板。*lacZ* α-肽编码基因的存在可对重组子进行蓝/白颜色筛选。pGEM-3Zf(＋)和 pGEM-3Zf(－)的区别在于 f1 复制起点的方向不同。

宿主：建议用 JM109 作受体菌。

浓度：1 μg/μL。

储藏条件：10 mmol/L Tris-HCl，pH7.5，1 mmol/L EDTA，－20℃

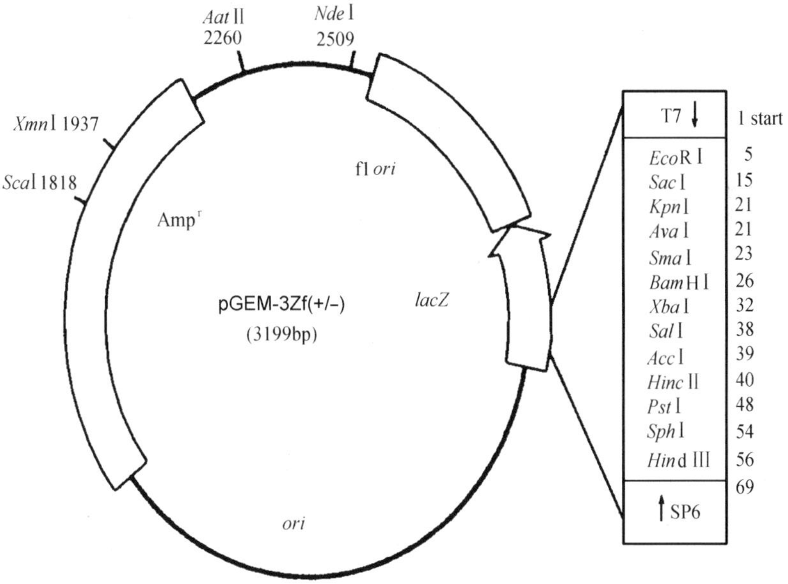

pGEM-3Zf(+/–) 载体环状图谱

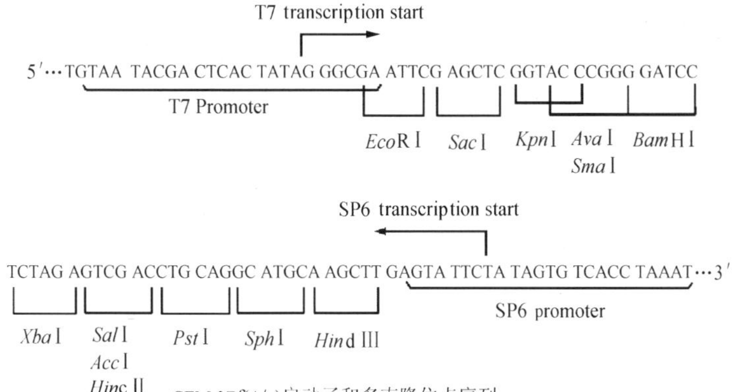

pGEM-3Zf(+/–)启动子和多克隆位点序列

注释：

序列参考位点：

a．T7 RNA 聚合酶转录起始位点	1
b．SP6 RNA 聚合酶转录起始位点	69
c．T7 RNA 聚合酶启动子	3183～3186
d．SP6 RNA 聚合酶启动子	64～86
e.多克隆位点	5～61
f．*lacZ* 起始密码	108
g．*lac* 操纵子序列	3020～3180；94～323
h．*lac* 操纵基因	128～144
i．β-内酰胺酶编码区	1265～2125
j．f1 噬菌体区	2564～3091
k．pUC/M13 正向测序引物结合位点	3140～3156
l．pUC/M13 反向测序引物结合位点	104～120

概述:pGEM-7Zf(+)和pGEM-7Zf(—)载体可用做一般克隆载体来制备体外转录的模板。因其含有丝状噬菌体f1的复制位点,所以也可以用做制备环状单链DNA的模板。*lacZ*α-肽编码基因的存在可对重组子进行蓝/白颜色筛选。pGEM-7Zf(+)和pGEM-7Zf(—)的区别在于f1复制起点的方向不同。

宿主:建议用JM109作受体菌。

浓度:1 μg/μL。

储藏条件:10 mmol/L Tris-HCl,pH7.5,1 mmol/L EDTA,—20℃。

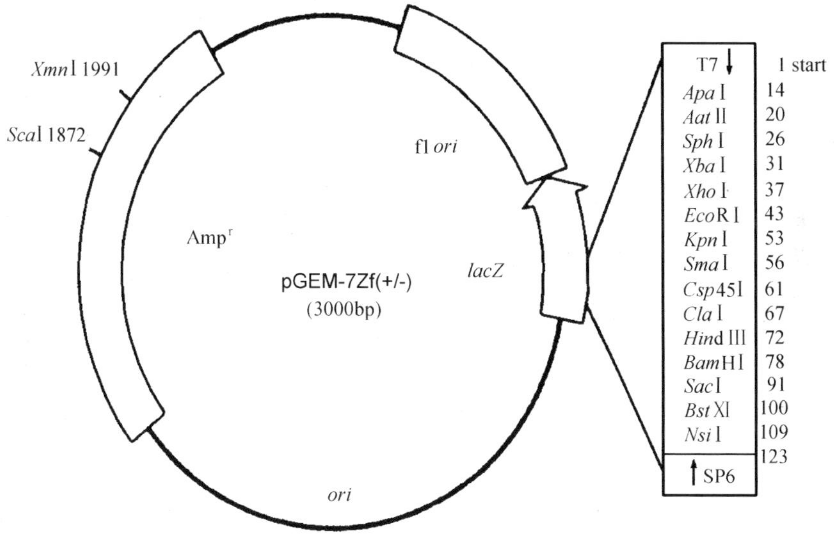

pGEM-7Zf(+/–)载体环状图谱

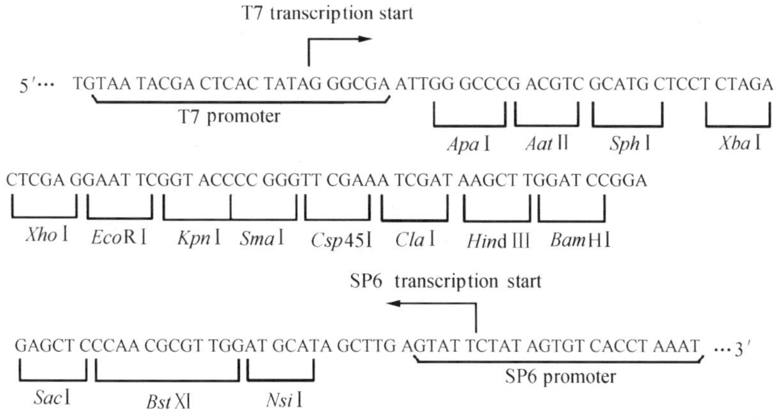

pGEM-7Zf(+/–)启动子和多克隆位点序列

注释：

(1) pGEM-7Zf(＋)载体大小为3000个碱基对。

(2) 序列参考位点：

a. T7 RNA聚合酶转录起始位点	1
b. SP6 RNA聚合酶转录起始位点	123
c. T7 RNA聚合酶启动子	2984～2986
d. SP6 RNA聚合酶启动子	118～140
e.多克隆位点	10～110
f. *lacZ*起始密码	162
g. *lac*操纵子序列	2821～2981;148～377
h. *lac*操纵基因	182～198
i. β-内酰胺酶编码区	1319～2179
j. f1噬菌体区	2365～2820
k. pUC/M13正向测序引物结合位点	2941～2957
l. pUC/M13反向测序引物结合位点	158～174

概述:pGEM-4Z 质粒可作为一般克隆载体和高效率 RNA 体外合成的模板。这个载体在多克隆位点两侧分别含有 SP6 和 T7 RNA 聚合酶启动子。此载体还含有 *lacZ* α-肽编码基因及多克隆位点,可在含 IPTG 和 X-gal 的平板上对重组子进行蓝/白颜色筛选。

宿主:建议用 JM109 作受体菌。

浓度:1 μg/μL。

储藏条件:10 mmol/L Tris-HCl,pH7.5,1 mmol/L EDTA,-20℃。

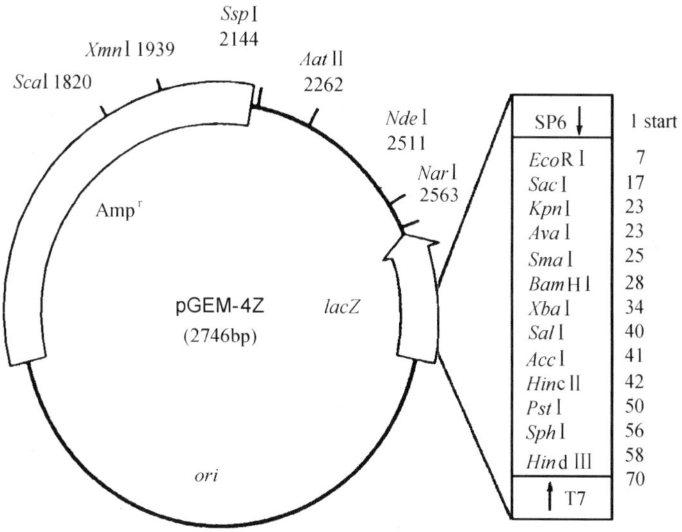

pGEM-4Z 载体环状图谱

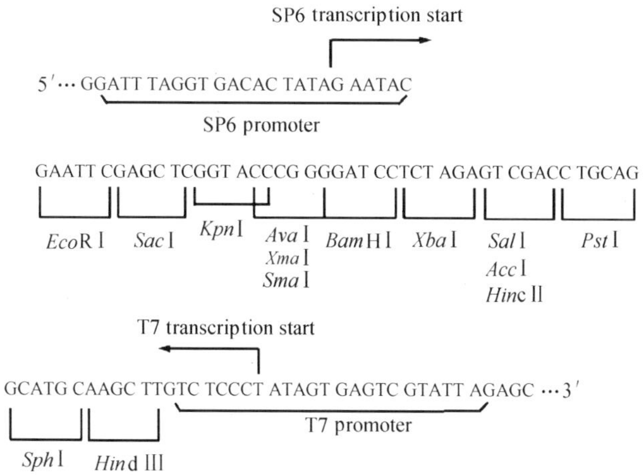

pGEM-4Z 启动子和多克隆位点序列

概述:pGEM-5Zf(＋)和 pGEM-5Zf(－)载体可用做一般克隆载体来制备体外转录的模板。因其含有丝状噬菌体 f1 的复制位点,所以也可以用做制备环状单链 DNA 的模板。*lacZ* α-肽编码基因的存在可对重组子进行蓝/白颜色筛选。pGEM-5Zf(＋)和 pGEM-5Zf(－)的区别在于 f1 复制起点的方向不同。

宿主:建议用 JM109 作受体菌。

浓度:1 μg/μL。

储藏条件:10 mmol/L Tris-HCl,pH7.5,1 mmol/L EDTA,－20℃。

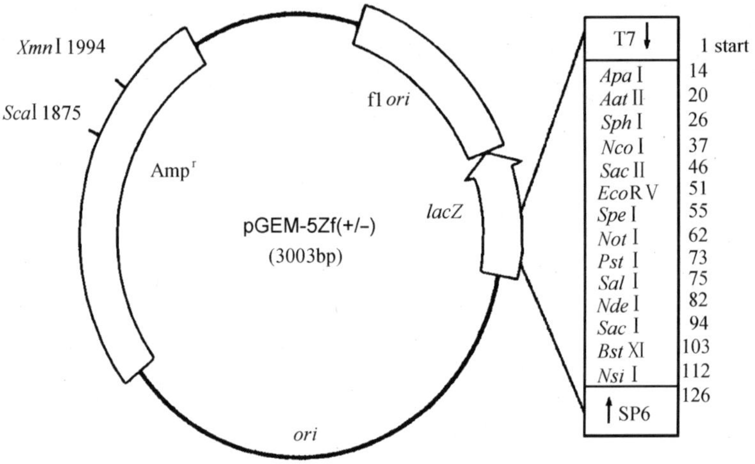

pGEM-5Zf(+/–)载体环状图谱

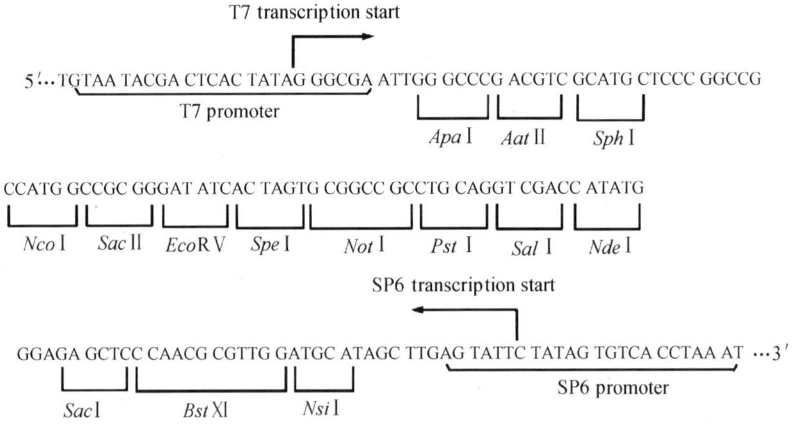

pGEM-5Zf(+/–)启动子和多克隆位点序列

注释：

(1) pGEM-5Zf(+)载体大小为3003个碱基对。

(2) 序列参考位点：

a. T7 RNA聚合酶转录起始位点	1
b. SP6 RNA聚合酶转录起始位点	126
c. T7 RNA聚合酶启动子	2987～2986
d. SP6 RNA聚合酶启动子	121～143
e.多克隆位点	10～133
f. *lacZ*起始密码	165
g. *lac*操纵子序列	2824～2984;151～180
h. *lac*操纵基因	151～201
i. β-内酰胺酶编码区	1322～2185
j. f1噬菌体区	2368～2823
k. pUC/M13正向测序引物结合位点	2944～2960
l. pUC/M13反向测序引物结合位点	161～177

概述:pSP71 载体可用做克隆载体,因在多克隆位点两侧其含有 SP6 和 T7 启动子,所以也可以用做体外转录模板,分别由 SP6 RNA 聚合酶或 T7 RNA 聚合酶从两条链上合成相应的 RNA。

宿主:建议用 HB101,C600 作受体菌。

浓度:1 μg/μL。

储藏条件:10 mmol/L Tris-HCl,pH7.5,1 mmol/L EDTA,−20℃。

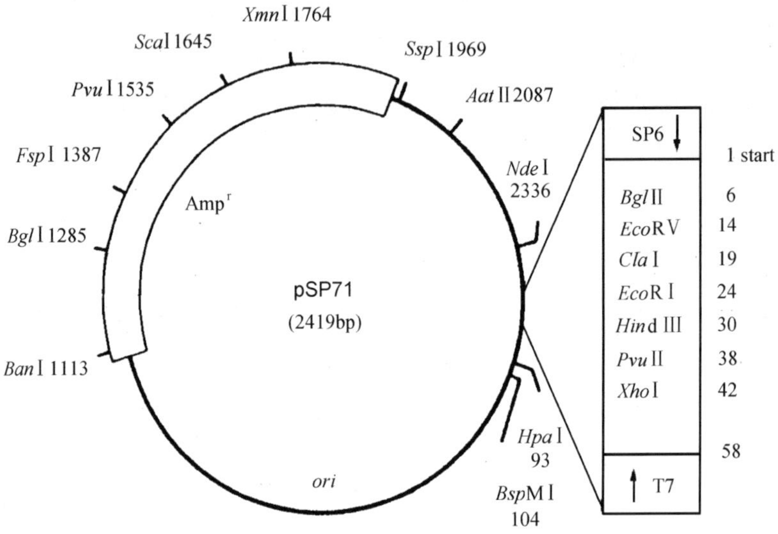

pSP71载体环状图谱

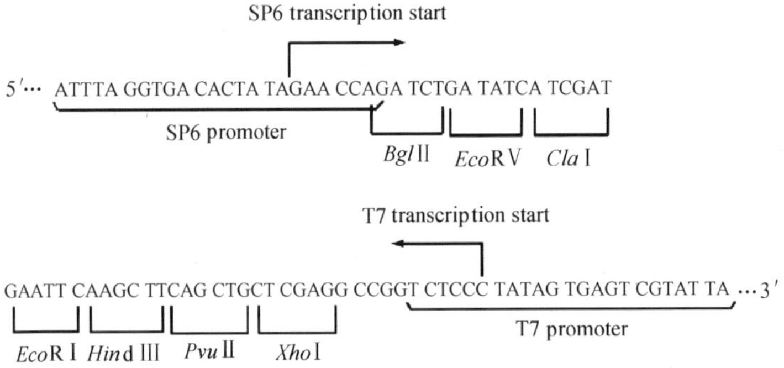

pSP71启动子和多克隆位点序列

注释:

(1) pSP71 载体大小为 2419 个碱基对。

(2) 序列参考位点:

a. SP6 RNA 聚合酶转录起始位点	1
b. T7 RNA 聚合酶转录起始位点	58
c. SP6 RNA 聚合酶启动子	2403～2419
d. T7 RNA 聚合酶启动子	59～57
e. 多克隆位点	6～47
f. β-内酰胺酶编码区	1092～1952

概述:pSP64 不仅是一个克隆载体,还可作为 RNA 体外合成的模板。其结构包含一个噬菌体 SP6 RNA 聚合酶启动子,这个启动子紧接在多克隆位点的上游。

宿主:建议用 HB101,C600 作受体菌。

浓度:1 μg/μL。

储藏条件:10 mmol/L Tris-HCl,pH7.5,1 mmol/L EDTA,−20℃。

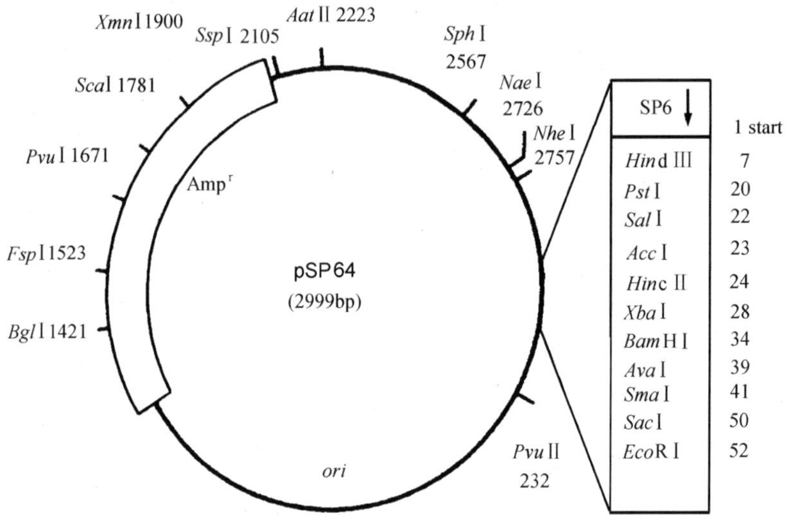

pSP64 载体环状图谱

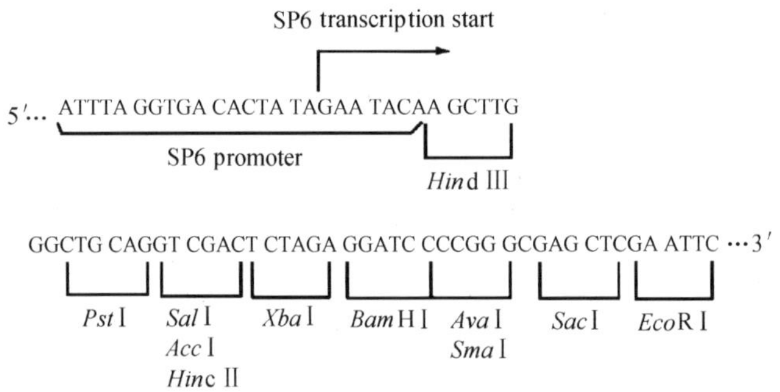

pSP64启动子和多克隆位点序列

注释：

序列参考位点：

a．SP6 RNA 聚合酶转录起始位点	1
b．SP6 RNA 聚合酶启动子	2938～2946
c．多克隆位点	7～57
d．β-内酰胺酶编码区	1228～2088

概述：pUC18 是一种常用的克隆载体，含有抗氨苄青霉素基因、*lacZ* 基因及与 M13mp18 相同的多克隆位点。重组 pUC18 的克隆转化细胞可用蓝/白筛选法筛选出。

宿主：建议用 JM109 作受体菌。

浓度：1 μg/μL。

储藏条件：10 mmol/L Tris-HCl，pH7.5，1 mmol/L EDTA，－20℃。

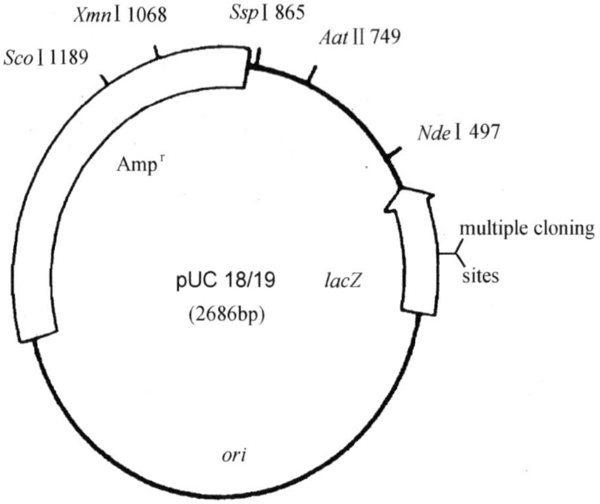

pUC18/19载体环状图谱

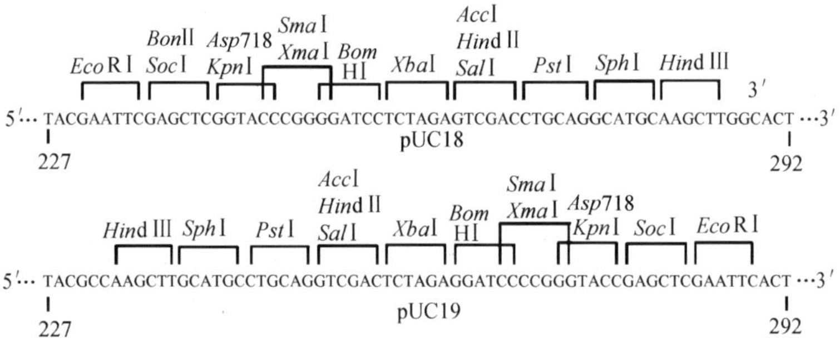

pUC18/19多克隆位点序列

概述：pSP64(poly A)载体可以用做克隆载体，因其含有 SP6 启动子和克隆位点内的(dA:dT)30 序列，所以也可以用做 SP6 RNA 聚合酶的体外转录模板，产生带有 poly A 片断的转录产物。

宿主：建议用 HB101，C600 作受体菌。

浓度：1 μg/μL。

储藏条件：10 mmol/L Tris-HCl，pH7.5，1 mmol/L EDTA，−20℃。

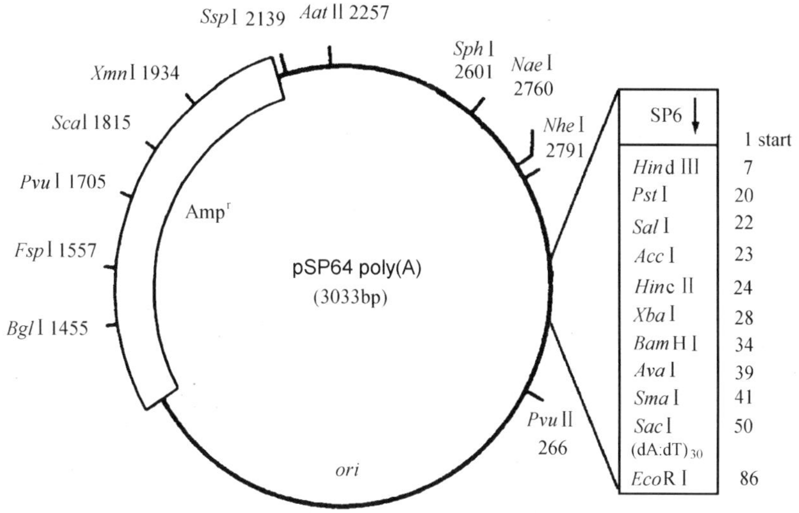

pSP64(多聚A)载体环状图谱

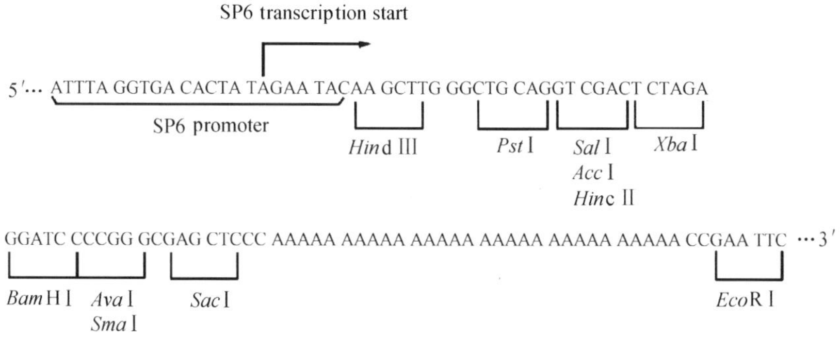

pSP64(多聚A)启动子和多克隆位点序列

注释：

(1) pSP64(poly A)载体大小为 3033 个碱基对。

(2) 序列参考位点：

a. SP6 RNA 聚合酶转录起始位点	1
b. SP6 RNA 聚合酶启动子	3071～3033
c. 多克隆位点	7～91
d. *lacZ* 起始密码	105
e. *lac* 操纵子序列	91～320
f. *lac* 操纵基因	125～141
g. β-内酰胺酶编码区	1262～2122

概述:pSP65 载体可用做克隆载体。因其含有 SP6 启动子,所以也可以用做 SP6 RNA 聚合酶的体外转录模板。

宿主:建议用 HB101,C600 作受体菌。

浓度:1 μg/μL。

储藏条件:10 mmol/L Tris-HCl,pH7.5,1 mmol/L EDTA,−20℃。

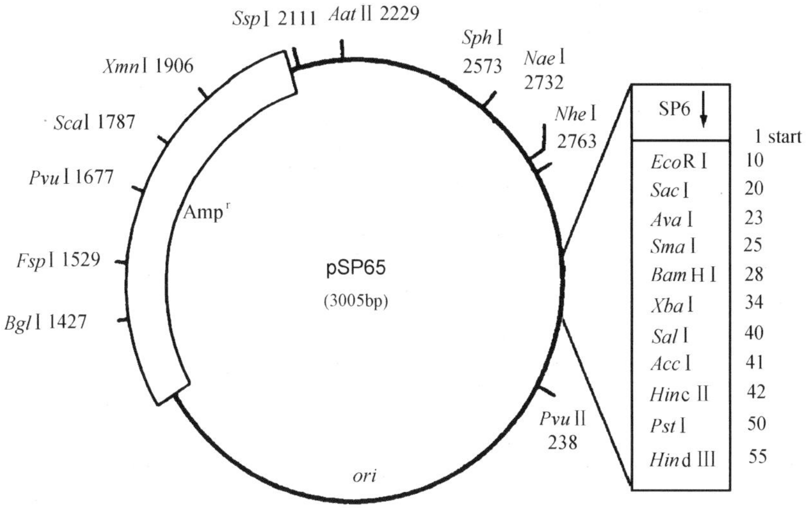

pSP65载体环状图谱

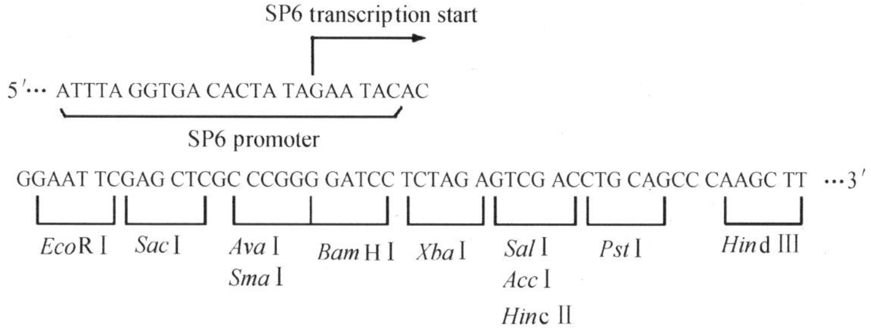

pSP65启动子和多克隆位点序列

注释:

(1) pSP65 载体大小为 3005 个碱基对。

(2) 序列参考位点:

a. SP6 RNA 聚合酶转录起始位点	1
b. SP6 RNA 聚合酶启动子	2989～3005
c. 多克隆位点	10～60

d．*lacZ* 起始密码	77
e．*lac* 操纵子序列	63～292
f．*lac* 操纵基因	97～113
g．β-内酰胺酶编码区	1234～2094

(3) 在构建 pSP65 载体(1)过程中，*lacZ* 基因的大部分被从 pUC12 中删去。因此，此载体用 X-gal 颜色筛选法鉴别重组是不可能的。

概述:pGEMEX-1 是一个 T7 表达载体,可以用做克隆载体来制备 SP6 RNA 聚合酶或 T3 RNA 聚合酶的体外转录模板,也可以用来制备单链 DNA。由于 JM109(DE3)含有一个 T7 RNA 聚合酶的诱导基因,所以 pGEMEX-1 的克隆序列可以在 JM109 (DE3)中被专一地表达为 T7 基因 10 的融合蛋白。

宿主:建议用 JM109 和 JM109(DE3)作受体菌。

浓度:1 μg/μL。

储藏条件:10 mmol/L Tris-HCl,pH7.5,1 mmol/L EDTA,-20℃。

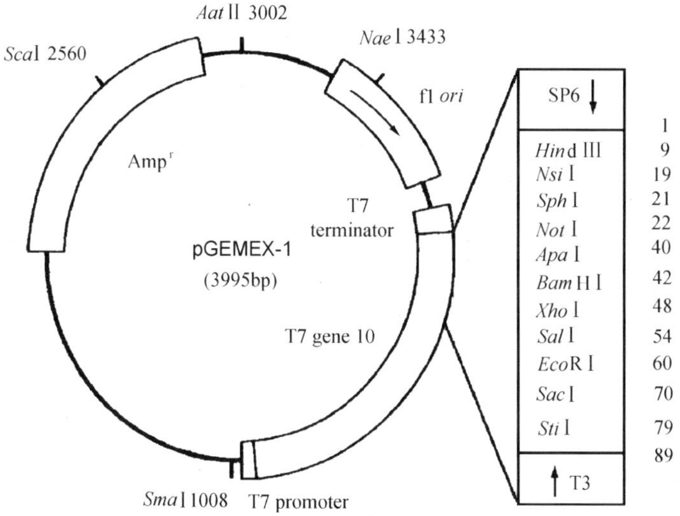

pGEMEX-1载体环状图谱

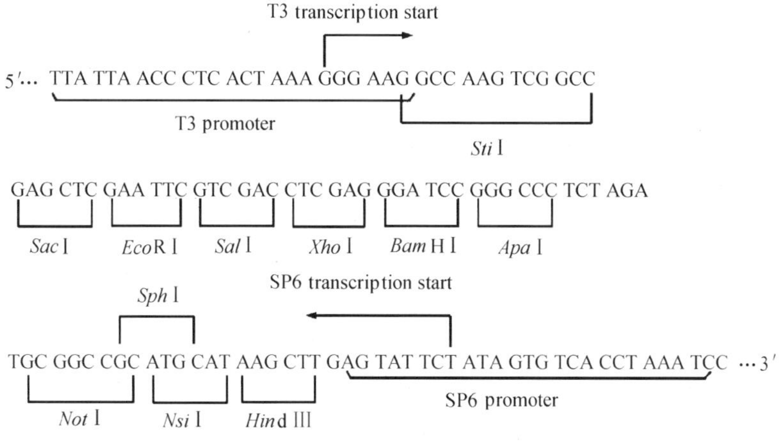

pGEMEX-1启动子和多克隆位点序列

概述:该载体是一线状雄性特有的 *E. coli* 噬菌体,含有单链环状 DNA。M13mp 是野生型经修饰而成的,复制型(RF)为双链环状 DNA,可作为克隆载体,常用于双脱氧测序,含有部分 *lacZ* 基因,在 *lacZ* 基因上含有多克隆位点。M13mp18 与 M13mp19 的多克隆位点含有相同的限制性内切核酸酶位点,但方向相反。

浓度:1 μg/μL。

储藏条件:10 mmol/L Tris-HCl,pH7.5,1 mmol/L EDTA,−20℃。

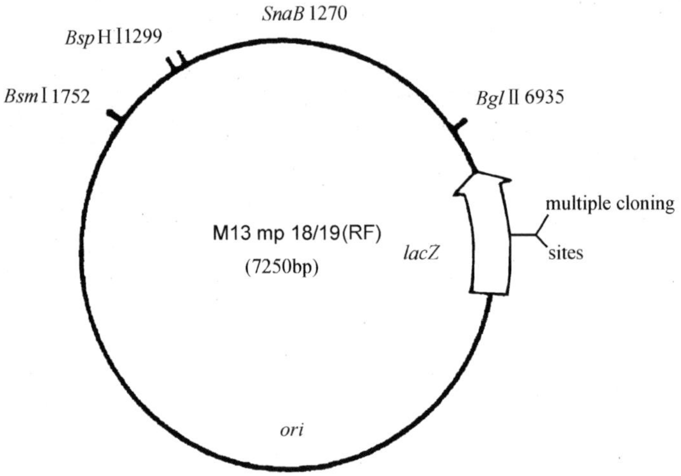

M13mp18/19(RF)载体环状图谱

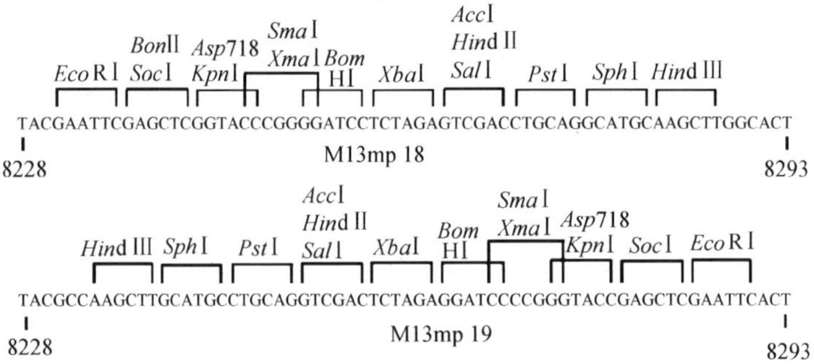

M13mp18/19(RF)多克隆位点序列

概述:pALTER-1 诱变载体可将克隆序列的突变筛选与载体的氨苄青霉素抗性筛选相偶联,使突变株的筛选变得更加简便有效,pALTER-1 载体对氨苄青霉素是敏感的,用一个氨苄青霉素修补寡核苷酸将在克隆插入序列突变反应中的质粒转变成氨苄青霉素抗性。因此,通过氨苄青霉素抗性的筛选,可同时鉴定插入序列中的突变。

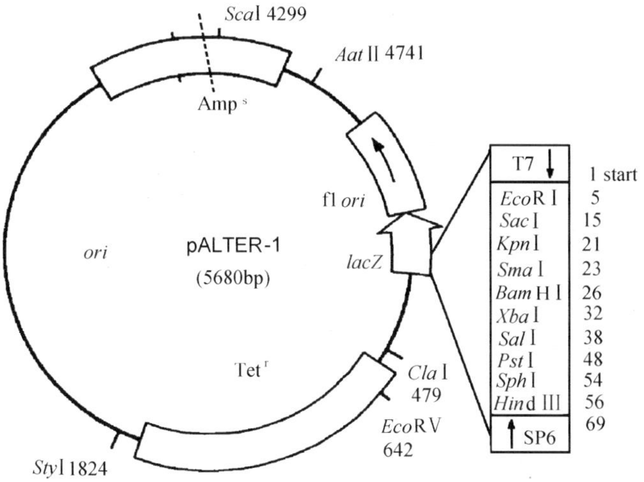

pALTER-1载体环状图谱

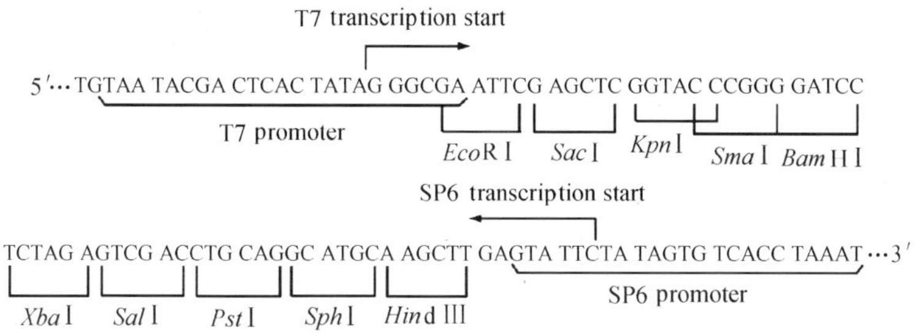

pALTER-1多克隆位点序列

注释:

(1) 序列参考位点:

a. T7 RNA 聚合酶转录起始位点	1
b. SP6 RNA 聚合酶转录起始位点	69
c. T7 RNA 聚合酶启动子	5664~5666
d. SP6 RNA 聚合酶启动子	64~86
e.多克隆位点	5~61
f. *lacZ* 起始密码	108

g. *lac* 操纵子序列	5501～5661,94～323
h. *lac* 操纵子	128～144
i. β-内酰胺酶编码区(Amp^r)	3750～4606
j. Tet^r 基因编码区	541～1728
k. 噬菌体 f1 区	5045～5500
l. pUC/M13 正向序列引物结合位点	5621～5637
m. pUC/M13 反向序列引物结合位点	104～120
n.氨苄青霉素修补寡核苷酸结合位点	4054～4073
o.四环素修补寡核苷酸结合位点	624～651

(2) 在 pALTER-1 载体中,利用 T7 或者 pUC/M13 正向引物可对单链 DNA 产物进行序列分析。

概述:pALTER-EX1 载体可直接用于插入序列的诱变和变异株的表达而无需亚克隆操作,这个载体包含一个新的可用于体内和体外蛋白质表达的多接头,在这个载体中,克隆序列的突变选择与氨苄青霉素抗性相偶联。插入序列的转录受反向 T7 和 SP6 启动子控制,载体包含的与反向 T7 和 SP6 启动子相同方向的 tac 启动子可用于体内和体外表达。T7 转录终止子位于多克隆位点之外,以减少跨四环素基因转录,载体还包含了两个方向的核糖体结合位点和十分便利的克隆位点,克隆从 ATG 起始密码开始。

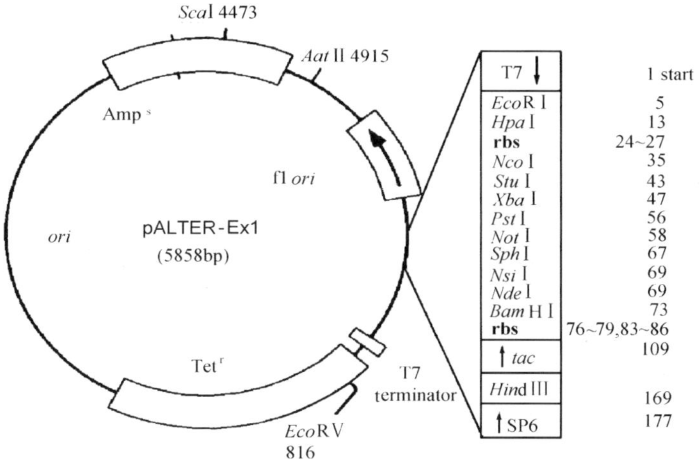

pALTER-EX1载体环状图谱

注释:

(1) 序列参考位点:

a. T7 RNA 聚合酶转录起始位点	1
b. SP6 RNA 聚合酶转录起始位点	177
c. tac 转录起始位点	109
d. T7 RNA 聚合酶启动子	5842~5846
e. SP6 RNA 聚合酶启动子	172~194
f. tac启动子	120~147
g. T7 转录起始密码	37
h. tac 和 SP6 转录起始密码	66,70
i. 多克隆位点	5~77
j. β-内酰胺酶编码区(Amp^r)	3928~4784
k. Tet^r 基因编码区	719~1906
l. 噬菌体 f1 区	5223~5678

m. pUC/M13 正向序列引物结合位点　　5794～5810

n. pUC/M13 反向序列引物结合位点　　212～228

o.氨苄青霉素修补寡核苷酸结合位点　　4234～4251

p.四环素修补寡核苷酸结合位点　　801～828

(2) 在 pALTER-EX1 载体中,可以利用 T7 或者 pUC/M13 正向引物可对单链 DNA 产物进行序列分析。

概述：EMBL3 和 EMBL4 是由 λ1059 衍生的 λ 置换型载体。该载体含有两外多克隆位点，这两外多克隆位点分别位于一个 14 kb 的填充片段两侧。这对功体的区别在于多克隆位点之间的限制性内切核酸酶位点的方向不同。DNA 片段在 9～23 kb 之间可以被克隆。这个载体可由 Spi 表现型筛选重组子。

特征：①9～23 kb 的置换容量。②未切的 DNA，消化和去磷酸的 DNA 臂都是有效的。③要提供宿主菌株。

宿主：建议用 NM538，NM539 作受体菌。

浓度：0.2～0.5 μg/μL。

储藏条件：－20℃。

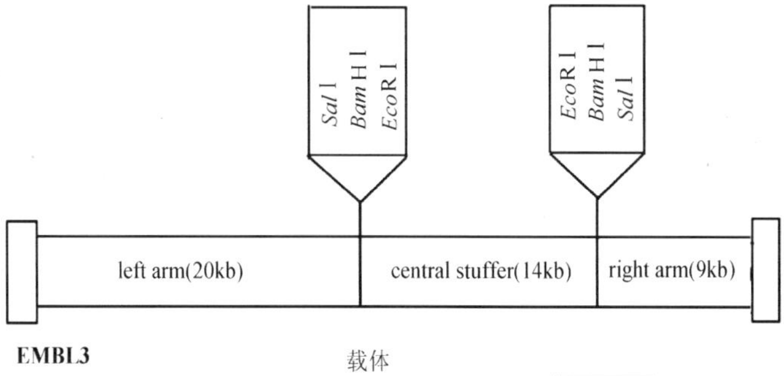

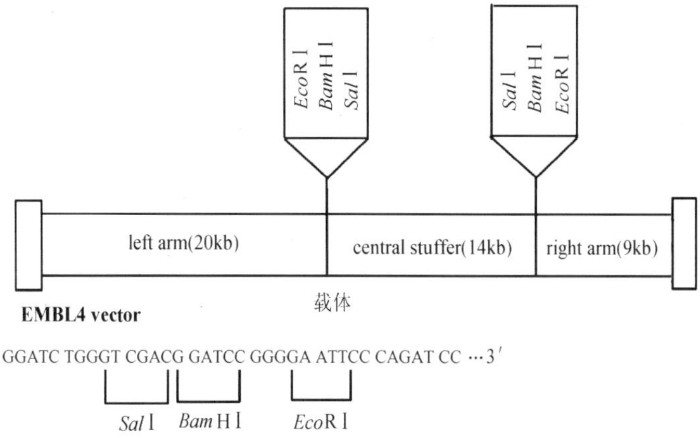

概述：Lambda gt10 是一种插入载体。可用来用小插入片断构建 cDNA 文库或基因文库。因在其噬菌体阻遏基因 Cl 内有一个单一的 *Eco*R Ⅰ 克隆位点，所以在构建 cDNA 文库时，利用 oligo(dT)或随机引物合成的 cDNA 经过 *Eco*R Ⅰ adaptors 或 linkers 修饰后就可以和 λ gt10 连接起来。克隆到 λ gt10 的噬菌体对于用核酸探针筛选是有用的。

宿主：建议用 C600 和 C600hfl 作受体菌。

浓度：0.2～0.5 μg/μL。

储藏条件：10 mmol/L Tris-HCl，pH7.9，1 mmol/L EDTA，－20℃。

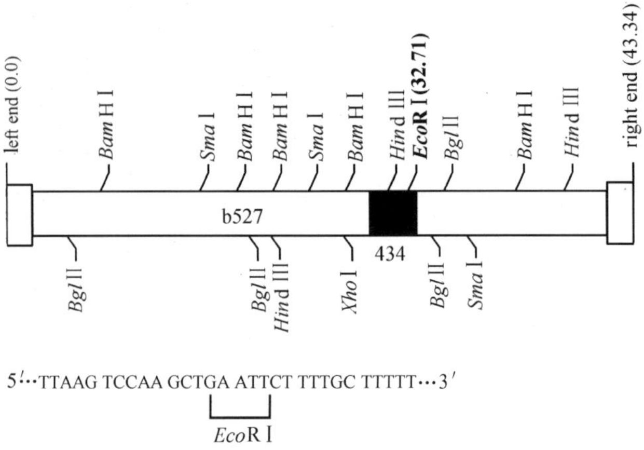

常用载体的推荐受体菌

质粒	受体菌
pGEM3/4	HB101,C600
pGEM-3Z	JM109
pGEM-4Z	JM109
pGEM-3Zf(+/—)	JM109
pGEM-5Zf/(+/—)	JM109
pGEM-7Zf/(+/—)	JM109
pGEMEX-1	JM109,JM109(DE3)
pSP64	HB101,C600
pSP65	HB101,C600
pSP64(polyA)	HB101,C600
pSP71	HB101
λgt10	C600,C600hfl
λgt11	Y1089(r—),Y1090(r—)
BMBL3	NM538,NM539
BMBL4	NM538,NM539
pUC18/19	JM109
pALTER-1	JM109
pALTER-EX1	JM109

主要参考文献

方福德等. 现代医学实验技巧全书. 北京:北京医科大学、中国协和医科大学联合出版社,1996

姜泊等. 分子生物学常用实验方法 . 北京:人民军医出版社,1996

静国忠. 基因工程及其分子生物学基础. 北京:北京大学出版社,1999

梁国栋. 最新分子生物学实验技术. 北京:科学出版社,2001

卢圣栋等.现代分子生物学实验技术(第二版). 北京:中国协和医科大学出版社,1999

盛小禹. 基因工程实验. 上海:复旦大学出版社,2000

苏承昌等. 分析仪器. 北京:军事医学科学出版社,2000

王秀奇等. 基础生物化学实验. 北京:北京大学出版社,1998

吴乃虎. 基因工程原理(第二版). 北京:科学出版社,1998

伍新尧等. 分子遗传学与基因工程. 郑州:河南医科大学出版社,1998

张　蘅等. 医学分子生物学. 北京:北京医科大学出版社,1999

周爱儒等. 生物化学(第五版). 北京:人民卫生出版社,2000

C. W. 迪芬巴赫等著. PCR技术实验原理. 黄培堂等译. 北京:科学出版社,1998

J.萨姆布鲁克等. 分子克隆实验指南.金冬雁等译. 北京:科学出版社,1996